Alabanzas para

AUTISMO: LA EDUCACIÓN DE MARK HARTMANN

Autismo: La Educación de Mark Hartmann es una historia de surgimiento. Documenta el avance de un estudiante, de su triunfo seguido de la expulsión, sólo para concluir con el resurgimiento y triunfo una vez más. Mientras los educadores y abogados pesimistas discuten enérgicamente el porqué de la exclusión de Mark Hartmann de las actividades académicas regulares del sistema público, Mark, su familia y sus aliados marchan adelante, hallando formas creativas para que Mark prospere como estudiante. Con una narrativa suntuosa que se remonta hasta la Corte Suprema de los Estados Unidos, este libro sintetiza la lucha de una nación a favor de las oportunidades educativas para estudiantes con autismo y otras discapacidades de su triunfo, previo a su destierro, sólo, narrando la historia dramática de un estudiante, Mark Hartmann; sus decididos progenitores. *Autismo: La Educación de Mark Hartmann* celebra la educación como el portal al ejercicio pleno de la ciudadanía.

— *Douglas Biklen, Ph.D., Decano, Facultad de Educación, Syracuse University*

De forma subyacente a este recuento de disputas legales en un clima de desconfianza y, entre reacciones casi incoherentes de los distritos escolares para excluir, en vez de incluir, nace una historia asombrosa sobre una batalla de 20 años para eliminar barreras educativas y asegurar los derechos legales para que un estudiante pueda aprender y desarrollar su potencial.

— *Dr. Benjamin Dixon, Ex Subcomisionado de Educación por Connecticut y Vicepresidente Emérito de Virginia Tech. Fundador/Presidente de Sankofa Futures Consulting, LLC, 1104 Deerfield Drive, Blacksburg, VA 24060. <u>Enviar un correo electrónico al Dr. Benjamin Dixon</u>*

Mientras leo las pruebas de imprenta de *Autismo: La Educación de Mark Hartmann*, mi primera reacción fue de total decepción al no poder tener HOY MISMO el producto terminado para asignárselo a los estudiantes de posgrado, ofrecérselo a familias y compartirlo con los administradores. Éste es un libro emblemático sobre un caso emblemático; contiene no sólo la travesía de Hartmann hacia la enseñanza incluyente, sino muchas perlas de sabiduría que otros pueden usar en su propia búsqueda por una educación de calidad. Los padres a menudo me dicen, "Creo en la inclusión para mi hijo. Quiero la inclusión para mi hijo. ¡Sólo que no sé cómo conseguir esa inclusión para mi hijo!" Ahora podré dirigir a estas familias hacia *Autismo: La Educación de Mark Hartmann*. La historia Hartmann puede que no sea típica, pero cada familia podrá aprender de la tenacidad, creatividad y visión de estos padres y de su hijo vanguardista.

> — *Paula Kluth, Ph.D., Autora de "You're Going to Love This Kid: Teaching Students with Autism in the Inclusive Classroom" (Vas a amar a este chico: Enseñanza para estudiantes con autismo en el aula incluyente) y "A Land We Can Share: Teaching Literacy to Students with Autism" (Una tierra que podemos compartir: Alfabetizando a estudiantes con autismo)*

Como testigo pericial para la familia Hartmann en la Corte Federal de Virginia de Leona Brinkema, puedo personalmente dar fe de la increíble aventura que ellos emprendieron ¡con asombrosa fe, tenacidad y convicción? Después de observar en persona cómo se educaba a Mark exitosamente y cómo prosperaba en su clase incluyente de Blacksburg, estaba claro que él en realidad estaba en el ambiente menos restrictivo de todos: la clase de educación general. Nos impusimos en esa corte, algo notable considerando que la jueza tiene un hijo con síndrome de Down (como atributo), quien había sido educado en una clase independiente durante su trayectoria escolar. Este libro es lectura de rigor para que todos los educadores comprendan muchas áreas importantes, como por ejemplo: qué significa la educación incluyente, cómo es ésta verdaderamente posible y cómo los distritos escolares pueden operar bajo un modelo de innovación, apoyo y posibilidad, en lugar de basarse en el temor y la protección de modelos anticuados no centrados en el estudiante. Este libro será de lectura obligatoria para mis estudiantes universitarios.

> — *Patrick Schwarz, Ph.D., Profesor, Departamento de Diversidad en Aprendizaje y Enseñanza, National-Louis University, Chicago, Illinois Sitio web: PatrickSchwarz.com*

Para ser franco, sólo había planeado hojearlo (*Autismo: La Educación de Mark Hartmann*); sin embargo, al final de cuentas, me encontré fascinado por el contenido y el estilo de redacción. Acabo de terminar de leerlo de principio a fin. Me siento emocionalmente agotado y sin embargo optimista y alentado de que, en última instancia, sucedió lo mejor para Mark. Nos han llevado—a mí y a los demás lectores—en una montaña rusa emocional de lo que fue su vida por más de cinco años. Me encontré vitoreando cuando ganaron, con ojos llorosos cuando perdieron y volteando las páginas ansiosamente, preocupado de cuál sería el siguiente obstáculo que lanzarían en su camino. Este libro debería ser de lectura obligatoria en todas las clases de derecho en educación. De hecho, desearía que fuera lectura de rigor para todo el personal escolar que esté considerando interponer una acción legal contra niños y familias que luchan por tener opciones educativas incluyentes. Tanto las familias como los educadores obtendrán una mejor perspectiva al leer esta historia. Lamento mucho que existan familias que tengan que luchar la clase de batalla que les tocó luchar a ustedes. Pero también agradezco que haya familias como la suya que estén dispuestas a hacerlo. Gracias por la generosidad de compartir su travesía y conocimientos con nosotros los educadores y las familias.

   — *Dr. Richard A. Villa, Ph.D.,*
     Presidente de <u>Bayridge Consortium, Inc.</u>

AUTISMO: LA EDUCACIÓN DE MARK HARTMANN

AUTISMO: LA EDUCACIÓN DE MARK HARTMANN

Una historia de autismo y determinación familiar

Roxana Villalta Sanchez
Joseph Hartmann

Traducción: Dra. Constanza Rangel Núñez

Propiedad literaria 2015 por Roxana Villalta Sanchez y Joseph Hartmann. Prohibida la reproducción total o parcial por medios mecánicos, electrónicos, digitales o cualquier otro, sin la autorización escrita del editor. Todos los derechos reservados.

ISBN: 978-1-9399304-2-2
Biblioteca del Congreso Numero de Control: 2015935832

Brandylane Publishers, Inc.
Richmond, Virginia

Brandylane

www.brandylanepublishers.com

Tabla de Contenido

	Prefacio	xi
	Prólogo	xiii
1	La traición de la confianza (1994)	1
2	Diagnóstico de autismo	8
3	Intervención temprana (1988–90)	14
4	Un despertar (1991)	23
5	Inclusión – preescolar (1991–92)	29
6	Inclusión – primer grado (1992–93)	34
7	Virginia del norte (1993)	43
8	Segundo grado (1993–94)	48
9	Percepciones (1994)	67
10	A la espera de la demanda (1994)	95
11	Panorama legal y estrategias (1994)	100
12	La decisión de McBride (1994)	109
13	Nuevos comiénzos navidad de (1994)	125
14	Injusticia – condado de montgomery (1995)	129
15	Proceso de apelación administrativa (1995)	137

16	El proceso de apelación legal (1995)	143
17	Testigos expertos (1995–96)	151
18	La decisión de brinkema (1996)	164
19	El Juzgado de apelaciones del cuarto circuito (1997)	179
Epílogo	El último año de Mark en preparatoria (2004)	183
Apéndice	Analísis de noticias	197

PREFACIO

La historia que se dispone a leer es la verdadera historia de una familia que lidia con el autismo y todo lo que esto implica, especialmente sus efectos en el hogar y en el sistema escolar público. Quien la lea conocerá sobre las tensiones en la vida familiar y los desafíos reales que conllevan los comportamientos no deseados, la comunicación no verbal, los programas de educación especial, el ambiente 'lo menos restrictivo posible' y el debido proceso. Quienes escribieron esta historia lo hicieron de forma objetiva y de manera detallada con la esperanza de que servirá como una guía útil de las enseñanzas obtenidas, especialmente beneficiosas para padres y educadores que enfrentan circunstancias similares. Finalmente, esperan que su historia inspire a otros padres y educadores a involucrarse activamente en la defensa de sus propios niños.

Esta es también la historia de Mark Hartmann, el hijo de los autores, quien cumplió 28 años el 21 de agosto del 2013. A pesar de los desafíos que le impuso el autismo, en 2007, Mark terminó sus estudios secundarios en Blacksburg High School, en la ciudad del mismo nombre en Virginia, Estados Unidos. Ganó los créditos necesarios para la obtención de un diploma regular de dicho nivel de estudios. Desde el principio de su educación y hasta el presente, más de veinte profesionales que trabajan en el campo de la educación pública han interactuado con Mark, con niveles de éxito variados. Algunos de ellos—terapeutas de lenguaje, terapeutas ocupacionales, administradores escolares, profesoras y expertos en educación especial—han sido particularmente eficientes en ayudar a Mark a poner en práctica su potencial. Desafortunadamente, otros no se comprometieron en incluirlo en el sistema escolar público y utilizaron su tiempo con Mark para justificar sus propios prejuicios contra su inclusión en las aulas de educación regular.

Esta es la verdadera historia de una batalla legal de cinco años, que irrumpió entre los Hartmann y un sistema de escuela pública, para definir si Mark podría tener mejor educación siendo incluido completamente en aulas regulares, con compañeros sin discapacidades, o si sería mejor atendido estando segregado en programas de educación especial para niños con necesidades especiales. Debido a la cantidad de gente que ha interactuado con Mark durante su educación pública, sólo quienes fueron parte de los procesos legales son mencionados en este libro por sus nombres, algunos ficticios. Como se indica en las páginas siguientes, su relación con Mark forma parte de un registro público.

Los padres y madres que lean este libro comprenderán las lecciones aprendidas por los Hartmann, en la medida en que lucharon por los derechos de Mark para ser incluido en un ambiente educativo lo menos restrictivo posible. Por su parte, los educadoras ganarán claridad sobre las filosofías educativas y los procedimientos administrativos que pueden entrar en conflicto con la aplicación de la ley, especialmente con el Acta de Educación de Individuos con Discapacidades[1]. Al final, es responsabilidad de esos educadores defender la confianza del público y asegurar que *todos* los niños reciban una oportunidad justa; no prejuiciada, ser educados junto con sus pares. Padres, educadores y otros lectores que simpaticen con el tema llegarán a comprender los elementos claves que contribuyeron al éxito total de Mark al lograr contar con un ambiente educativo de inclusión total a lo largo de sus años escolares. Los autores anticipan que estos elementos proveerán un marco que puede beneficiar a otros niños con autismo, a las familias que los aman y a los educadores y comunidades que los apoyan.

Estudiantes, educadores, profesionales en leyes, padres y otras personas pueden acceder a los documentos originales, exposiciones utilizadas en la corte, videos y fotografías de Mark en la escuela y en su hogar, artículos de periódicos y apariciones en programas de televisión estadounidenses y otra información en:

www.alivecontroversy.com

---

[1]. 'Individuals with Disabilities Education Act—IDEA' en los EEUU

PRÓLOGO

Después de que fuera publicado nuestro libro, *A Live Controversy*, tuve la oportunidad de visitar muchas universidades que lo habían incluido en el currículo de sus Departamentos de Educación. Fue; aún lo es, sorprendente para mí cuán amplia era la variedad de personas que leían el libro: estudiantes de carreras como Educación, Educación Especial, Psicología, Terapia Ocupacional, Terapia del Lenguaje y Derecho, todas ellas relacionadas con los diversos aspectos de nuestra historia personal. Cuando hablaba con ellos, muchos futuros profesores, les preguntaba: ¿Cuántos de ustedes han tenido la oportunidad de tener un compañero como Mark, tiempo completo, en sus clases . . . , desde el momento en que llegaban al aula hasta la hora de salida? Mientras esperaba para ver cuántas manos se levantaban, mi asombro crecía: "¡Puede ser posible que en una clase de 30 estudiantes provenientes de todos los Estados Unidos, una vez más, ninguno de ellos haya tenido la experiencia . . . de compartir su clase con un compañero con discapacidades serias! Parece irreal, pero sin embargo es verdad.

Después de 37 años de promulgación de leyes federales que intentan proveer a los niños con discapacidades de una educación en un Ambiente Menos Restrictivo, esencialmente, nada ha cambiado. Los niños con discapacidades son tratados mediante "programas especiales" y pasan su vida escolar en "aulas recurso". La verdad inalterada es que la mayoría de estas "ubicaciones" están diseñadas para calmar a los padres y no para enseñar a los niños o para desarrollar sus destrezas sociales. Me pregunto, ¿cómo puede ser posible esto? Es realmente triste . . . , una verdadera traición a aquellos pioneros de la educación que lucharon por décadas por la inclusión de los niños con discapacidades en nuestros sistemas de educación. ¡Y los Estados Unidos es una gran nación, a la cual padres de todo el mundo admiran por las oportunidades educativas que representa!

Observando esto; a la luz de mi experiencia personal con la educación de mi hijo Mark, he llegado a comprender que los derechos de los niños con discapacidades están siendo sistemáticamente olvidados y considerados como "no importantes", simplemente porque, al final del día, estos niños son menos valorados por nuestra sociedad como un todo. Niños con autismo o con otras discapacidades significativas de todo el mundo están observando y esperando que los Estados Unidos tome el liderazgo . . . en tener escuelas que acepten sus leyes concernientes a los niños con discapacidades y que los provean de oportunidades para ser educados junto a sus pares y puedan llegar a ser parte real de la mayoría de habitantes de los Estados Unidos. Esto es todavía una esperanza, pero esa luz se está apagando.

Finalmente, quiero agradecer, muy especialmente, a la Dra. Constanza Rangel Núñez, psicóloga de la Universidad Autónoma de Centro América, en Costa Rica, por llevar a cabo la traducción al español de *A Live Controversy*. La Dra. Rangel fue capaz de comprender por qué era importante para mí la traducción de este libro. Tengo una deuda eterna con ella por su pericia, su gran energía y su inmenso entusiasmo. También, quiero agradecer al M. Sc. Ronald A. Solano Jiménez, de la Universidad de Costa Rica, por su colaboración en la edición y por sus palabras de aliento en los detalles finales del libro.

CAPÍTULO 1

La traición de la confianza
1994

Antes de entrar al salón de reuniones, el Subdirector nos detuvo en la entrada y nos dijo que habría un límite de cuarenta y cinco minutos para esta reunión cuyo fin era discutir el Plan de Educación Individualizado (PEI) y que él iba a estar controlando el tiempo. *¡Qué extraño,* pensó Joseph, *nunca se había mencionado que hubiera un límite de tiempo!*

Pero esta no fue la primera señal de los problemas de la existencia de una agenda oculta en nuestra relación con el equipo de la Escuela Elementaria Ashburn, en el Condado de Loudoun, en Virginia, Estados Unidos. Algunas semanas antes, después de una reunión verdaderamente polémica sobre el PEI, el 18 de marzo de 1994, escribimos una carta personal a la Sra. Meadows, directora de esa escuela. Queríamos asegurarnos de que ella comprendiera en qué se había convertido "el proceso." Y algo mucho más importante: queríamos también asegurarle que, a pesar de los desacuerdos y dificultades, éramos todavía totalmente comprometidos a cooperar y trabajar con el equipo de la escuela para mejorar el programa educativo de Mark. Más aún, la carta reflejaba nuestro estado emocional alterado y cercano al pánico, pues percibíamos que algo estaba terriblemente mal. Sentimos que debíamos apelar a la comprensión, nada más que eso. La carta decía:

> *"Fue con temor que nosotros comenzamos a trabajar con el equipo de la Escuela Elementaria Ashburn. Nos enfocamos más en el hecho de que Mark iba a ser el primer niño con autismo incluido en un aula regular de la escuela. Habiendo experimentado esta misma ansiedad en Illinois, estábamos dolorosamente conscientes de las trampas de cualquier sistema escolar y equipo de profesores.*

Sabíamos también que, si no se proveía tempranamente apoyo al equipo en el proceso de inclusión, con recursos educativos especiales y otros servicios, sería una experiencia frustrante para todas las personas involucradas. Esto podría llevar fácilmente a la conclusión de que "simplemente esto no funciona, a pesar de nuestros mejores esfuerzos." Después de todo, Mark es el único niño en proceso de ubicación . . . una experiencia nueva para el equipo de la Escuela Ashburn.

Como padres al margen, observamos cómo la frustración crecía con el tiempo. Nos parecía que el equipo no estaba obteniendo el tipo de apoyo y guía que necesitaba. Sin culpa, la Sra. Kelly (directora <u>acreditada</u> de Educación Especial en el Condado de Loudoun) funcionaba más en el papel de una administradora, que en el de guía experta para el equipo. Desde nuestra perspectiva, el equipo carecía del apoyo efectivo de una persona coordinadora de la inclusión, lo que estaba socavando sus esfuerzos concertados y amenazando el éxito del programa de inclusión de Mark. Nos fuimos descorazonando lentamente, día a día, conforme éramos testigos de la frustración del equipo que trabajaba con Mark; todo por la ausencia de una guía adecuada.

Un acontecimiento mayor nos sorprendió: nos dimos cuenta de que algo tenía que hacerse rápidamente a fin de salvar lo mejor de las circunstancias que se habían desarrollado. Dicho evento fue una llamada del Sr. Dotson (subdirector de la escuela Ashburn) para pedirle a Roxana que fuera a la escuela a recoger a Mark y se lo llevara. Nunca antes se había dado esta situación; nos dimos cuenta que estábamos frente a un serio indicador de un posible problema, que emergería si las cosas no cambiaban. De hecho, había dos víctimas aquí: el equipo de la escuela y Mark. Ambas por la misma razón: la ausencia de apoyo apropiado y efectivo.

En definitiva, la cuestión de la confianza (nuestra confianza) en el equipo fue puesta en duda durante la reunión del 18 de marzo. Francamente, nosotros sólo podíamos decir que habíamos confiado al equipo, de forma implícita, la responsabilidad de contribuir lo mejor que pudiera con al trabajo de Mark durante sus horas en la escuela, en el día a día.

Algunos casos y <u>experiencias anteriores similares, de otros padres</u>, nos gritaban a viva voz advirtiéndonos, como padres de un niño con discapacidad, "no se den por vencidos, conozcan sus derechos e insistan en que el sistema escolar los respete." Imaginen el miedo que nos embargó cuando la ubicación de Mark en un programa de inclusión para el año

La traición de la confianza

siguiente fue cuestionada y se inició un debate. Imaginen el miedo que vivimos cuando nuestra solicitud de una sesión de planeamiento para discutir el programa de Mark para ese verano; las preparaciones para el año siguiente, fue rechazada de inmediato, como algo que no era necesario.

Es importante que comprendan que éstas preocupaciones no apuntaban al equipo de la escuela; más bien, lo hacían hacia aquellos funcionarios de esta en el Condado de Loudoun, (caso del Sr. Neil Winters), quienes durante el año había permanecido en las sombras, sin hacer explícita su muy probable oposición a la inclusión como método válido para enseñar a menores que cuentan con la capacidad de aprender, tal y como es el caso de Mark".

Nunca recibimos respuesta a nuestra carta de parte de la Sra. Meadows, ni siquiera un comentario que la reconociera. Su no respuesta parecía un signo concreto de la actitud del Sistema de Escuelas Públicas del Condado de Loudoun (SEPCL). Nos habíamos convertido en el enemigo en una guerra no declarada sobre la inclusión en la escuela, en el segundo grado, de un niño con autismo de nueve años; pero no nos habíamos percatado de ello. De forma ingenua, rechazamos la verdad. Simplemente, nosotros creíamos tanto en la bondad de todo el mundo, que no podíamos imaginar que dicha institución nos había confrontado en una estrategia para definir la educación de Mark en una forma a la que nos oponíamos.

Llegó el día en que estuvimos en la reunión final del año para diseñar el programa de tercer grado de Mark, correspondiente al siguiente año escolar de 1994–95. La reunión se había acordado para el 31 de mayo. No teníamos forma de saber que esta iba a ser una experiencia perturbadora y dolorosa para nosotros como padres.

Nunca antes se había fijado un límite de tiempo para ninguna reunión con el equipo de la escuela, pero, ahora, contábamos sólo con cuarenta y cinco minutos. Tanto la maestra de segundo grado de Mark, la Sra. Jarrett, la terapeuta de lenguaje, la Sra. Conroy-Winters, como la maestra de educación especial, la Sra. Mason, presentaron su reporte anual del desempeño de Mark durante el año y, después, una por una, leyeron su recomendación, a partir de un escrito redactado para tal efecto.

Cualquier persona observadora se habría dado cuenta, al instante, que fuertes emociones inundaban el aula a medida que el equipo leía sus informes, pero nosotros no nos alarmamos inmediatamente. Gran parte del desempeño de Mark señalado en estos nuevos reportes no había cambiado desde los hechos y la información anecdótica que presentamos anteriormente, en la reunión del 18 de marzo. Sin embargo, emergió ante nosotros un nuevo elemento: la Sra. Mason era señalada en estos documentos como la "administradora del caso" de Mark. A lo largo del año, la Sra. Conroy-Winters había sido siempre la encargada del caso de Mark y a nosotros nunca se nos informó sobre ningún cambio. Había algo que parecía fuera de lugar; era este pequeño detalle.

Siguiendo con la presentación de los reportes anuales, se pidió a cada integrante del equipo que hiciera recomendaciones respecto al tercer grado de Mark en la Escuela, para el año 1994–95. La Sra. Jarrett fue la primera en leer su declaración:

> *Académicamente, Mark no ha mostrado crecimiento. Revisando los cuadros de comportamiento, he notado que el comportamiento agresivo de Mark se incrementó con la introducción de nuevos conceptos. Académicamente, Mark no se ha beneficiado con el aula, ni del grupo total, ni con el trabajo en equipos. Mark ha mostrado el mayor éxito cuando está trabajando cara a cara con un adulto que le es familiar. Mark necesita aprender destrezas de la vida y, más importante, destrezas comunicativas. El progreso que he visto es lo que Mark ha hecho en su tarjeta de comunicación, lo que demuestra que trabajar con Mark cara a cara será mucho más provechoso para él. Debido al deseo de Mark de tener muchos descansos, muchas meriendas y poco trabajo, obtuvo muchas anotaciones de "disminución de tiempo"[2] en el aula. Ha mostrado conducta agresiva extrema hacia los adultos que trabajan con él y los niños en el aula. En ocasiones, esta ha sido una situación peligrosa para los demás estudiantes. Conforme Mark crece y se vuelve más fuerte, es más difícil detener este comportamiento. Temo que con el tiempo, algún estudiante o adulto pueda resultar seriamente herido. El tono de la voz de Mark, se ha vuelto más fuerte conforme el año avanza. Como consecuencia, ha distraído a otros estudiantes y les ha dificultado poner atención a lo que se les está enseñando. Es mi opinión profesional, no le hacemos ningún favor a Mark si lo incluimos en un aula regular de tercer grado, para el próximo año. Este no sería un lugar adecuado para que Mark aprenda las habilidades que necesita".*

¡Caímos en estado de absoluta conmoción después de que la Sra. Jarrett leyó su declaración! Con la cara larga y conteniendo las

---

2. 'down time'

emociones, Joseph dijo a la asamblea con una voz de ira controlada, *"Lo que ustedes intentan hacer, cambiando a Mark a un programa de aula diferenciada, es nuestra peor pesadilla. ¿Cómo se atreven a utilizar sus posiciones de maestros de niños, para conspirar contra nosotros de esta forma? Esta reunión es obviamente un montaje, fraguado por todas ustedes, todas traidoras a la verdad y disfrazadas como profesionales en educación. ¿Por qué ninguna de ustedes nos comunicó antes esto, sus preocupaciones sobre la ubicación de Mark? Aunque esta mala intención suya nos está sorprendiendo, manos a la obra. Quiero escuchar que más tienen que decir todas ustedes".*

Mientras las maestras continuaban con sus informes, la actitud y la forma de comportarse del equipo fue autosuficiente, desafiante, arrogante e inflexible, siempre enmarcando sus comentarios en el contexto de estar haciendo lo que era mejor para Mark. Nos sentimos muy ofendidos, pero estábamos indefensos para detener el ataque. Roxana comenzó a sollozar incontrolablemente y no podía recuperar su compostura. Se vio forzada a abandonar la reunión. Joseph mantuvo el rumbo, junto a la Sra. Jamie Ruppmann, una abogada educativa que estaba ayudándonos, para escuchar las declaraciones del resto del equipo.

La Sra. Conroy-Winters habló después:

"Mark no parece beneficiarse de estar en un aula regular. Ha mostrado cierta habilidad para aprender a comunicarse independientemente, en un ambiente reducido y más estructurado. Debido a que sus necesidades de comunicación son tan grandes, considero que su escenario actual es claramente inapropiado y no puedo recomendar que continúe más en esta ubicación. Pienso que Mark retrocederá en sus habilidades de comunicación por falta de práctica después del verano. Por tanto, recomiendo que continúe recibiendo una hora por día de servicios de lenguaje a lo largo del año escolar. Mi parecer es que cuatro semanas de terapia de lenguaje y pronunciación serán apropiadas".

Conforme ellas leían sus declaraciones, Joseph notó que ambas, la de la Sra. Jarrett y la de la Sra. Conroy-Winters, parecían ser recortes del mismo documento. Comparándolas posteriormente, encontramos que la letra era la misma, los márgenes eran los mismos y las comas eran difícilmente visibles en ambas. La SEPCL, obviamente, había planeado con cuidado esta reunión. Sospechamos que todo lo dicho había sido previamente aprobado por la oficina central de dicho condado, si no es que directamente por su abogado.

Llegamos a creer que la abogada del SEPCL, Kathleen Shepherd Mehfoud, de Richmond, Virginia, había proporcionado indirectamente orientación al equipo, por medio de supervisores y administradores, desde noviembre de 1993. Sin duda, su propósito fue trazar una estrategia legal, para el condado, sobre cómo construir un argumento convincente en contra de la continuación de la inclusión de Mark en la Escuela Ashburn, la cual podría resultar en su expulsión del aula regular y su ubicación en el aula diferenciada del programa de educación especial. Tal propósito, dada su agenda oculta, comprometía seriamente la capacidad del equipo del Plan Individualizado de Educación para desarrollar e implementar con libertad un programa educativo individualizado para Mark en cual se abordasen sus múltiples necesidades.

Las cosas se volvieron mucho más claras una vez que el propósito del sistema escolar se hizo evidente. Después de todo, las funcionarias de la escuela no estaban llamando a la Sra. Mehfoud para que les aconsejara sobre cómo mejorar el programa educativo de Mark, sino para que les asesorara legalmente sobre cómo esquivar su inclusión académica. Con base en sus acciones y omisiones durante todo el año escolar, indudablemente el SEPCL había estado conspirando en nuestra contra.

La declaración de la Sra. Mason durante la reunión del PEI había sido escrita a mano y titulada "Recomendación de ubicación, 1994–95". La Sra. Mason escribió:

> *"Mark es el más joven exponente de dificultades significativas en destrezas de comunicación, sociales y comportamiento de adaptación. El estilo de aprendizaje de Mark y sus metas curriculares son cualitativamente diferentes de las de sus compañeros de clase. Utilizar un currículo regular de clase adaptado para Mark, no provee un programa educativo con el alcance, secuencia y elementos únicos que él requiere. Un programa de inclusión en el aula regular no parece ser apropiado para hacer frente a las necesidades educativas de Mark".*

Sorpresivamente, Joseph no estaba en desacuerdo con la descripción que la Sra. Mason hizo de las dificultades de Mark; solo lo estaba con su propuesta sobre cómo abordarlas mejor. En efecto, la Sra. Mason había dicho que Mark era un niño con autismo, cuyo estilo de aprendizaje era diferente al de sus pares típicos; sin embargo, él no debería estar en un aula regular. Enfoques estereotipados como el de ella parecían justificar la segregación de literalmente todos los niños con discapacidades con respecto a sus pares en la educación pública.

Las integrantes del equipo del PEI, del SEPCL, recomendaron, unánimemente, que Mark asistiera, para su tercer año, a un aula diferenciada para niños con autismo en la Escuela Primaria de Leesburg. ¡No podíamos menos que sentirnos traicionados, abusados y *vulnerados* por todas y cada una de las personas del SEPCL? Las semanas y los meses de frustración con la inclusión de Mark al programa parecían ahora formar parte de un plan mayor, encaminado a la construcción de un caso para segregar a nuestro hijo de la escuela. Después de que todas las cartas fueron puestas sobre la mesa, Joseph se negó a firmar la propuesta de PEI para Mark. Ahora nos estábamos enfrentando al statu quo en el Condado de Loudoun y estábamos a punto de embarcarnos en una fiera batalla en que tomaban parte los principios de la tradición versus el cambio educativo.

A pesar de que el año en la Escuela Primaria de Ashburn había sido doloroso, los retos y éxitos que habíamos vivido nos fortalecieron y prepararon para la pelea que se avecinaba. Dada nuestra oposición a la propuesta del Plan Individualizado, el siguiente paso del SEPCL fue de emprender acción legal en nuestra contra, con el propósito de lograr la autorización para cambiar a Mark al programa diferenciado de autismo, en contra de nuestros deseos. No les tomó mucho tiempo comenzar a actuar.

CAPÍTULO 2

Diagnóstico de Autismo

El neurólogo entró al salón de espera con cara hosca. Comenzó por excusarse por lo que estaba a punto de decir y, después, se acercó a nosotros: los resultados de la evaluación indicaron que Mark tenía un atraso de lenguaje severo con características autistas y que, desafortunadamente, no había nada que ellos pudieran hacer por él.

A medida que continuaba, Roxana sintió su corazón acelerarse. Aunque nos habíamos preparado para estas noticias, las lágrimas llenaron nuestros ojos conforme tratábamos de enfocar el significado de las palabras del médico. No pudimos responder inmediatamente.

Sin preguntar, el médico continuó. Nos dijo que si Mark recuperaba su habilidad para hablar, probablemente sería durante los siguientes cinco años, más o menos, tal vez antes. Agregó que esto se vuelve menos probable después de que un niño cumple los ocho años. Contradiciendo una prueba de audición previa que indicó que Mark estaba casi sordo en un oído, el neurólogo comentó que Mark definitivamente *no* tenía ninguna pérdida de audición en ningún oído. Concluyó que la audición no era un factor que interviniera en la pérdida de desarrollo del habla en Mark durante los últimos tres meses y que la audiometría anterior había sido defectuosa.

Hacía sólo tres meses que habíamos consultado por primera ver con el neurólogo pediatra. Nos habíamos preocupado cuando Mark dejó de utilizar palabras y frases para expresar sus necesidades. Parecía también un poco ausente en la casa, especialmente cuando jugaba con su hermana mayor Laura. Mark casi no se daba cuenta cuando Joseph regresaba a casa del trabajo. Antes, éste era un punto álgido en su día, uno que lo hacía correr y gritar: "¡Papi, papi, papi!" Sin especular ningún diagnóstico durante esa primera consulta, el neurólogo había recomendado para Mark un régimen concentrado de terapia de lenguaje y extender el tiempo de juego en grupo. Finalmente, recomendó que le hiciéramos una audiometría.

La audiometría indicó que Mark era totalmente sordo del oído derecho y sesenta por ciento sordo en el izquierdo. Esas noticias nos llenaron de preocupación por nuestro niñito, entonces de tan sólo veintisiete meses.

Los tres meses siguientes a nuestra consulta inicial pasaron rápidamente y, en enero de 1988, el neurólogo recomendó llevar a Mark a la Escuela de Medicina de Virginia, a fin de que le hicieran pruebas para determinar si alguna enfermedad cerebral estaba causando el deterioro en su desarrollo.

Durante su permanencia de cuatro días en el hospital, a Mark le realizaron una resonancia magnética, un electrocardiograma y con conjunto completo de pruebas neurológicas, de sangre, audiometrías, así como evaluaciones psiquiátricas y de desarrollo. Roxana se quedó con Mark en el hospital para confortarlo durante las pruebas. Él tenía, en ese momento, sólo dos años y medio.

Diagnóstico Confirmado

El neurólogo pediatra tuvo cuidado de no conmocionarnos con su diagnóstico. Tras los debates en que se estudiaron los resultados de las pruebas y evaluaciones médicas, recomendó que buscáramos una segunda opinión y nos aportó el nombre de una prominente neuróloga en el campo de la investigación sobre autismo del Centro Médico Einstein, en Nueva York: la doctora Isabelle Rapin.

Unos días después, obtuvimos una cita en el Centro. Roxana y Mark volaron a Nueva York, donde se encontraron con Lisa Robinson, una amiga de la familia que vivía ahí. A pesar de contar con Lisa para ayudar a Roxana, fue un viaje muy difícil. El día de la cita, Nueva York fue azotada por una tormenta de nieve de nueve pulgadas y la mayor parte de la ciudad estaba nevada. Esto no impidió que Roxana, Lisa y Mark estuvieran a tiempo para la cita.

La doctora, una profesional médica experimentada, quien había dedicado el trabajo de su vida a investigar el autismo, examinó a Mark y pasó mucho tiempo con él, observando cómo reaccionaba a varios estímulos en el área de juego. Después de la evaluación, llamó a Roxana a su oficina.

La doctora Rapin miró a Roxana con ojos maternales y dijo, simplemente, que Mark era un niño con autismo. Después de un largo rato de silencio, le aconsejó a Roxana que se lo llevara a la casa y fuera buena con él. Conforme la doctora revisó la base de sus conclusiones, el miedo y la ansiedad abrumaron a Roxana y atravesaron su corazón. Esta vez el diagnóstico era sencillo, limpio y sin ambigüedad. Mientras era sacudida por la sinceridad de la doctora, Roxana se asustaba más por lo desconocido, por lo que le esperaba.

Durante el breve tiempo en que estuvieron juntas, la doctora Rapin trató de consolar y apoyar a Roxana. Le dijo que ella no tenía una bola de cristal, pero que con paciencia y las terapias adecuadas, Mark podría tener una buena vida. Le dijo que era importante para ella aferrarse a sus sueños y expectativas sobre Mark, pues esos sueños podrían marcar toda la diferencia. Después de reponerse, Roxana le agradeció su franqueza. Sin embargo, se sentía desconcertada, no había un consejo específico sobre qué hacer después.

Acerca del Autismo

Ambos estábamos preocupados y asustados más allá de lo que se puede uno imaginar, sin saber nada acerca del autismo o sobre cuál sería el pronóstico de Mark. Comenzamos a buscar información sobre el autismo y leímos todo lo que había disponible sobre discapacidades del desarrollo en busca de respuestas. Encontramos pistas sobre la realidad del futuro de Mark, pero no mucha esperanza.

Aprendimos de nuestra investigación que el autismo está definido como un desorden neurológico de por vida, que resulta de una discapacidad de desarrollo, que afecta primordialmente las habilidades de la persona para comunicarse, la consciencia social y la conducta. Sus síntomas impactan el comportamiento humano en varios grados, pero puede afectar el movimiento, la atención, el aprendizaje, la memoria, el lenguaje, el humor y la interacción social. Se ha descubierto que los patrones específicos de comportamiento, varían ampliamente de un individuo a otro. En general, los niños con autismo se ven agobiados en las interacciones sociales típicas, presentan retrasos en la experiencia receptiva/expresiva, los cuales afectan tanto la comprensión como el uso del lenguaje; responden inusualmente al estímulo sensorial. A pesar de estos desafíos, muchos niños con autismo tienen inteligencia promedio. Un porcentaje significativo está por encima del promedio y muchos son brillantes.

Nosotros aprendimos que los niños con autismo parecen encerrarse en un mundo propio y, a menudo, permanecen socialmente aislados. En muchos casos, pueden perder sus habilidades para compartir efectivamente sus sentimientos, pensamientos, miedos, esperanzas e incluso sus palabras con otras personas. Los niños con autismo muestran resistencia al cambio e insisten en sus rutinas. Parecen apoyarse en la estructura y la rutina para mantener su nivel de bienestar y se perturban fácilmente si esa estructura o rutina es cambiada. En ocasiones expresan sus mayores niveles de tensión por medio de arrebatos, los cuales, desafortunadamente, pueden causar tensión en quienes les rodean.

Aprender el "¿cómo?" y el "¿por qué?" del autismo no fue fácil para nosotros, ni contábamos con mucha información concreta en aquel tiempo. Lo que sí era evidente era que no había cura para el autismo. Sumergiéndonos en las investigaciones en busca de respuestas, concluimos finalmente que en gran medida, ¡el autismo permanecía como un misterio para la profesión médica? Aunque tratamos de utilizar al pediatra de Mark como un recurso para informarnos sobre el autismo, era inútil. Entonces nos golpeó la evidencia: los pediatras se enfocan en enfermedades y padecimientos . . . vómito y diarrea . . . no en desórdenes del desarrollo ni en cómo tratarlos. Esta toma de consciencia ¡cambió nuestro pensamiento dramáticamente? De hecho, la mayor parte de la información provechosa sobre cómo lidiar con el autismo surgió de nuestra propia investigación y de la de otros padres. Nos volvimos casi obsesivos con la búsqueda de la más reciente información, conferencias, talleres y todo aquello que podría proveernos una guía útil acerca de cómo trabajar con Mark y lo que deberíamos ir haciendo.

Después de digerir todas las teorías populares que habían sido promulgadas, sospechamos que el autismo de Mark, de forma más probable, provenía de una debilidad genética o de una susceptibilidad desconocida, acoplada con otros factores ambientales desconocidos. Nos interesaron las vacunas que Mark recibió en su infancia y el abuso de antibióticos para infecciones de oído. Juntos, ponderamos que estas circunstancias, tal vez aunadas con otros factores, interfirieron con el desarrollo normal del cerebro de Mark en un momento crítico cuando era un niñito. Entonces etiquetamos a esta discapacidad de desarrollo como "Autismo Infantil"[3].

¿Qué hacer? ¿Cómo hacerle frente?

No obstante, una terapeuta de lenguaje recomendó que la intervención temprana, aunada a una diversidad de terapias era fundamental para disminuir la severidad del desorden. Mientras continuábamos adquiriendo conocimiento sobre el autismo, Roxana siguió su consejo y contactó a la institución Recursos de Desarrollo para el Niño[4] (RDN), en la ciudad de

---

3. Nota de los autores: El autismo infantil fue posteriormente reclasificado en el DSMV (Libro de Siquiatría de Diagnósticos—2014) como Desorden Desintegrativo de la Infancia.

4. 'Child Developmental Resources'—CDR

Williamsburg, Virginia, para obtener terapia de integración sensorial y terapia de lenguaje para Mark.

Continuamos con actividades de juego grupal, tanto para ayudar socialmente a Mark como para fortalecer sus destrezas motoras. También lo sacábamos, junto con Laura, a correr y jugar con todos los niñitos y pre escolares del barrio. Tratamos que fuera divertido para todos los niños y dedicamos tiempo para planearles actividades especiales. Frecuentemente, íbamos a parques para jugar juntos y comíamos fuera, en McDonald's. Las otras mamás se apuntaban también. Nuestro hogar se convirtió en la Gran Estación Central, en donde todo mundo era bienvenido. Queríamos que Mark estuviera cerca de sus pares y modelarles por medio de un juego paralelo. ¡Todos pasamos muy buenos momentos juntos!

Pronto nos dimos cuenta que Mark tenía fortalezas en su agudeza visual que le permitían reconocer las diferencias en las formas de los objetos y establecer secuencias. ¡Era un maestro armando rompecabezas grandes, hasta de cien piezas, cuando apenas tenía cuatro años? Podía reconocer la pieza requerida, aunque estuviera de dorso sobre la mesa. Tratamos de hacer frente a las limitaciones que traía el autismo de Mark, mientras celebrábamos las fortalezas evidentes en nuestro joven hijo, todo esto tratando de mantener nuestras vidas tan normales como fuese posible.

Como padres, enfrentamos la situación manteniéndonos concentrados, en todo lo que pudiéramos, para satisfacer las necesidades de Mark. Incluso ajustamos su dieta desde muy al principio, después de que descubrimos que muchos niños tienen síntomas de tipo autista originados por alergias a ciertas comidas, especialmente productos derivados del trigo y la leche. Seguimos lineamientos de dieta prudentes, lo pusimos en una dieta libre de lácteos y restringida de alimentos y productos que contuvieran levadura o colorantes artificiales. Notamos cambios leves en Mark, pero nada significativo. Sopesando esto, él se volvió menos ansioso y más atento. Curiosamente, ninguno de nosotros consideraba la medicación como un remedio para sus conductas indeseables.

Con todo, nuestra inseguridad y desconocimiento sobre el autismo nos causaban una preocupación continua. Que una pierda su saludable niñito es inimaginable, pero eso ocurrió. En el lapso de unas pocas semanas, nuestro hijo, feliz y afectuoso se había ido. El propio ser de Mark parecía ya no estar más con nosotros, aunque con irónica ambigüedad, su presencia física se quedaba aquí. Ser conscientes de ello, nos golpeó con fuerza. No podíamos sino llorar por Mark; mirarnos uno al otro y acudir a Dios en busca de consuelo. Aunque nos afligía la pérdida de nuestro hijo en muchos niveles, simplemente no teníamos tiempo o energía para la rabia, la negación, la lástima o la ira.

Desafortunadamente, el resto de nuestro mundo, simplemente, no podía apreciar lo que encarábamos. Era comparable a la muerte de un niño, pero sin funeral. Nuestras amistades nos decían, "Bueno, ustedes solamente están teniendo problemas con su niño—él se repondrá". Nadie comprendía realmente la magnitud de la crisis que enfrentábamos, ni el dolor que sufríamos por el hecho de que Mark no se "repondría". En lo referente a nuestro bienestar emocional, tratamos de ser prácticos y aceptar nuestros papeles como padres de un niño con autismo. Tratamos de usar el sentido común para hacer planes y tomar decisiones; nos enfocamos en las necesidades de Mark, su salud y su bienestar general.

Durante todo este tiempo, nos sentimos aislados, pues éramos incapaces de conectarnos con otros padres que enfrentaban los mismos problemas que nosotros. Estas eran las edades de oscurantismo previas al internet y no había una forma fácil para conectarse con personas que tuvieran hijos con autismo. En ocasiones, llorábamos y nos sentíamos deprimidos. La chispa de esperanza de que algún día Mark venciera esto, se desvanecía gradualmente. Al final, sólo esperábamos que Mark sobreviviera al autismo intacto y se volviera razonablemente autosuficiente como un adulto.

CAPÍTULO 3

Intervención temprana

1988 – 1990

"*Hemos planeado que Mark permanezca en su programa de educación especial, hasta que cumpla cinco años*", dijo Roxana a la maestra. "*Después de ello, comenzará el preescolar*". La maestra la miró, incrédula. Mientras llevaba de la mano a Mark al salón de clases, recalcó que pensaba que Roxana estaba siendo demasiado optimista y agregó que Mark nunca sería capaz de estar en un aula regular. Cuando terminó de sermonear a Roxana sobre la discapacidad de Mark, le dijo, básicamente, que su capacidad para aprendizaje estaba dañada severamente y que, no obstante de ser un niñito maravilloso, predecía que su comportamiento sólo podría empeorar con su crecimiento. Aunque Roxana sabía que la maestra hablaba desde su propia experiencia, le pareció que su tono era inconcebiblemente desalentador.

Además de nuestras preocupaciones por la dificultad en el desarrollo de Mark, enfrentábamos también un sistema educativo lleno de docentes, administrativos y profesionales diversos que, por status quo, estaban filosóficamente opuestos a la integración de niños con discapacidades en los espacios educativos regulares. Muchas de estas personas simplemente no querían menores con discapacidad en una escuela regular. En no menor medida, esta filosofía ponía un obstáculo real a estos menores para poder ganarse el derecho a tener un lugar en un aula regular; en otras palabras, ¡debían demostrar que no tenían discapacidades? En muchos distritos escolares, la etiqueta que se le imponía a un niño o niña determinaba su ubicación en el sistema escolar público.

Doble Ubicación

Mark había cumplido tres años. Encontramos un programa preescolar regular para que él asistiera en las tardes con pares de edad apropiada. No obstante, preocupados por su pérdida de lenguaje y siguiendo las indicaciones de Recursos de Desarrollo para el Niño, le buscamos también un programa de educación especial. La escuela que tenía el programa adecuado estaba en Hampton, a unos 40 kilómetros al sur de nuestra casa en Williamsburg. Esencialmente, el programa estaba dirigido a menores con desórdenes de comunicación, para ayudarles a desarrollar destrezas y aumentar sus sistemas de comunicación.

En la clase de educación especial de Mark había cinco menores. Él era el más pequeño; las edades del resto variaban entre los cinco y los siete años. En todo el programa había veinte estudiantes, el mayor tenía dieciséis años.

Roxana fue, probablemente, la primera madre de familia que se incorporó como voluntaria en el salón de educación especial. Trabajó en la escuela dos días por semana, como ayudante con los chicos mayores. Una vez ahí, vio los aspectos buenos y malos de la educación especial. Las primeras dos semanas fueron las más difíciles para ella; lloraba cada vez que recogía a Mark en la mañana; hubo ocasiones en que Mark había llorado también. Ella trataba de hacerlo más fácil para ambos cuando lo encaminaba al salón, pero aun así fue difícil.

Los menores del programa no tenían contacto con sus pares, esto era definitivamente un defecto. Estábamos convencidos de que los niños con discapacidades necesitaban tanto contacto como fuera posible con sus pares sin discapacidad para que pudieran aprender comportamientos y destrezas sociales adecuadas. Si se coloca a un menor con discapacidad alrededor de otros menores con comportamientos inadecuados aprenderá comportamientos inadecuados. Si se le coloca en espacios integrados con niños sin discapacidades que desplieguen conductas más apropiadas, aumentará su oportunidad de aprender dichas conductas. En todo caso, tratamos de no pensar en ello, enfocándonos en el hecho de que Mark contaba con medios días en el programa preescolar vespertino, donde estaba rodeado, de hecho abrumado, por niños sin discapacidad.

Eventualmente, Roxana asistía como voluntaria al salón de Mark. Su observación de primera mano activó algunas de las preocupaciones de Roxana sobre la conveniencia de los programas especiales para nuestro hijo. Uno de los aspectos desconcertantes del programa fue la forma en que se abordaban las conductas no deseadas, tales como los berrinches. Después de que esta conducta escalaba a un nivel inaceptable, al niño o la niña se le envolvía en una sábana para restringir sus movimientos de manos, brazos y piernas y después se le conducía a un área privada para que tuviera un periodo de tiempo fuera y se calmara. Se le decía que tenía que dejar de comportarse así, si quería librarse de la sábana. Roxana no podía entender este abordaje; era muy nuevo y diferente para ella. De momento, ¡parecía que el niño pasaba más tiempo solo y envuelto en la sábana que en el salón!

Lo único en lo que Roxana podía pensar era en Mark: "*¿Y si le ocurre esto a Mark? ¿Le harán lo mismo a él?*" Entonces recordó que había firmado un papel que autorizaba al personal del programa para utilizar cualquier método considerado necesario a fin de controlar los comportamientos perturbadores. En aquel tiempo no existía algo como "apoyos a los comportamientos positivos" y mucho menos "historias sociales".

También nos desconcertaba el que la directora del programa no le permitía a Roxana tomar fotos o grabar videos de Mark en la escuela. Le dijo que esta decisión respetaba la privacidad de los demás menores en el salón y preservaba su derecho a la confidencialidad. Aun así, cuando incluso algo tan simple como tomar una foto a Mark se volvía un problema, nos quedaba la sensación de que estábamos en una carrera de obstáculos. Este era el principio de nuestra propia educación sobre las políticas escolares públicas y sus privilegios.

A pesar de estos problemas, conservamos a Mark en el programa, pues consideramos que estaba aprendiendo y que el personal se preocupaba por él. Este ambiente también nos dio una sensación de seguridad como padres. Al final, ambos alcanzamos un nivel de confort con las prácticas de educación especial de la escuela y nos sentíamos tranquilos.

La comunicación entre la maestra y el hogar era buena. Utilizábamos un diario para escribir notas de un lado y otro. Las pequeñas metas fueron logradas fácilmente. Las metas más grandes se cumplieron lentamente y una por una. A pesar de todo, era bueno ver a Mark progresar en la escuela, acoplado con su aprendizaje y desarrollo en la casa.

En casa

Los rompecabezas se volvieron la cosa favorita de Mark. Teníamos pilas de rompecabezas alrededor de toda la casa de forma que Mark pudiera trabajar en ellos a voluntad. Tenía un lapso de atención extraordinariamente largo para ellos, un interés que nosotros esperábamos que se transfiriera a otras áreas. También le gustaba ver los dibujos animados en la televisión. Sin embargo, establecimos un límite en la cantidad de tiempo para la televisión; lo utilizamos como un motivador o recompensa, cuando asumía tareas difíciles.

Mark tenía problemas de sueño que iban y venían durante esos años tempranos. Esto era realmente sorprendente para nosotros, debido a nuestra rutina diaria que había funcionado muy bien con Laura. No obstante, notamos que Mark tomaba pequeñas siestas cada vez que podía, pero no lograba un sueño reparador hasta que lo poníamos en la cama a las ocho de la noche. Usualmente se dormía a los veinte minutos, pero a las once y media de la noche él estaba totalmente despierto y lleno de energía. Dado que Joseph tenía que trabajar al día siguiente, Roxana en aquel entonces permanecía levantada por horas con Mark en su cuarto. Era muy desgastante y también era una lucha para que él estuviera listo para la escuela en la mañana y tomara el bus escolar a las ocho y veinte. Después de meses de días largos y noches cortas, pedimos que en la escuela no le permitieran siestas a Mark durante el día escolar, ni durante los desplazamientos en el bus. Afortunadamente, en una semana, más o menos, el patrón irregular de sueño de Mark cedió y volvió a dormir durante toda la noche.

¡El entrenamiento de esfínteres fue también otra gran victoria? Implementamos un programa de dos semanas en la escuela y el hogar. En la escuela, Mark debía ser llevado a un área privada sin sus pantalones, sólo con camiseta, donde se le daban bocadillos salados para comer y mucha bebida. Aprendió a sentir cuándo necesitaba ir al baño y utilizaba dibujos para hacérnoslo saber. Seguimos el mismo programa en casa después de la escuela y durante los fines de semana. Nos dividimos esta tarea turnándonos. Básicamente, Roxana estaría a cargo en la mañana y Joseph por la tarde, lo que nos permitiría tener, al menos, algún tiempo cada día para estar con Laura. Premiábamos a Mark con embutidos fríos por todo su buen trabajo. Esto se volvió un juego con él y fue un rápido aprendiz. En el corto margen de dos semanas, estaba listo para dejar totalmente los pañales: ¡otra bendición!

Acondicionamos una de nuestras recámaras como un cuarto de juegos. Roxana utilizó tiempo estructurado, trabajando un momento cada vez en mejorar sus destrezas visuales, comunicativas y de motora fina. Establecimos un horario para el día de Mark y utilizamos una pizarra con imágenes para permitirle tomar decisiones durante la jornada. Desde el principio, enseñamos a Laura y a Mark a recoger sus juguetes después de jugar. Mark era bueno en no tocar los adornos, adquirió una buena actitud frente a los límites en casa. Nos motivó que respondiera a reglas y límites. Estas tempranas experiencias nos enseñaron que Mark estaba cómodo con la estructura y con la bien diseñada rutina que se había establecido en la casa y en la escuela.

Preescolar integrado

Como parte integral de sus estrategias de intervención tempranas, buscamos un programa vespertino preescolar donde Mark pudiera tener oportunidad para interactuar con pares sin discapacidad. Sin embargo, encontrar un programa que lo aceptara se volvió un reto. A cada lugar que íbamos nos rechazaban en el momento en que mencionábamos la palabra "autismo". Finalmente; para nuestro alivio, uno de los centros preescolares aceptó a Mark. Acudió a este programa durante un año y medio.

Durante los primeros ocho meses, aproximadamente, Roxana fue la asistente de la maestra de Mark; de hecho, este centro preescolar contaba con mucha participación de los padres. Se solicitaba como una condición para poder matricular a sus hijos, que todos los padres sirvieran como asistentes de la maestra de preescolar por un número establecido de horas cada año. Nuestra aula contaba con una maestra y dos padres que trabajaban con los niños por cada tarde. Los padres sentían curiosidad por Mark debido a que se veía muy normal, era difícil notar algo diferente en él, hasta que comenzaba a reaccionar fuertemente a la frustración.

Fue muy interesante ver cómo los niños eran totalmente acogedores con Mark y lo aceptaban completamente en sus actividades de juego, sin verlo nunca como diferente o extraño. Por supuesto, también hacían observaciones inocentes. Cuando algún niño o niña preguntaba: ¿por qué él no habla?, Roxana respondía: "*Porque Dios lo hizo a él de esa forma, de la misma forma en que él hizo al pequeño Tommy con cabello negro y a Amanda con ojos azules. Todos somos diferentes de muchas maneras y son esas diferencias las que debemos aceptar en las demás personas*". Ella trataba de explicarlo de esa forma, lo cual normalmente satisfacía su curiosidad.

Los padres de la guardería tenían muchas más preguntas. Nosotros nos poníamos defensivos en ocasiones, teniendo que justificar a nuestro hijo frente a ellos. Algunas de las preguntas golpeaban directamente nuestro núcleo emocional, especialmente cuando nos preguntaban sobre el pronóstico de Mark. ¿Cómo podríamos predecir qué nos deparaba el futuro? Si ya es difícil pronosticar la vida de un hijo o hija típicos, ¿cómo hacerlo con uno con autismo? Pero las buenas noticias eran que teníamos a Mark en un ambiente escolar regular en las tardes con otros niños. Por ahora, eran buenas noticias.

El segundo año en el preescolar se volvió maravilloso. ¡Fuimos tan afortunados? Una de las maestras de preescolar que normalmente enseñaba en la mañana, se ofreció de voluntaria para ser la asistente de la maestra de Mark por la tarde. Nos sorprendió que alguien realmente quisiera trabajar con Mark . . . y por nada a cambio. Por primera vez, desde que nuestra familia había llegado a Williamsburg, sentimos algún alivio. Siempre estaremos agradecidos por el amor y comprensión que esta maravillosa mujer tuvo mientras trabajó con él.

Terapias especiales

Sobre todo, nos sentíamos satisfechos que Mark estuviera en dos diferentes programas escolares. No obstante, conforme aprendíamos más sobre la terapia ocupacional con integración sensorial (TOIS), nos dimos cuenta de que Mark debería estar recibiendo terapia. Dado que el programa de educación especial no proveía TOIS para Mark, buscamos una evaluación independiente y la presentamos a nuestro distrito escolar local como una recomendación de lo que queríamos lograr. Una vez que el distrito aprobó nuestra solicitud, Mark comenzó a recibir una hora de terapia TOIS, cuatro veces por semana, después de su programa preescolar vespertino. En aquellos días, Roxana recogía a Laura en la escuela y después se reunía con Mark y su terapista ocupacional.

La terapeuta ocupacional de Mark era realmente experta en menores con autismo. Disfrutaba trabajando y desarrolló una magnífica relación con él. Sabía qué tanto presionarlo y era sensitiva a sus frustraciones y ansiedad. Mark le respondía bien. Venía siempre colmada de cosas para utilizar mientras trabajaba en el programa de cada día. Además de compartir su riqueza en estrategias e ideas, proyectaba optimismo con el lema *"No hay problema que no tenga una solución"*. ¡Realmente disfrutamos esos días? Hicimos toneladas de cepillado, masaje de presión profunda y actividades que incrementaron la tolerancia de Mark hacia las texturas.

En este proceso, Roxana aprendió mucho sobre TO en general y por ello pudo proveerle a Mark los tan requeridos descansos sensoriales en casa. Durante esos días, Mark podía ponerse muy ansioso en casa, algunas veces al punto de hiperactividad. Cuando era conveniente, pasábamos horas supervisando a Mark mientras disfrutaba de baños calientes con muchas burbujas. Algunas veces la ducha corría al mismo tiempo. Aunque suena algo loco, esto ayudó a Mark a relajarse tremendamente.

Padres ayudando a padres

Gracias al programa de educación especial, ambos nos convertimos en partícipes activos en un grupo de apoyo local para padres. Desafortunadamente, de las veinte familias con menores en el programa, fuimos sólo cinco padres los que asistimos regularmente a las reuniones mensuales. Por medio de este grupo conocimos a Cindy Hamrick, otra madre cuya amistad hemos atesorado a lo largo de los años. El hijo de Cindy, Dave, estaba matriculado también en el programa de educación especial en Hampton. Era cinco años mayor que Mark y viajaban juntos en el bus de educación especial a la escuela. Cindy y Roxana manejaban juntas a las reuniones mensuales del grupo de apoyo; a la larga, se convirtieron en su propio mini grupo de apoyo.

Aunque nuestras familias habían tenido muchas experiencias similares, Dave y Mark eran individuos totalmente diferentes y requerían atención en temas distintos. De cierta forma, la única cosa que tienen en común era la etiqueta de "autismo."

En vista de que Dave era mayor que Mark, Cindy llevaba la delantera en lo referente a problemas nuevos. Roxana no quería tener que inventar la rueda cada vez que emergía otro desafío, así que, frecuentemente, experimentaba las estrategias de Cindy para ayudar a resolver los problemas con Mark. Estaba deseosa de recibir su consejo. Hablaban regularmente, intercambiando nueva información y sus experiencias. Compartían libros, fueron juntas a conferencias, confiaban en la otra para revisar periódicos y boletines que publicaran información actualizada. Antes de internet, con la lenta circulación de la información, esta red de apoyo naturalmente desarrollada entre nuestras familias, fue invaluable. Las dos mamás rieron y lloraron mucho juntas. Cuando volvemos nuestras miradas a esos días, es interesante ver cuánto crecieron ambas, Cindy y Roxana, enfrentando lo que impactaba a Dave y Mark.

Éxito con intervenciones tempranas

Algunos de los esfuerzos que emprendimos comenzaron a dar frutos. A lo largo de esos primeros años; hasta que Mark cumplió cinco años, fuimos testigos de una disminución significativa en su nivel de ansiedad, probablemente debido a su dieta. Ambos nos volvimos adictos a la comida sana, e inicialmente, teníamos la esperanza de descubrir que la combinación mágica de comidas y vitaminas curaría a Mark del autismo. Si no le dábamos alguna recompensa, Mark se negaba a comer la variedad de frutas y vegetales que preparábamos especialmente para él (¡si lo hubiéramos dejado a su libre albedrío, estamos seguros de que no hubiera comido otra cosa que cereal seco!). Mientras, poco a poco, declinábamos encontrar la cura mágica, estábamos atentos a cualquier cosa que disminuyera los efectos del autismo de Mark y nos gratificó notar que su nivel de ansiedad reducía con el tiempo.

La comunicación permaneció como el tema central para Mark. El equipo de educación especial de la escuela desarrolló para él un sistema de intercambio con imágenes junto con lenguaje de señas. Usamos este sistema también en la casa, cambiando las imágenes de acuerdo con el contexto. Mark era muy receptivo a las imágenes y aprendió cómo utilizarlas rápidamente. Por otro lado, no estaba muy interesado en el lenguaje de señas, pero asimiló algunas de mucha ayuda.

Desde que pudo caminar, amaba el agua y se convirtió en un esforzado nadador. Laura y Mark pasaban horas en la piscina durante el verano. Su amistad hermano-hermana se afianzó durante esta época, debido a que encontraron algo que podían hacer juntos. Como era una experiencia de disfrute y unión para ambos, siempre nos aseguramos de que tuvieran acceso a una piscina, incluso en los meses de invierno.

De hecho, regularmente planeábamos actividades especiales para que ambos disfrutaran. Frecuentemente, toda la familia iba al centro a ver alguna película, a pasear al centro comercial, a un restaurante o a la biblioteca. Todas estas salidas las suscitaba nuestro deseo de hacer la vida familiar con Mark lo menos complicada y lo más normal posible. En suma, queríamos ser una familia unida y de apoyo. Y lo más importante, no queríamos poner mucha atención a Mark, para no ensombrecer las propias necesidades y experiencias de Laura.

Mudanza a Illinois

Así, continuamos esta rutina establecida para Mark hasta que nuestra familia salió de Williamsburg, Virginia en julio de 1990. Joseph cambió de trabajo y nos mudamos a Lombard, Illinois. Allí, en un suburbio de Chicago y cerca de dónde Joseph creció, estaríamos cerca de su familia y en suelo conocido.

Antes de mudarnos, Roxana hizo un gran esfuerzo para identificar opciones educativas para Mark en el área de Chicago. Su meta era conseguir una ubicación dual para Mark, similar a la que había tenido en Williamsburg, en el sentido de que incorporara tanta educación regular cuanto especial. A pesar de sus esfuerzos, no hubo éxito. Ahora, con cinco años, Mark era simplemente demasiado mayor para cualquier programa preescolar y encontramos que no estaba listo para los rigores del kindergarten.

Frente a este dilema, sopesando si Mark debería entrar o no al kínder con sus pares, nos sentimos acosados por la predicción de la maestra de educación especial: *"un niño como Mark nunca será capaz de estar en un salón regular"*. ¡No podíamos saber si esa maestra tenía razón!

CAPÍTULO 4

Un despertar

1988 – 1990

Poco después de arribar a Lombard, Illinois, decidimos inscribir a Mark en la Academia Keaton (parte de Lilly Francis, Inc.), en Naperville, en el mismo estado, a una distancia de cerca de veinticinco kilómetros. Lilly Francis, Inc. ofrecía programas exhaustivos para niños con una amplia gama de discapacidades en el área de Chicago. También brindaba consejería y guía para "familias en crisis". Esta academia se enfocaba específicamente en menores con autismo y ofrecía un programa para ayudarles a lograr metas educativas específicas dentro de un contexto escolar. En general, Lilly Francis tenía una buena reputación en la comunidad de educación especial y Keaton era ampliamente considerada *el centro* para autismo en el área. Esta se apreciaba como la escuela que reunía la experiencia adecuada y las mejores estrategias de aprendizaje para maximizar el beneficio educativo para niños con autismo.

Para inscribir a Mark en esta academia, nos reunimos con la directora de Educación Especial para el Distrito Escolar 44, quien aprobó la idea y facilitó los fondos para llevarla a cabo. No obstante, nos sentíamos algo ansiosos debido al gran tamaño de la academia y a que, otra vez, Mark sería el estudiante de menor edad matriculado.

Roxana quería ser voluntaria en Lilly Francis, tal y como lo había sido en Virginia, pero fue rechazada. La directora de los Servicios para Niños se oponía, por política, a la idea de que los padres fuesen voluntarios, de forma que no había nada que hacer. Nos decepcionó, pues Roxana estimaba las experiencias que había obtenido como madre voluntaria, experiencias que le habían dado valiosas ideas sobre cómo trabajar con Mark en casa.

Después de algunas semanas, nuestra familia se estableció en una nueva rutina. Mark estaba en el programa de autismo de la Academia Keaton y Laura en primer grado en Saint Pius X, una escuela parroquial en Lombard. Ya que ambos estaban en la escuela, Roxana se involucró con la comunidad local de autismo en Illinois. Todos participábamos en un grupo de apoyo para familias que tenían menores con autismo. Este grupo traía conferencistas invitados para discutir una amplia gama de temas y preocupaciones parentales, mientras los menores jugaban. En esas reuniones mensuales, se organizaban actividades para que disfrutaran tanto los chicos y chicas con autismo, como sus hermanos y hermanas.

Por medio del grupo de apoyo, Roxana amplió sus contactos con profesionales en medicina y educación con enfoque en el autismo, así como con padres de menores de todas las edades. En las conversaciones con los padres de la Academia Keaton, comenzó a emerger un panorama complejo. Básicamente, los menores con autismo pasaban años en la Academia sin lograr progreso considerable alguno. Además, quienes eran padres de estudiantes con autismo de mayor edad (quince y más años) se veían abatidos, con poca energía para mantener sus esfuerzos por hacer la vida aceptable para estos.

Después de tener esta imagen de los resultados probables para los estudiantes de Keaton, quedamos seriamente preocupados. Nos inquietaba que el aislamiento de Mark de niños regulares, mientras asistía a Keaton, afectara negativamente su desarrollo cognitivo y social. Roxana volvió a buscar un programa preescolar regular para Mark, pero se decepcionó una y otra vez. Nos hallamos casi desesperados por encontrar un escenario adecuado para facilitar a nuestro hijo la exposición a niños regulares que considerábamos tan necesaria para su desarrollo pleno.

Lilly Francis contaba con un centro bastante grande de guardería, que era una forma de ofrecer servicios de atención a niños del personal. ¡Esta resultó ser una información clave? Preocupados por las insuficiencias en el progreso de Mark en el desarrollo de destrezas de lenguaje receptivo, sugerimos que la Academia le permitiera algún tiempo diario en esta guardería, con pares de edad adecuada. Después de alguna negociación, el personal de la Academia Keaton permitió considerar la posibilidad. Una vez que obtuvimos el consentimiento del equipo de los padres y madres de los menores de la guardería, a Mark se le asignó una hora al día, tres veces por semana. Aunque nos sentimos complicados, sólo anhelábamos que la escuela hubiera ofrecido más.

Después de poco tiempo, Roxana se afilió a la Organización de Autismo

América (Autism Society of America—ASA), en su capítulo local y fue elegida integrante del Comité de Directores de ASA para el estado de Illinois. Ser auxiliar en el comité estatal le dio a Roxana oportunidades más amplias para reunirse con padres y sumergirse con mayor profundidad en los asuntos que impactaban a los menores con autismo, incluyendo iniciativas legislativas, políticas educativas, cuidado de salud y oferta de servicios. Roxana descubrió que el Comité de Directores para Illinois de ASA pasaba la mayor parte de su tiempo trabajando en temas relacionados con educación, entrenamiento para el trabajo y la provisión de arreglos independientes y de apoyo de manutención para las personas adultas con autismo, más allá de los límites de las instituciones estatales. Nos decepcionó que hubiera tan pocos puntos en la agenda concernientes a menores con autismo de preescolar a los trece años de edad.

Después de dos meses en la Academia Keaton, consideramos que Mark no estaba mostrando progreso alguno en sus habilidades de comunicación. Sencillamente no aceptaba nuevas imágenes en su pizarra de comunicación. Por último, buscamos un sistema de comunicación que fuera más sencillo de usar para él y, definitivamente, más efectivo. Un aparato computarizado de múltiples niveles, llamado "El Comunicador", nos pareció ser la respuesta perfecta. Este aparato ofrecía un sistema de comunicación que simulaba la salida de voz y había probado ser efectivo para escolares menores que lo usaban con asistencia docente a tiempo completo. El comunicador era más grande que las más modernas computadoras portátiles, cerca del doble de ancho y muy frágil. No era realmente móvil, a menos que se fijara a una mesa asentada en una silla de ruedas. Además, costaba más de tres mil dólares.

Mark utilizó sistemáticamente el comunicador en casa, pero en un nivel muy rudimentario. Su desempeño en la escuela no era mejor. Con el tiempo, se desvanecieron los esfuerzos para enseñarle a usar el aparato. Incluso en casa, aprendió a expresar sus demandas fácilmente usando un lenguaje de señas elemental y sus propias acciones. En meses, el comunicador fue a parar al armario de almacenaje. Aprendimos una lección importante: ser precavidos en la compra de sistemas para aumentar la comunicación que no han probado su efectividad en niños no verbales.

Había un cuaderno de comunicación diaria entre las maestras de la Academia y la casa para tratar todo lo relativo a Mark. Comenzamos a notar un patrón en el diario: Mark lloraba por una u otra razón, pero siempre mientras iba al salón de educación física. Programando tiempo para observar a Mark en educación física, Roxana notó que él se enojaba terriblemente justo antes de esta clase y lloraba amargamente todo el camino a esa aula. Para Roxana esto parecía como una tortura para Mark. Otros menores en su clase estaban también molestos y llorando. Instintivamente, Roxana supo que algo no estaba bien, pero se sentía incapaz de hacer algo al respecto.

Semanas más tarde, asistimos a una celebración en la Academia con todos los demás estudiantes. Mark lloró durante toda la presentación, junto con cerca de la mitad de los menores. Las maestras les ignoraron. Nos pareció que, simplemente, el personal trataba igual a la totalidad de los estudiantes. Sus métodos eran intransigentes y sus estrategias inflexibles. En principio, nada cambiaba de un niño a otro.

Ambos teníamos serias preocupaciones acerca de este trato "talla única" para manejar y enseñar a menores con autismo. Como padres, habíamos aprendido que el autismo puede presentarse en forma muy diferente entre los menores y que se requería cierta flexibilidad en el abordaje para encontrar las mejores estrategias que respondieran a las necesidades de cada menor. Por ejemplo, sabíamos que Mark no tenía problema para que trabajáramos con él, siempre y cuando hubiera comprendido, de antemano, que la actividad tendría un principio y un fin; por el contrario, si no sabía cuándo terminaría, cualquier tarea podía ser una tortura para él. Entonces, nos preguntamos si este tipo de acomodo había sido considerado y utilizado en la escuela para ayudar individualmente a los menores con sus necesidades.

Pronto llegó el tiempo de reunirnos con las maestras de Mark en Keaton para formalizar su primer Plan de Educación Individualizada (PEI). Quienes integraban el equipo de trabajo con Mark, la Directora de Educación Especial y el Director de la Escuela, estaban preparándose para discutir las metas y objetivos del bosquejo del PEI en detalle. Con el fin de ayudarnos en la preparación y formalización de las recomendaciones del PEI de la escuela, el equipo nos había enviado, con antelación, los reportes del progreso del programa educativo de nuestro hijo.

Al revisar los reportes, encontramos que algunos de los comentarios y apreciaciones del equipo eran totalmente arbitrarios. También hallamos otras anotaciones que eran completamente inadecuadas y tuvimos la sensación de que habían sido escritas para otro niño. Cuando pusimos en evidencia esto, el equipo se disculpó y estuvo de acuerdo en corregir en los reportes esta información deformada, tal era nuestra condición para firmar el nuevo PEI de Mark.

Esta experiencia nos dio una luz importante para recapacitar en nuestra apreciación de profesionales en educación o terapia. Primero, no todas estas personas son igualmente profesionales en el desempeño de sus trabajos. Segundo, no todas tienen habilidad para mantenerse objetivas e imparciales al escribir evaluaciones de los menores con los que trabajan. Después de todo, cada vez que preparan una evaluación de un/a niño/a, están documentando sus "propios éxitos" o sus "propias fallas" como docentes o terapeutas. Así, entonces, consideramos que, en este caso, los reportes de la Academia Keaton eran demasiado egoístas e inexactos.

Cabe mencionar que, durante los primeros meses de Mark en la Academia Keaton, su comportamiento en casa fue cada vez más difícil. Lloraba y exhibía conductas no deseadas con más y más regularidad. Por otra parte, estas conductas se fueron intensificando y volviéndose, cada vez, potencialmente más dañinas. En algunas ocasiones, él se golpeaba así mismo en la cabeza con el dorso de la mano para comunicar frustración extrema. En ese momento, aceptamos estos comportamientos como propios del autismo. No obstante, también encontramos que la escalada en sus conductas era directamente proporcional a su nivel de frustración en la escuela. Por razones que ignorábamos, nos fue evidente que no se sentía cómodo allí. Alternativamente, cada vez que él se acomodaba en su rutina de juego en casa, lo veíamos mucho más relajado y contenido.

Durante este mismo periodo, Roxana fue detectando un nuevo movimiento llamado "Padres por Comunidades Inclusivas" (PCI), conformado por padres y profesionales que trabajaban con menores con discapacidades de todas las edades. Ambos consideramos realmente nobles las ideas sobre comunidades inclusivas. No obstante lo alentador que esto pareciera, simplemente no podíamos imaginarnos a Mark asistiendo a la escuela de su barrio con pares típicos. Los padres del PCI hablaron con Roxana acerca de menores que habían sido incluidos en escuelas primarias a lo largo de todo Estados Unidos, pero estos menores eran notablemente diferentes a Mark. En su totalidad, podían comunicarse verbalmente y mostraban habilidades de procesamiento cognitivo independientes. Por decirlo así, estos eran los déficits de desarrollo más serios en Mark, junto con las limitaciones en conciencia social.

¡Entonces tuvimos un despertar que transformó nuestro pensamiento? Durante el verano de 1991, asistimos a un congreso nacional de la Sociedad de Autismo de América. Cindy Hamrick y su hijo Dave vinieron por tren de Williamsburg a Chicago y nos acompañaron a Indianápolis, Indiana, para el congreso de una semana de duración.

Durante el congreso, asistimos a exposiciones de la Dra. Ann Donnellan, de la Universidad de Wisconsin. La doctora Donnellan hizo una presentación coherente enfocada a la importancia de una educación inclusiva para los menores con diagnóstico de autismo. Su lógica era impecable; el contenido de su seminario impactante. Su investigación demostraba claramente que los menores con autismo que estaban en integración completa lograban mucho mejores resultados que quienes estaban separado/as en programas de educación especial. Como evidencia, citó la experiencia del estado de Vermont con la educación inclusiva. De acuerdo con ella, más del 80% de los menores con discapacidades en Vermont, en efecto, se graduaban como bachilleres en educación secundaria junto con sus pares típicos. Más aún, la experiencia en Vermont, había sido muy exitosa al ubicar su población con discapacidad en hogares comunitarios y en empleos; con esto disminuyeron significativamente la dependencia del estado para el cuidado institucional para este tipo de personas.

Inspirados por todo esto, regresamos a Chicago persuadidos de que si en algún momento había que cambiar a Mark a un ambiente escolar menos limitado . . . ese momento había llegado.

CAPÍTULO 5

Inclusión – Preescolar

1991 – 1992

No nos tomó mucho tiempo obtener más información sobre la "inclusión" y comenzar a hacer planes. Mientras Mark asistía a la escuela de verano en la Academia Keaton, Roxana solicitó que el personal la apoyara para desarrollar un plan de transición que favoreciera su ajuste. Puntualmente, resolvimos una "ubicación dual" para Mark, con las mañanas en el programa de educación especial de Keaton y las tardes en el preescolar regular de la escuela local del barrio, Butterfield, que quedaba sólo a dos cuadras de nuestra casa.

A fin de reforzarse para esbozar el cambio de Mark a un salón de clase regular, Roxana consultó con papás de menores con autismo de mayor edad, de los que podía aprender más sobre sus experiencias. Todos coincidieron en que sería cada vez más difícil comenzar un proceso de inclusión escolar a medida que él se hiciera mayor. Expresaron también que si ellos tuvieran la oportunidad de hacer todo de nuevo, lo que habrían hecho para sus propios niños habría sido . . . incluirlos en la escuela a la primera oportunidad. Estos padres advirtieron a Roxana que sufriríamos una carga emocional al tener que lidiar con el sistema escolar y nos alentaron a mantenernos fuertes al enfrentar lo que se aproximaba.

Habíamos escuchado de algunas querellas del debido proceso con distritos escolares sobre temas de ubicación y ofrecimiento de servicios para los menores. "Debido proceso", aprendimos, era el marco legal básico que los padres habían requerido para trabajar, a fin de asegurarse de que las personas que administraban las escuelas locales respetaran sus derechos establecidos por ley federal, así como los derechos de los menores a una educación libre y oportuna. Aunque habíamos escuchado historias sobre debidos procesos, en realidad, contábamos con poca apreciación del impacto devastador de esto sobre los menores, los padres y las familias enteras.

Continuando con nuestro plan de doble ubicación, acudimos juntos a las oficinas del Distrito Escolar 44 para hablar con la directora de Servicios a Estudiantes. Después de explicar nuestro propósito de doble ubicación, la directora comentó sinceramente que no recomendaba colocar a Mark en un jardín de infantes regular y sugirió que lo mantuviéramos inscrito a tiempo completo en la Academia Keaton. Sin embargo, la directora accedió a indagar sobre preescolar para él en la escuela del vecindario e indicó que primero deberíamos entrevistarnos con la directora de la Escuela Butterfield la Sra. Sandra "Sandy" K. Truax. En pocos días acordamos la audiencia, que incluiría también a algunas personas integrantes del equipo de la oficina central del Distrito 44. Más allá de esto, no sabíamos que esperar.

El encuentro con la Sra. Truax fue cordial, revelador y orientado a metas. Ella fue puntual en sus comentarios y mostró firme interés en nuestro hijo. Durante la reunión, apuntó que quería conocer a Mark y observarlo en la Academia Keaton. La primera solicitud fue lograda fácilmente. Roxana y Mark acudieron a la Escuela Butterfield para presentarlo a la Sra. Truax y familiarizarlo con el edificio escolar. A la vez Roxana coordinó con la Academia para que la Sra. Truax observara a Mark en clase. Invitó, además, a maestras seleccionadas e integrantes del personal para que la acompañaran.

Las cosas se advertían positivas después de esa primera visita. La Sra. Truax pidió a Roxana que coordinara otro encuentro con el equipo de la Academia para comenzar a planear la transición de Mark al preescolar. Durante esta reunión, se fueron puntualizando detalles para los arreglos necesarios en la Escuela Butterfield. Estos incluyeron programas para capacitar al equipo en autismo, estrategias positivas de apoyo de conducta y mejora en comunicación, así como planes para la terapia ocupacional y el transporte. La Sra. Truax contactó en Chicago a un psicólogo de menores, con reconocida experiencia en autismo. Le encomendó que comprometiera al equipo y la ayudara a mejorar su conocimiento sobre autismo. Hizo gestiones también con expertos del programa de educación especial del distrito para mejorar la comprensión del equipo de la escuela Butterfield sobre la inclusión y para crear una mentalidad de equipo.

Anunció, también, que contrataría una persona como asistente de docente para apoyar a Mark en el aula, como un refuerzo de su instrucción; que se asignaría otra persona en la dirección y guía, como encargada de la coordinación de inclusión, para que organizara y ejecutara correctamente el programa de Mark. Nos explicó que la persona coordinadora de inclusión sería una maestra de educación especial con experiencia en educación regular también, que trabajaría fuera de la oficina central del Distrito 44 y que coordinaría la inclusión en la Escuela Butterfield. Finalmente, le dijo a Roxana que no veía necesidad de planificar una terapia de intrusión[5], dado que Mark podría tener veinte o más "intrusos"[6] en el aula con él diariamente. ¡Su comentario nos dio un vistazo del maravilloso sentido del humor de esta consumada profesional!

Nos resultó interesante e inesperado que el Distrito 44 estuviera explorando el tema de la inclusión para lo cual estaba tratando de determinar los requerimientos de capacitación y asignación de recursos que serían necesarios para hacer de este tema un éxito. Una persona como coordinadora de inclusión ya estaba trabajando en el equipo del distrito y supervisaba la inclusión parcial al aula regular de algunos menores de educación especial. En todo caso, *Mark sería el primer menor con autismo en ser incluido plenamente por el Distrito 44*. La Escuela Butterfield sería el campo de prueba para medir si la inclusión era o no recomendable, en todos los ámbitos, para otros menores con discapacidades.

Una vez que el balón comenzó a rodar, nos dimos cuenta de que no había marcha atrás. La Sra. Truax había llevado la delantera y estaba colocando todas las piezas en su lugar. Coordinaba directamente con el equipo de la Academia para asegurarse que sus maestras estuvieran lo suficientemente preparadas para tener a Mark en su aula. Las estrategias se discutían y se revisaban las opciones programadas. Además, alentaba a los terapeutas ocupacionales y de lenguaje, para que se involucraran en los preparativos. Era obvio que la Sra. Truax se había apropiado del programa de inclusión de Mark y hacía todo lo procedente para asegurar un proceso fluido y una conclusión exitosa. Su perspectiva positiva y su determinación ardiente se reflejaban en todo el equipo de la Escuela Butterfield a medida que todos enfrentábamos juntos este desafío.

Por casualidad, Joseph conocía a la coordinadora de la inclusión, quien preparaba al equipo de la Escuela Butterfield para incluir a Mark en el preescolar. Joanne Bade y Joseph asistieron a la misma escuela secundaria. Su esposo y el hermano mayor de Joseph, George, estuvieron en el mismo salón

---

5. Se refiere a una terapia de sensibilización sensorial, de forma que los y las menores, en sesiones individuales puedan para tolerar "interrupciones" en sus conductas. N. T.

6. Otros menores que podrían interrumpirlo o irrumpir en su actuar. N. T.

de clases y siguieron siendo amigos a lo largo de los años. Y, más importante aún, era que sentíamos confianza plena en la Sra. Bade, pues sabíamos que sería sincera en la discusión del programa de Mark y se mostraba absolutamente comprometida.

Periódicamente, la Sra. Truax llamaba a Roxana para ponerla al día en el planeamiento. Tuvieron una reunión final para revisar los detalles del horario de preescolar para Mark, los descansos y las sesiones de terapia. Mark iba a continuar en la Academia en la mañana, tomaría su merienda ahí; luego iría en el transporte escolar a la Escuela Butterfield, llegando a tiempo para comenzar con el preescolar vespertino. La asistente en instrucción se encontraría con Mark cuando él saliera del bus y permanecería con él durante las actividades preescolares. Todos esperábamos ávidamente el mes de septiembre de 1991 para comenzar la escuela y la ubicación dual de Mark.

Mark se ajustó magníficamente a su nueva rutina. Le gustaba especialmente el preescolar, incluso el desafío de lidiar con otros veinte menores en su clase. Roxana visitaba la Escuela Butterfield ocasionalmente, junto con la Sra. Truax, para explorar cómo iba Mark y observarlo en el salón de clase.

El que Mark asistiera a Butterfield le dio a Roxana la oportunidad para formar parte de la Asociación de Padres y Maestros (APM). Los padres se encontraban optimistas sobre la inclusión en el nivel escolar. Muy rápidamente, Roxana comprendió que la Sra. Truax enseñaba con el ejemplo e iba anunciando esta nueva era de educación inclusiva, tanto a su personal como a los padres. Había creado un ambiente en la Escuela Butterfield que abarcaba la diversidad de todos los menores. Igualmente, se cercioró de que fuera alta la moral de los docentes y que todos los problemas se solventaran debidamente. Además, garantizó que siempre nos sintiéramos bienvenidos en la escuela.

¡Consideramos que las experiencias de Mark en la Escuela Butterfield afloraron como un éxito maravilloso para todo el mundo? Ya para el final del invierno, solicitamos ver a la Sra. Truax para discutir los preparativos para el primer año de primaria de Mark. Sabíamos que la decisión de permitirle avanzar a primero sería tomada en la discusión del Plan de Educación Individualizado (PEI). Con todo, queríamos cerciorarnos de que la Sra. Truax tuviera presente afianzar un planeamiento adecuado. Su respuesta fue simple: ¡en lo que a ella concernía, Mark pasaría a primer grado con el resto de su clase? Él había demostrado avance y progreso constantes durante el preescolar. La Sra. Truax señaló que estaba lista para trabajar en los planes para la transición y el entrenamiento del personal. ¡Estábamos en el umbral de una nueva experiencia educativa para Mark? Su asistencia a la Academia

Keaton terminó en mayo de 1992, teniendo afianzada su inclusión en la Escuela Butterfield en jornada completa, totalmente incluido a un grupo de primer grado, para el otoño.

CAPÍTULO 6

Inclusión – Primer grado

1992 – 1993

Cuando el periodo escolar comenzó en septiembre de 1992, la Escuela Butterfield ya estaba lista para el ingreso de Mark a primer grado. Los estudiantes en su clase eran más o menos los mismos del preescolar, sólo había seis o siete nuevas inclusiones. La Sra. Truax planeó, a propósito, que Mark quedara con menores que ya le eran conocidos para facilitar, en todo lo posible, su transición a primer grado. Él estaría entre amistades, pero con una asistente individual y una maestra.

Durante el verano, Roxana había llevado a Mark a visitar la escuela en varias ocasiones, para familiarizarlo nuevamente con el ambiente de clases y habilitarlo para el primer grado. En cada visita, él se mostraba receptivo y cómodo con la escuela. Resultó provechoso que la escuela estaba sólo a unas pocas cuadras de nuestra casa. Después de las primeras semanas, Mark comenzó a acudir en bicicleta, como lo hacían muchos otros menores del barrio. Por supuesto, su bicicleta azul tenía todavía las ruedas de entrenamiento y uno de nosotros tenía que acompañarlo a pie por su seguridad, aun así, estábamos muy contentos de que él fuese a la escuela como cualquier otro menor de primer grado.

La Sra. Truax entrevistó algunas personas que aplicaron para el puesto de asistente de instrucción y eligió a la Sra. Mary Ann Mrazek, una profesora de primaria experimentada que había trabajado medio tiempo en la Escuela Butterfield y que quería volver al salón de clases. Ella, junto con la maestra de primer grado, trabajó con la maestra de preescolar de Mark y con la Sra. Bade, la coordinadora de inclusión, para prepararlo para su llegada.

Además de los ajustes curriculares que efectuó la Sra. Bade, la Sra. Mrazek recurrió a su experiencia e imaginación para hacer modificaciones, cuando se requería, al currículo. Y lo más trascendente fue que desarrolló una relación con Mark que resultó ser muy especial. Siempre le hablaba en un tono de voz tan suave y comprensiva que lo calmaba. Se mostró, también, muy paciente con él; parecía saber instintivamente cuándo necesitaba un descanso fuera de la rutina del salón de clase.

Dado que el programa de primer grado era de jornada completa, el equipo del Plan de Educación Individualizada convino en que Mark fuera a su casa durante los cuarenta y cinco minutos del almuerzo para un descanso sensorial. Después del almuerzo, Roxana daría a Mark un baño de burbujas caliente, lo cual él amaba. El baño cálido y relajante, a mitad del día, ayudó también a prepararle para dos horas más de escuela cada tarde. Sabíamos que hacer del baño caliente parte de su rutina y de la estructura de su día ocasionaría que Mark pudiera tolerar más fácilmente los rigores de una aula de primer grado. Nuestra estrategia probó ser exitosa, pues disminuyeron significativamente los comportamientos no deseados de Mark, así como su nivel de frustración.

Para abordar la ansiedad de Mark respecto a la educación física (EF), la Sra. Truax arregló que una instructora en adaptación de EF fuera consultora de la escuela. Una aproximación individualizada para enseñar EF era crucial, dado que Mark necesitaba que esta se adaptara durante los ejercicios y le permitiera la libertad para disfrutar. Por consiguiente, la maestra de EF siempre se tomó un tiempo al principio de la clase para darle a Mark atención individual, así entonces por su propia cuenta, Mark requirió poca asistencia en la medida en que copiaba a sus compañeros de clase. En pocas semanas, comenzó a mostrar un nuevo nivel de confort con la EF, nunca antes visto. Con el tiempo, incluso parecía que amaba cada momento de esta clase.

Sobre todo, Mark se sentía cómodo en su clase de primer grado. La terapia ocupacional (TO) y la de lenguaje continuaron en un horario regular y él las disfrutaba. En el preescolar, había aprendido a tolerar la cercanía con sus compañeros de clases, así como a esperar turnos durante las actividades grupales. Estas experiencias se transfirieron bien a primer grado. La EF continuó sin incidentes y su lenguaje receptivo[7] continuó mejorando.

---

7. La capacidad para escuchar y comprender lo que se comunica. Involucra prestar atención a lo que se dice, la capacidad para comprender el mensaje, la velocidad en el procesamiento del mismo, la concentración en el mensaje, la comprensión del lenguaje figurativo, el literal, así como poder seguir órdenes o instrucciones, en ocasiones incluye la lectura, aunque algunos autores lo consideran sólo verbal. Es uno de los dos aspectos de comunicación en el lenguaje o de teoría de la comunicación, el otro es el lenguaje expresivo, que se refiere a la capacidad de producir un discurso y comunicar un mensaje. Es un paso importante en el progreso de una persona menor con autismo. Sin embargo, no es suficiente que la persona menor entienda.

Comprendió la rutina diaria en clase y estaba deseoso de avanzar de una fase a otra a lo largo del día. Incluso participó en el concurso de navidad con su clase; sus compañeros cantaban mientras Mark tocaba el tamboril al ritmo de una canción navideña. Todo el mundo en la escuela estaba maravillado con los logros de Mark. Nosotros filmábamos al azar sus actividades en la escuela para crear un registro de sus progresos.

Las batallas de llanto, experimentadas casi diariamente en la Academia Keaton, ahora eran raras. Los sonidos que Mark hacía continuaban, pero todos en la escuela comprendían que eran parte de su comunicación y no sólo parte de sus comportamientos. La Sra. Mrazek era especialmente adepta a interpretar los significados específicos de estos sonidos, pues comprendía que sus vocalizaciones involucraban cosas como: *Estoy contento y disfrutando; Esto es divertido; Esto es fastidioso para mí;* o *¡No puedo soportar esto—por favor, denme un chance?* Su habilidad interpretativa y sus instintos le permitían servir como un modelo de rol para otras personas, tanto estudiantes como docentes; le dio a Mark la seguridad de que nunca sería forzado a nada que no pudiese tolerar. Así, siendo "escuchado", Mark creció cómodo y con confianza con la Sra. Mrazek en la escuela. Para expandir las oportunidades de su comunicación en clase, Mark también utilizaba los dibujos que hacía en un tablero de comunicación[8] y un horario elaborado con imágenes para las transiciones.

Durante este período, la comunicación facilitada (CF)[9] fue ganando ímpetu en los Estados Unidos como un método viable para niños con autismo, con el fin de que comunicaran sus pensamientos y deseos. La CF incorpora el contacto de una persona de confianza para el niño, sobre la

---

8. Las tabletas o tarjetas de comunicación: hacen el lenguaje visible y accesible para personas que tienen impedimentos en su lenguaje. Este escaparate de comunicación de baja tecnología consiste en fotografías, símbolos, palabras, frases o una combinación de estos. Las personas con dificultades eligen de este "escaparate" el vocabulario para establecer tópicos y construir mensajes.

9. Proceso por el cual una persona facilitadora apoya la mano o el brazo de una persona con dificultades comunicativas, mientras se usa un teclado u otro aparato, con la finalidad de ayudarle a desarrollar habilidades para señalar y comunicarse. Este procedimiento es controversial, pues la mayoría de los estudios científicos de revisión de pares concluyen que el lenguaje apuntado atribuido a los clientes está directa o sistemáticamente determinado por el o la terapeuta que asiste. No obstante, algunos estudios han indicado también instancias válidas de FC, y que algunas personas usuarias de FC han llegado a señalar o digitar "tanto independientemente como con apoyo de mano en hombro mínimo". Mirenda, Pat; Beukelman, David R. (1998). Augmentative and Alternative Communication: Management of Severe Communication Disorders in Children and Adults. Paul H Brookes Pub Co. ISBN 1-55766-333-5.

mano, el brazo o el hombro de la persona que quiere escribir en un tablero palabras y pensamientos. El nivel de contacto requerido depende de qué tanta práctica tenga la persona con autismo en el uso de CF, así como de su confianza en la persona facilitadora. Si bien mucho está sucediendo cuando Mark es facilitado, si quien le asiste tiene confianza en lo que hace, no hay problema . . . Mark será capaz de comunicarse vía CF, independientemente de si le conoce o no personalmente. Por otra parte, si quien facilita no tiene confianza ni experiencia en esta técnica, Mark lo sentirá y su comunicación facilitada será restringida, si es que se da. Nosotros consideramos la CF como un medio para un fin, una forma de ayudar a Mark a lograr comunicación fluida y libre. Como tal, seguimos con la CF al nivel rudimentario para introducir a Mark al poder de las palabras. En casa, hicimos tarjetas y las etiquetamos con los nombres de las cosas que había en la cocina para que él pudiera ver y comprender que todo tiene un nombre. Hicimos arreglos para que él tuviera más tiempo con su terapista de lenguaje. Finalmente, por medio de la Sra. Truax y la Sra. Bade, logramos que todas las personas que trabajaban con él en la escuela recibieran entrenamiento básico en CF.

Resultados positivos

Todos estos esfuerzos parecían resultar, en la medida en que Mark experimentaba más éxito como un alumno totalmente incluido en su grupo de primer grado. La terapeuta de lenguaje y habla asignada a Mark concluyó su evaluación de febrero de 1993, con los siguientes comentarios:

> *"Aunque el comportamiento de Mark no es siempre el foco de atención, no resultó perturbador en nuestra escuela. Es maravilloso ver cómo ha seguido el modelo de comportamiento de sus compañeros y compañeras. Su contacto visual es realmente bueno. Sonríe con frecuencia y es evidente que disfruta de la escuela y sus relaciones. Despliega un grato sentido del humor. Aunque ha tenido sus días en que «cae en la pereza», han sido la excepción más que la norma".*

Mientras que el equipo de la escuela parecía disfrutar trabajando con Mark, la maestra de primer grado, inicialmente albergaba dudas sobre él y la práctica de "inclusión". En un reporte fechado en el 29 de enero de 1993, anotó:

"Mark ha sido un estudiante de inclusión en la Escuela Butterfield durante el último año y medio. En preescolar, estaba asignado a una clase frente a la mía para su sesión de medio día; también asistía al programa de medio día para niños autistas por la mañana. Todo un año pude escucharlo a él, así como las historias sobre su comportamiento, algunas de las cuales pude ver por mí misma. En aquel tiempo, él sólo podía trabajar sobre las cosas por períodos de tiempo muy breves y no podía permanecer sentado. Se expresaba físicamente con intensidad cuando trataba de expresar su desagrado por algo. Por ello, cuando parecía que Mark sería asignado a un grupo de primer grado en tiempo completo, me sentí muy preocupada e incluso escribí una carta al superintendente. Yo, simplemente, no pensaba que un niño con conductas autistas pudiera ajustarse y beneficiarse de un salón de educación regular.

Qué equivocada estaba. Mark fue asignado a mi clase de diecinueve estudiantes y ha logrado gran progreso este año. Atribuyo esto a nuestro dedicado equipo y a los modelos de rol tan positivos que tuvo en este programa de tiempo completo. Ahora él se sienta callado durante gran parte de su trabajo y muchas veces es difícil distinguirlo de otros niños. Raramente presenta las rabietas que había visto en preescolar y nosotros podemos lograr que corrija su comportamiento sólo con decirle "tranquilo Mark" o algo similar.

Se ha asignado una asistente de instrucción muy calificada para Mark y, sin ella;o no hubiera podido hacer correctamente mi trabajo como maestra.

Mi distrito escolar hizo muy bien al mandar a todas las personas que trabajamos con Mark a varios programas sobre Comunicación Facilitada y autismo. Ninguna de nosotras había lidiado con niños autistas anteriormente. Estos programas realmente nos ayudaron a comprender los problemas que Mark tenía y nos enseñaron estrategias para lidiar con ellos en forma profesional.

Hemos visto mucho crecimiento en Mark desde que comenzó en el otoño. Ahora se siente muy cómodo en grupos grandes de menores y no le importa sentarse en medio de ellos;a sea para calendarizar actividades, para contar historias o para una asamblea con toda la escuela. Generalmente, se muestra muy interesado y no utiliza ruidos de autoestimulación. Los demás menores en mi clase se han portado muy bien con él y lo elogian constantemente cuando da respuestas correctas a mis preguntas o indicaciones. Omiten su comportamiento inapropiado en un mal día; son capaces de continuar sus trabajos sin ningún problema. Podría decir *que la presencia de Mark ha sido una influencia muy positiva para los demás estudiantes. Han mostrado mucha compasión hacia él y tratan de ayudarlo siempre que es posible. Debido a su excelente modelaje siento que la conducta de Mark ha mejorado este año".*

Nos sentíamos llenos de alegría, ¡las cosas iban bien? En una carta del 12 de febrero de 1993, la Sra. Truax escribió el siguiente reporte concerniente a Mark y su inclusión en la Escuela Butterfield:

"(Con apoyo) Mark está completamente incluido en el programa de primer grado. Es un miembro participativo de un grupo de lectura apoyado por su asistente de instrucción. Mantiene el mismo horario que el resto del grupo.

Esta oportunidad ha sido extremadamente exitosa para todas las personas involucradas, especialmente para Mark. Este año hemos notado cambios dramáticos y positivos para este jovencito. Ha demostrado voluntad para acoplarse a sus pares;, ocasionalmente, comprometerse en actividades, particularmente en el patio de recreo y la instrucción de cómputo. Hemos advertido, también, grandes avances en su comportamiento apropiado para primer grado. Ha presentado mejoras tremendas en el mantenimiento de contacto visual con sus pares y personas adultas . . . a lo largo de este esfuerzo, hemos mantenido comunicación cercana en el equipo. La escuela ha sido apoyada en la forma más positiva por los padres de Mark".

Las habilidades de Mark fueron también confirmadas por algunas pruebas de evaluación administradas en la Escuela Butterfield. Mientras que las subpruebas de la Escala de Inteligencia Stanford-Binet y la prueba de Vocabulario de Imágenes Peabody no fueron exitosas, debido a que Mark no fue cooperador durante su aplicación, otras evaluaciones fueron completadas con resultados positivos. La subprueba de la Batería de Evaluación para Menores de Kaufman resultó en una puntuación de 110, lo que lo colocó en el percentil 65 de la muestra de estandarización. Esta puntuación indicó que Mark estaba en el rango promedio. También obtuvo resultados similares en la Prueba Preescolar Wechsler y en la Prueba de Escala Primaria de Inteligencia consiguió una escala de puntuación de 9, lo que lo ubicaba nuevamente dentro del rango promedio de habilidad.

Cambio de trabajo a Virginia

Dado tal éxito en la Escuela Butterfield, recibimos con gran pesar, en enero de 93, la noticia de que nuestra familia debía mudarse a Virginia del Norte, debido al traslado de trabajo de Joseph. Aunque ninguno de nosotros lo esperaba con interés, ambos sabíamos que no teníamos otra opción. Teniendo claro cuánto trabajo y preparación había tomado lograr que Mark estuviera totalmente incluido en la Escuela Butterfield, Roxana comenzó los preparativos pronto, para asegurar una transición tranquila y suave al segundo grado en Virginia.

Como ya contábamos con un punto de vista de comparación, Roxana invitó al equipo de la Academia Keaton a observar a Mark en primer grado y les pidió un reporte escrito de sus observaciones. La Sra. Michelle Meyer, maestra de preescolar de Mark en Keaton, visitó la escuela para observarlo durante sus clases matutinas. Ella había participado en las discusiones y entrenamiento para el equipo de Butterfield previos al preescolar, por lo que tenía curiosidad por el progreso que Mark había logrado; consideró la invitación como una oportunidad para aprender algo acerca de la inclusión. Los siguientes extractos pertenecen a su reporte:

> *"En este ambiente totalmente inclusivo, Mark estuvo bastante competente al seguir la rutina del salón, utilizando su horario de fotografías y palabras en forma independiente. Se daba cuenta del conjunto de rutinas de la clase, tales como el comienzo matutino; podía participar con poca asistencia de su ayudante personal. Podía escribir conceptos numerales en la pizarra, con poco apoyo físico.*
>
> *Durante la lectura grupal, participaba totalmente con sus pares. En forma independiente, encontraba la página correcta en su libro de lectura y era capaz de responder preguntas señalando las palabras en el libro o utilizando su Comunicador Canon y la comunicación facilitada. El Comunicador Canon es un teclado compacto de baterías, que imprime en una hoja lo que es digitado. Mark podía responder preguntas de comprensión de lectura, señalando las imágenes correctas en una hoja de trabajo o digitando respuestas de una sola palabra en su Canon. Con frecuencia, si la hoja de trabajo implicaba copiar la palabra, él usaba su teclado sin necesidad de ayuda de su asistente. Podía notarse que normalmente, el personal de la clase, no tenía que utilizar materiales diferentes con él, sino que adaptaba los materiales regulares para primer grado para facilitar una manera de responder.*

Durante esta observación, Mark tenía cita de terapia de lenguaje, no obstante, al llegar a su cita, encontró que la terapeuta no estaba ese día. Fue capaz de manejar este cambio en la rutina muy bien. Cuando estaba en la academia Keaton, estos cambios eran mucho más difíciles para él de lo que son ahora.

... Mark continuó bien con matemáticas y actividades de colorear, como pintar espacios correctamente, basándose en la correspondencia número y espacio. Fue también capaz de resolver problemas de suma simples, en forma independiente, haciendo un círculo en la respuesta correcta. Se ponía un poco agitado e intranquilo en actividades de gramática que no le resultaban significativas o motivadoras.

... Generalmente le era posible permanecer sentado en su pupitre por períodos más largos de tiempo que cuando estaba en Keaton. También se mostró menos molesto por ruidos distractores como el producido por el sacapuntas. Esperó pacientemente su turno tanto en las actividades como en la fila.

... La clase de gimnasia le era más difícil, aunque intentaba participar de esta en su totalidad. En esta actividad las reglas eran muy flexibles, el espacio amplio; los estudiantes se movían en todas las direcciones, lo que hacía más difícil para Mark comprender cuál era su "rol" en este contexto. No obstante, pudo participar e intentaba imitar adecuadamente los ejercicios de sus compañeros.

En resumen, Mark parecía haber tenido un gran crecimiento en el desarrollo de sus destrezas académicas en un contexto totalmente inclusivo. Demostró mejora en su independencia y continuó perfeccionando sus habilidades comunicativas con el uso de comunicación facilitada y otros sistemas para tal efecto. Si bien hubo que implementar algunas adaptaciones para permitirle responder a las actividades de primer grado, en general, parecía seguir en forma adecuada con el currículo.

Es un placer observar un ex alumno tan exitoso. Es deseable que todas las colocaciones que se hagan en la escuela tomen en consideración lo que se ha hecho en el caso de Mark en todas las áreas durante los tres últimos años, para contribuir al éxito que tiene ahora y continuar con ese crecimiento en el futuro".

Para nosotros, este reporte evidenciaba no sólo el progreso cuantificable de Mark en los últimos años, sino también el éxito del compromiso y la dedicación de la Sra. Truax a su inclusión completa en la Escuela Butterfield. Nosotros, indudablemente, mirábamos cómo él se beneficiaba de todos estos esfuerzos, pero era conmovedor ver profesionales de dos escuelas diferentes reconocer, también, este progreso dada su total inclusión con sus pares. Estos resultados parecían concluyentes, aunque en Virginia nos esperaba lo desconocido.

CAPÍTULO 7

Virginia del norte

1993

A finales de febrero de 1993, en la medida en que Roxana se adentraba en las oficinas de Escuelas Públicas de Condado de Fairfax, sentía un aire de arrogancia intelectual como nunca había enfrentado al relacionarse con profesionales de la educación. Después de presentarse a una de las directoras del programa de educación especial, dijo: *"Mi hijo, Mark, está actualmente asistiendo a primer grado en la Escuela Butterfield, en Lombard, Illinois. Es un niño con autismo que está totalmente integrado al aula regular; tiene un retraso severo en lenguaje. Nos vamos a mudar a Virginia del Norte en el verano y planeamos establecernos en el Condado de Fairfax. Estoy aquí para comenzar con el proceso para que Mark sea incluido totalmente en su segundo grado".*

Haciendo una pausa, el director le explicó que los niños autistas en el Condado de Fairfax eran educados en el programa de autismo en la Escuela Primaria Navy, localizada cerca de la subdivisión Franklin Farms. Aunque algunos niños discapacitados fueran suficientemente capaces para seguir una clase o dos, confirmó que esta no era ciertamente la regla. De hecho enfatizó, simplemente, que el Condado de Fairfax no practicaba la inclusión.

"Tal vez no estoy siendo clara", respondió Roxana, *"Mark ha estado totalmente incluido desde que comenzó su preescolar. Ahora le va muy bien en primer grado. Fue el primer niño con autismo en ser incluido en Lombard y puede también serlo en el Condado de Fairfax".*

No obstante admirar el compromiso de Roxana con su hijo, el director le aclaró que las escuelas del Condado de Fairfax no podrían elaborar ningún plan para Mark hasta que los Hartmann se hubieran mudado efectivamente al condado. Agregó, que una vez que Mark se convirtiera en un residente, se podría discutir su programa educativo, pero no antes; esas eran las reglas.

Nos habíamos topado con el proverbial Inciso 22. Estábamos decepcionados y particularmente molestos por la torpeza de la posición del grupo de Fairfax en contra de la inclusión. Peor aún, no mostraron preocupación alguna, sino una aparente indiferencia por la ley federal Acta de Discapacidades en la Educación, establecida en 1990 para básicamente, *garantizar una educación apropiada, en el ambiente menos restrictivo posible, a todas las personas menores con discapacidades.*

Semanas después, durante un viaje de negocios a Washington D.C., Joseph habló con la Directora de Educación Especial para Fairfax por teléfono. Básicamente, le informó a Joseph que no había nada que el Distrito Escolar pudiera hacer por nosotros al respecto; que, efectivamente, no podían hacer ningún plan educativo para Mark hasta que nos cambiáramos de condado.

Interrumpiendo a Joseph cuando trataba de aclarar un punto, la directora afirmó que el Condado de Fairfax *no tenía* un programa para inclusión total. Más aún, comentó que permitir ayuda individual a algún estudiante de educación especial o establecer su ubicación sin una evaluación educativa completa previa contrariaba las políticas de las escuelas públicas de este condado. ¿El golpe de gracia? Agregó que ¡*no importaba*! lo que se hubiera establecido en el Plan de Educación individualizada de Illinois? A Joseph le pareció que la directora solo lo estaba tolerando mientras él argumentaba el carácter legal de la necesidad de que las escuelas de Fairfax implementaran dicho plan para Mark, como estudiante de traslado que era. La directora concluyó la conversación asegurando que si veníamos a su condado, lo más probable era que Mark fuese colocado en el programa de autismo en el centro designado para ello. Agregó que era en dicho programa donde se contaba con la experiencia necesaria para lidiar con esta discapacidad. Sin cortesía alguna, colgó el teléfono, dando por concluida la conversación. ¡Joseph quedó atónito por la arrogancia de esta *servidora pública!*

Sabíamos que incluir a Mark en segundo grado demandaría atención focalizada, considerable entrenamiento para el personal y la asesoría de una experimentada especialista en inclusión. Aparentemente, el Condado de Fairfax no contaba con lo necesario para asumir este reto; su actitud rígida en el trato con los padres, no era tampoco un buen inicio.

Aunque nuestro encuentro con este condado resultó perturbador, no era del todo inesperado. Como habíamos querido comenzar el proceso de ubicación escolar para Laura y Mark en una escuela de Virginia del Norte lo más pronto posible, para asegurar una transición gradual, Roxana había hecho algunas llamadas telefónicas a la sección de Virginia de la Sociedad de Autismo de América (ASA) para platicar con otros padres y madres de familia acerca de escuelas, filosofías educativas y educación especial. Se dio cuenta de que incluir a Mark en un aula regular de segundo grado en Virginia del Norte, presentaba grandes obstáculos por vencer. De estas conversaciones tuvo la impresión de que, a pesar de que Fairfax tenía reputación de excelencia educativa, ésta se enfocaba en estudiantes con talento, que representaban menos del diez por ciento de su matrícula. Los programas para estudiantes con discapacidades se ofrecían en "centros" localizados en escuelas designadas en todo el condado. Estos programas se basaban en etiquetas: Programa RM para Retraso Mental, Programa RMS para Retraso Mental Severo; Programa A-PE para Autismo y Problemas Emocionales; así por el estilo. Según los padres de la asociación, que estaban bien informados, en Virginia del Norte las escuelas del Condado de Fairfax no incluían a ningún estudiante con discapacidad en las aulas regulares. A pesar de ello, Roxana se enteró que la integración era posible para estudiantes selectos que habían "probado que podían manejarlo".

Escuelas Públicas del Condado de Loudoun

Decidimos buscar otras alternativas en Virginia para la educación de Mark. Después de escuchar la férrea posición del Condado de Fairfax, surgió el Condado de Loudoun como una buena opción.

Roxana contactó la oficina de la Sra. Megan Kelly, Directora de Educación Especial en Loudoun, para una indagación informal. Recuerda que su respuesta fue cooperadora y comprensiva. La directora le aseguró que en las escuelas públicas de ese condado se respetaría e implementaría el Plan de Educación Individualizada de Mark, tal y como había sido diseñado y aprobado por el equipo de Butterfield. Su único requisito era que debíamos residir en dicho condado: nuestro domicilio determinaría cuál sería la escuela a la que asistiría Mark. Nos recomendaron que el planeamiento de su inclusión en segundo grado comenzaría tan pronto tuviéramos una dirección ahí.

El lado negativo que descubrió Roxana fue que las escuelas de ese condado nunca habían integrado completamente a ningún estudiante con autismo en un salón de clases regular. Mark sería el primero.

El 23 de marzo de 1993, mandamos una carta a la Sra. Kelly como presentación informal. Le proporcionamos los reportes escritos más recientes de los profesionales que trabajaron con Mark en la escuela Butterfield, así como videograbaciones de él en casa y en la escuela. Nuestra intención era que este material ayudara a las oficinas de Escuelas Públicas del Condado de

Loudoun en la preparación del plan para el año escolar 1993–1994 de Mark, así como ofrecer al personal la oportunidad familiarizarse con él en papel y en video.

Nos mantuvimos en contacto con la Sra. Kelly y enviamos una copia del Plan de Educación Individualizada 93–94 para el segundo grado de Mark, tal y como había sido aprobado en el mes de mayo de 1993, en la reunión anual que para dicho efecto se llevara a cabo en la Escuela Butterfield. Joseph había grabado también esta reunión, con la esperanza de que esto ayudara al equipo de Loudoun a advertir que Mark había sido exitosamente incluido en primer grado, que los logros en Butterfield habían sido reales, no imaginados.

En agosto del mismo año, hicimos una oferta por una nueva casa en Ashburn, Virginia, en el condado de Loudoun, por supuesto; comenzamos con el proceso de matricular a Mark y a Laura en la escuela. Poco después, el 20 de agosto, la Sra. Kelly concertó una reunión en la Escuela Primaria Ashburn, la escuela del barrio, a fin de discutir planes para el programa de inclusión de Mark. El nuevo equipo del Plan de Educación Individualizada se conformó con la Sra. Kelly, como Directora de Educación Especial para el condado, la Sra. Lynn C. Meadows, Directora de la Escuela, la Sra. Cristina F. Conroy-Winters, terapeuta de lenguaje y dicción, la Sra. Debra V. Jarrett, maestra de segundo grado; el Sr. Erwin Dotson, asistente de dirección, además de nosotros.

La reunión inicial fue cordial, la Sra. Kelly, como Directora de Educación Especial, la presidió y se desempeñó como la vocera de los profesionales reunidos. El asunto más importante fue la búsqueda y selección de una maestra asistente individual para Mark. El plan diseñado por Butterfield fue enteramente aceptado, no se mencionó hacer pruebas a Mark con ningún tipo de evaluación de desempeño adicional.

El resumen siguiente fue incluido en el documento firmado por todos los presentes al terminar la reunión: *"Mark está actualmente funcionando en un nivel de finales de primer grado en lectura y matemáticas. En el plan se establece que utiliza su comunicador canon y comunicación facilitada para tomar decisiones y resolver preguntas. Sus fortalezas están en matemáticas, comprensión de tecnología y en observación. Sus debilidades se notaron en su capacidad para utilizar la comunicación facilitada con cualquier persona, tanto como para manejar el cambio. Una maestra asistente acompaña a Mark en el aula y en el ambiente escolar".*

Estábamos complacidos con nuestra primera reunión, tanto Laura como Mark asistirían a la Escuela Ashburn. Mientras todo parecía marchar muy bien, ignorábamos que ingresábamos a una fase que, en poco menos de un año, se volvería nuestra peor pesadilla.

CAPÍTULO 8

Segundo Grado

1993 – 1994

En el verano de 1993, la Escuela Ashburn formaba parte de un masivo desarrollo residencial contemporáneo llamado Villa Ashburn, situado en uno de los suburbios con mayor velocidad de crecimiento en la ciudad de Washington. Relativamente cerca del Aeropuerto Internacional Dulles de Washington y con fácil acceso a la carretera de peaje, Villa Ashburn estaba convenientemente situada para quienes trabajaban en el centro de Washington.

La Escuela Ashburn tenía capacidad para algo más de ochocientos estudiantes, de preescolar a quinto grado, incluyendo el aula de preescolar para menores con discapacidades. Habiéndose abierto en 1991, era considerada un ejemplo de una escuela primaria moderna.

De septiembre a diciembre de 1993

El personal de la escuela fue sorprendido en una posición difícil cuando comenzó el período escolar en De septiembre a diciembre de 1993. Aunque la institución de Escuelas Públicas del Condado de Loudoun estaba al corriente, desde marzo de ese año, de que nos mudaríamos a Loudoun, no sabía específicamente cuál escuela primaria recibiría a Mark en su condición de un estudiante con inclusión completa. Por lo tanto, no se había planeado, ni se había facilitado capacitación específica en autismo para el personal de dicha institución de Escuelas Públicas. Incluso, no se había ofrecido entrenamiento alguno a su personal de supervisión ni administrativo. Esto era motivo de especial preocupación, pues nunca se había incluido a ningún menor con autismo en su programa escolar regular y se tenía muy poca idea de lo que implicaba.

En ese tiempo, se disponía de algunos valiosos recursos para los sistemas escolares en Virginia, incluido el sistema de Escuelas Públicas del Condado de Loudoun. Las oficinas del Centro de Asistencia Técnica (CAT) ofrecían rutinariamente, a lo largo de Virginia, entrenamiento y servicios educativos sobre temas de educación especial, incluyendo comunicación aumentativa[10], tecnología de apoyo, planificación de alojamiento, apoyo de comportamiento positivo[11], planificación de la transición y adaptaciones curriculares para los planes de estudio en el aula regular. La Universidad George Mason (en el condado de Fairfax) ofrecía un Centro de Asistencia Técnica, con servicios gratuitos, para los distritos escolares de Virginia del Norte, incluyendo las escuelas en el Condado de Loudoun. Además, el Estado de Virginia procuraba fondos a los distritos escolares que tuvieran dificultades para ofrecer servicios educativos a los menores con discapacidades para consultas con el Instituto Virginia de Discapacidades en el Desarrollo. *Desafortunadamente para nosotros, el sistema de escuelas del condado de Loudoun, no empleó ninguno de estos recursos para disponer la llegada de Mark.* En pocas palabras, la Escuela Ashburn estaba sin preparación.

La directora de esta escuela, la Sra. Meadows, entrevistó y seleccionó a una maestra asistente para trabajar con Mark. La directora del Sistema de Escuelas Públicas del Condado de Loudoun (SEPCL), la Sra. Kelly, estaba de vacaciones; por tanto, no fue consultada sobre la opción de contratar la asistente. Por sugerencia de Roxana, la asistente fue presentada a Mark antes del primer día de clases sólo para que se fueran familiarizando. Aunque la asistente era una madre de familia trabajadora, sin ninguna formación o experiencia específica en educación, parecía que haría buenas amigas con Mark. Lucía apacible y relajada en su personalidad; hablaba en voz baja . . . estas cualidades nos gustaron, pues serían la piedra angular de su relación personal con Mark.

---

10. Métodos de comunicación utilizados como complemento o reemplazo de habla o escritura, para aquellas personas con impedimentos en la comprensión o producción de lenguaje hablado o escrito. Varían desde aquellos que no utilizan equipos especiales, sino leguaje corporal y de señas, hasta los que utilizan herramientas externas que pueden ser imágenes, pizarras de comunicación y aparatos generadores de habla.

11. Sistema utilizado para mejorar el comportamiento y los resultados académicos de los estudiantes en términos de instrucciones e intervenciones. Ofrece un marco para toma de decisiones que guía la selección, integración e implementación de las mejores prácticas académicas basadas en evidencia.

Mark había mostrado hipersensibilidad tanto a la música a volumen alto, como a las voces altisonantes; a fuera en casa o en la escuela; esto lo sabíamos al dedillo. Para protegerse de sonidos intensos, Mark instintivamente se tapaba con fuerza los oídos y hacía ruidos para mostrar su hipersensibilidad y molestia con el ruido. El modo reposado de la asistente nos aseguraba que quien estaría más cerca de él a diario probablemente le hablaría suavemente y en forma respetuosa. De hecho, conforme los días se transformaban en semanas, ella desarrolló una excelente relación personal con él, quien a su vez se mostraba cómodo y seguro en su presencia.

Roxana buscó contacto regular con la maestra de segundo grado, la Sra. Jarrett, la terapeuta de lenguaje, la Sra. Conroy-Winters; con la asistente para ofrecerles pistas en el trabajo con Mark. Además, brindó libros a la maestra, para ayudarle a lograr comprensión y conocimiento sobre el autismo como una discapacidad. Desde el principio nos pareció que el equipo docente, lamentablemente carecía de entrenamiento en inclusión, de experiencia personal con autismo y carecía de seguridad sobre lo que podría esperarse.

A pesar de ello, teníamos confianza en que con entrenamiento y la guía de la Sra. Kelly como coordinadora de inclusión, la experiencia del segundo grado de Mark resultaría, a la postre, positiva para todas las personas involucradas. Sabíamos que esto tomaría tiempo y estábamos preparados para ser pacientes. (Nota: a pesar del optimismo del momento, la Sra. Kelly nunca ofreció ningún entrenamiento directo a los docentes, ni modificó el currículo ni los planeamientos de lección para acomodar a Mark. Además, nunca trabajó con la asistente de la maestra para que comprendiera su rol con Mark en el aula, ni dispuso apoyo de comportamiento positivo o planes de intervención en crisis para que el equipo los implementara con Mark en la escuela.)

Nos sorprendió que la asistente de la maestra no recibiera ningún entrenamiento formal que la preparara para su rol en el aula. El Sistema de Escuelas Públicas del Condado parecía haber dejado de lado lo referente a la asistente, pidiéndole solamente que auxiliara a Mark en el aula, sin mayor definición de su papel. Excepto en su asistencia a las reuniones del Plan de Educación Individualizada, no parecía estar incluida en el proceso de toma de decisiones que afectaban a Mark. Aunque ella era quien trabajaba más cerca de él y con mayor asiduidad en el aula, frecuentemente era marginada durante las discusiones del programa de Mark. Era común, para el equipo académico, minimizar continuamente su punto de vista. Pues, después de todo, la asistente no estaba acreditada o certificada en educación. Los demás integrantes de este equipo fallaron al no reconocer que ella era quien tenía la relación de trabajo más cercana con Mark y quien lo conocía mejor.

Estas circunstancias contrastaban drásticamente con nuestras experiencias en Butterfield, donde la Sra. Mrazek—asistente de Mark—jugaba un papel clave en el equipo educativo y era activa en cada aspecto de su programa de inclusión.

Igualmente, según pudimos apreciar, el SEPCL no ofrecía ningún tratamiento sustancial o guía a la Sra. Jarrett sobre inclusión o autismo para prepararla con estrategias de enseñanza efectiva que pudiera utilizar con Mark en el aula de segundo grado. No obstante, la comunicación facilitada era un componente del plan individualizado; por ello, a principios del otoño, la Sra. Jarrett preparó un manual introductorio con la Sra. Julie R. Hunt, terapeuta de lenguaje de la Escuela Grafton, en Berryville, Virginia, quien estaba capacitada en este método de comunicación. El 14 de septiembre, la Sra. Hunt vino a la escuela de Ashburn para una visita de consulta; en ella ofreció orientación para la implementación de la comunicación facilitada en el plan de Mark. Durante algo más de tres horas, la Sra. Hunt trabajó con la Sra. Jarrett para proporcionarle una visión básica sobre este método. Durante su visita, se reunió también con la Sra. Conroy-Winters, Mark y Roxana a fin de discutir el uso de la comunicación facilitada con Mark y observarlo utilizándola, e incluso para actuar como facilitadora de Mark. Su reporte fue muy positivo.

De sus observaciones, la Sra. Hunt derivó siete recomendaciones específicas sobre la forma en que el equipo docente debía usar la comunicación facilitada como parte del rango de opciones del plan de comunicación. A pesar de nuestros repetidos esfuerzos para estimular el seguimiento, nunca vimos en ningún momento, durante el segundo grado en la Escuela Ashburn, una implementación consistente de estas recomendaciones. En retrospectiva, concluimos que la inconsistencia concerniente a esta metodología en la escuela contribuyó a una involución de Mark en las áreas de comunicación, autoestima y comportamiento.

Desde nuestro punto de vista, no había duda de que la falta de experiencia en inclusión de la Sra. Jarrett, su carencia de familiaridad con la comunicación facilitada; el hecho de que fuera esta su primera exposición a un menor con autismo representaban un desafío de grandes proporciones. Lo mismo habría ocurrido con cualquier maestra de segundo grado. Desde cualquier otro punto de vista, ella nos pareció una maestra excelente, pero era una perfecta novata en lo concerniente a la inclusión. La metodología requerida para abordar exitosamente el desafío de una inclusión completa se mantuvo incierta para la Sra. Jarrett a lo largo del año escolar, a pesar de nuestros mejores esfuerzos por clarificarla y definirla para ella.

Además, no se contó con una persona (por ejemplo, una facilitadora de inclusión) que asistiera quincenalmente a la maestra, con modificaciones curriculares para Mark, a fin de ayudarle a resolver problemas o a desarrollar estrategias efectivas y adecuadas de enseñanza. Las consultoras educativas visitaron el aula de la Sra. Jarrett y escribieron sus reportes. Con buenas intenciones, la Sra. Kelly y otras funcionarias administrativas del SEPCL se involucraron en tiempo parcial y plantearon un montón de consejos para la Sra. Jarrett; sin embargo, viéndolo desde una perspectiva más amplia, estos puntos de vista diversos sobre inclusión y sobre cómo enseñar a un niño con autismo en ocasiones eran tan diametralmente opuestos, que podrían haber servido más para confundir a la maestra que para ayudarla.

Era revelador que ninguna de ellas ayudaba a aliviar a la Sra. Jarrett de ninguna de sus cargas de trabajo, lo cual se requería para facilitar la inclusión de Mark. Para nosotros, no había nadie, con calidad profesional reconocida, que trabajara con ella para asegurar que el programa de inclusión de Mark estuviera correctamente estructurado, adecuadamente manejado y desarrollado de forma que se pudieran cumplir las metas de su PEI. Todo esto resultó ser un arreglo muy diferente en estructura y manejo de programa de lo que esperábamos, sobre todo, justo cuando proveníamos de la Escuela Butterfield.

Nos era claro que la directora de la Escuela Ashburn, Sra. Meadows, tampoco había recibido suficiente entrenamiento en inclusión. Esta consistía en un taller sobre inclusión de dos horas recibido después de clases en el otoño de 1993 y otro de un día en abril de 1994, un mes antes de que el programa de inclusión para segundo grado de Mark fuese finalizado. Qué contraste tan grande con la Sra. Truax, directora de Butterfield, quien dedicada de lleno, había encabezado la preparación de la escuela para, finalmente, lograr el éxito con la inclusión de Mark.

En vista de que la Sra. Kelly y la Sra. Conroy-Winters fueron parte de un proceso de cambio de sistema años antes de que arribáramos a Loudoun, era poco claro si esa experiencia había tenido algún impacto positivo o medible en ellas. Excepto por la voluntad de la Sra. Kelly al menos de ofrecer inclusión para Mark, no había ningún otro indicio de que el proceso del cambio de sistema hubiese transformado algo en Loudoun en lo referente a la educación especial. (Nota: Por estas fechas el Condado de Loudoun había completado todos los requisitos para un cambio de sistema, lo que significaba que el distrito escolar había completado el entrenamiento de personal requerido para que iniciara su evolución y pasara de colocaciones segregadas estrictas para niños con

Segundo Grado

discapacidades severas, a colocaciones inclusivas en forma apropiada.)

A pesar de que se carecía del planeamiento y la preparación adecuados y aunque el camino hubiese sido penoso durante las primeras semanas del año escolar, estábamos complacidos por el esfuerzo que las Sras. Jarrett y Conroy-Winters hacían para implementar el PEI de Mark tal y como había sido aprobado por la Escuela Butterfield. Ambas profesionales fueron entusiastas y estaban emocionadas con los pequeños éxitos que veían en el desempeño de Mark.

Nos gratificaba que los reportes iniciales del equipo de Ashburn, fueran favorables. Al final del periodo de las primeras ocho semanas, tanto la Sra. Jarrett como la Sra. Conroy-Winters escribieron tarjetas de reportes narrativos sobre Mark, positivas y estimulantes, que documentaban muchas de las mismas habilidades demostradas en las evaluaciones finales en la escuela Butterfield. Por ejemplo, la Sra. Jarrett escribió lo siguiente: *"Creo que él puede leer con cierta rapidez y comprender con frecuencia lo que está leyendo"*. Según su reporte, *"Mark permanece en su tarea cuando lee en grupo por un buen período de 15 minutos diariamente"*. Más aún, *"Él puede colocar las calcomanías de los números correctos correspondientes a los ejercicios de matemáticas que la maestra asistente ha escrito para él"; "Considero que puede deletrear muchas palabras con consonante-vocal-consonante, en forma independiente"*.

La Sra. Conroy-Winters escribió las siguientes impresiones: *"Mark es competente para especificar todas las opciones de palabras y copiar las que responden a las preguntas"*. Escribió, además: *"Es también capaz de decidir con un sí o un no de forma adecuada"*. También afirmó: *"Cuando la palabra que completa la oración es familiar para él, puede trabajar con gran consistencia a este nivel"*.

De acuerdo con su reporte, *"Mark ha digitado aproximadamente siete oraciones para mí en el transcurso de estas nueve semanas . . . fueron respuestas espontáneas como por ejemplo, «Quiero descansar», a la pregunta «¿Qué necesitas, Mark?»*. Finalmente, escribió: *"Ha sido una alegría trabajar con Mark"*.

A pesar de esto, hacia el inicio de la segunda cuarta parte del período escolar, Roxana percibió, literalmente, un cambio en su relación con todas las personas integrantes del equipo académico en la Escuela Ashburn e, incluso, con la Sra. Kelly. Dada la inexistencia de algún motivo específico, Roxana describió esto como *"sólo una percepción de cambio de actitud"* en el grupo. Progresivamente, el personal se mostró mucho menos accesible para ella. Parecía, también, que la Sra. Meadows, la directora, el Sr. Dotson, asistente de dirección; las demás personas se estaban volviendo apáticas para trabajar con nosotros los problemas y resolver asuntos relativos a la inclusión de Mark.

Nos sentimos alarmados por cómo, en forma progresiva, se iba exagerando la atención en probar y validar las habilidades académicas de Mark, incluyendo su uso de la comunicación facilitada. Para nuestro pesar, esto siguió en el mismo tono hasta el final del segundo grado. Específicamente, se carecía de un programa sistematizado, estructurado para enseñar a Mark en sus lecciones diarias. Más bien, era bombardeado con una amplia variedad de pruebas, casi semanales, para determinar sus habilidades en matemáticas, lectura y en el uso de la comunicación facilitada como método de comunicación, mientras que el resto de compañeros y compañeras de su clase no era abrumado con nada ni remotamente cercano a este régimen de evaluaciones.

Por este mismo tiempo, nos pareció que la Sra. Jarrett, la maestra; la Sra. Conroy-Winters, la terapeuta de lenguaje, comenzaban a prestar menos atención a la enseñanza de Mark en función de los objetivos y metas de su PEI y sí mucha más a determinar su nivel de funcionamiento. Con frecuencia, sus conversaciones con Roxana tocaban el tema del descubrimiento de algo más que Mark no podía hacer. Al paso del tiempo, cada vez que se presentaba una oportunidad, el equipo académico de Ashburn comenzó a formular fuertes dudas sobre su habilidad para alcanzar los mismos logros que los obtenidos en su primer grado en Butterfield.

El 26 de octubre de 1993, Roxana se reunió con la Sra. Kelly en la oficina central del SEPCL para discutir sus percepciones sobre el equipo y las preocupaciones relativas al programa educativo de Mark, especialmente sobre su decepción con la Sra. Meadows, la directora de Ashburn. Le dijo que la directora parecía haberse apartado del programa de inclusión de Mark, pues no asumía las acciones necesarias para abordar diversos asuntos y problemas. Más aún, Roxana explicó que la directora generalmente mostraba poco interés en las solicitudes que le hacíamos. Nos parecía que consideraba a Mark un problema especial de educación que a ella no le competía solucionar, pues percibía que su programa era supervisado fuera de la institución.

Para nosotros los dos asuntos más importantes que requerían acción inmediata eran, primero, entrenamiento para la maestra asistente de Mark y, segundo, apoyo para la Sra. Jarrett. Roxana le preguntó a la Sra. Kelly si este entrenamiento había sido planeado. Destacó que la asistente había establecido una relación de trabajo eficiente, pero que no tenía una idea clara sobre cómo traducirla en apoyo eficiente para Mark en clase. Le manifestó que, en las observaciones que había hecho en el salón de clase, notó que la asistente permanecía en un segundo plano, intervenía con poca enseñanza paralela y sólo se acercaba para ayudar a Mark después de que se había señalado alguna tarea en clase. Esto contrastaba significativamente con el papel de la Sra. Mrazek como asistente de Mark en Butterfield. Roxana explicó cómo esta asistente se sentaba cerca de Mark durante la clase y le enseñaba a Mark, en forma paralela a la maestra, utilizando los materiales, adaptados para cada lección específica, que había preparado la facilitadora de inclusión, Sra. Bade, trabajando de acuerdo con el planeamiento de cada lección de la maestra de primero.

En lo referente a la modificación de currículo para Mark, Roxana exteriorizó a la Sra. Kelly su preocupación, pues la maestra estaba sobrecargada tratando de "hacer todo ella misma", por lo que rogó que se le suministrara apoyo con alguna persona que adaptara el currículo de segundo grado al estilo de aprendizaje de Mark y sus habilidades. Se discutieron también otros temas, incluidos la terapeuta ocupacional y la necesidad de establecer un horario de consulta con un/a especialista en educación física. Por último, agregó que el horario diario para Mark no era tan consistente como debía serlo, pues había notado que se organizaba después de que él llegaba a la escuela, lo cual lo disgustaba y le disminuía estabilidad en su rutina diaria, estabilidad que había sido la base del éxito en primer grado. La Sra. Kelly tomó notas detalladas durante la discusión y dijo que haría un seguimiento de los asuntos que Roxana había expresado.

Durante el año escolar, se celebraron reuniones regulares cada miércoles para discutir y proponer soluciones para cualquier problema que el personal encontrara en el trabajo con Mark. Normalmente, acudían a ellas las señoras Jarrett, Conroy-Winters, Kelly, la asistente, Roxana y el Sr. Fred E. Jernigan, supervisor de la Oficina de Educación Especial. El Sr. Jernigan manejaba los programas para menores con diagnósticos de alteraciones emocionales, problemas de visión, o autismo de las Escuelas del Condado de Loudoun. Él se incorporó a las reuniones, a solicitud de la Sra. Kelly, durante noviembre de 1993.

En estos encuentros, Roxana aprovechaba cada oportunidad que tenía para recalcar la importancia de encontrar alguien que ayudara a la Sra. Jarrett a adaptar el currículo escolar en la forma más adecuada a las necesidades de Mark. Destacaba, asimismo, su preocupación en la medida en que, si esto no se hacía, la Sra. Jarrett llegara a agobiarse por la doble carga de trabajo que estaba soportando.

Roxana también planteó, una y otra vez, la necesidad de entrenamiento para la asistente, refiriéndose a este como *"la columna vertebral de un programa de inclusión exitoso"*. En una ocasión, solicitó específicamente que la asistente acudiera a un curso de entrenamiento en cómputo, en la Universidad George Mason, que le ayudara para aplicar programas digitales educativos con Mark. Su solicitud se envió a la oficina central, pero fue rechazada. La asistente no era una maestra de escuela primaria certificada y, por tanto, ¡no era elegible para ese entrenamiento!

Semanas más tarde, Roxana advirtió nuevamente la necesidad de una consulta para adaptación de lo concerniente a la educación física. La ambivalencia demostrada por el SEPCL en lo referente a la educación física estaba erosionando nuestra confianza en el personal. En una conversación aparte, la Sra. Meadows le dijo a Roxana que ella no tenía control sobre la materia, que estaba fuera de sus manos que las decisiones concernientes a la inclusión de Mark eran tomadas en la oficina central del SEPCL.

Tal vez el tópico más importante que se había discutido ya para noviembre de 1993, en las reuniones semanales, era la aparición de comportamientos negativos en casa, incluyendo que Mark tenía arrebatos de sonidos verbales y se había intensificado de su nivel de ansiedad. Roxana les declaraba su profunda zozobra, pues dichos comportamientos estaban directamente relacionados con el nivel de frustración que Mark vivía en la escuela, lo que era una advertencia definitiva de que las cosas no marchaban bien.

El 20 de diciembre del mismo año, pedimos una reunión con la Sra. Meadows y el Sr. Dotson, directora y asistente, respectivamente, en Ashburn, en la que nos presentamos con la intención de abogar tanto por Mark como por el personal de la escuela. Tocamos nuevamente el asunto de los requerimientos asistencia profesional del personal; indicamos que, sin ella, el personal estaba destinado a la frustración continua respecto al programa de inclusión de Mark y que, al final, éste terminaría en fracaso, lo cual impactaría directamente a Mark. Solicitamos a la directora apoyo para obtener los recursos apropiados para auxiliar al personal en la inclusión. Tanto ella como su asistente escucharon, no hicieron preguntas y dijeron poco, excepto lo necesario para mostrar su empatía. Cuando les pedimos que buscaran una cita para reunirnos en las oficinas centrales del SEPCL para discutir estos recursos, estuvieron de acuerdo en que era el siguiente paso lógico, pero parecían apáticos sobre si esto redundaría en algo bueno.

Aparte de a esto, en ese mismo mes, Roxana entregó a la directora un documento preparado por el Instituto de Virginia de Discapacidades en Desarrollo que establecía los deberes y las funciones de una persona como

Segundo Grado

coordinadora de inclusión. Le señaló la necesidad de contratar a alguien para realizar estas funciones en lo relativo a la inclusión de Mark. Basó su perspectiva en el modelo de la Escuela Butterfield, que había probado ser exitoso. Una vez más, ambos funcionarios respondieron diplomáticamente, pero sin compromiso obvio alguno. Nosotros simplemente no podíamos comprender cómo cualquier directora de una escuela primaria podría ser tan tolerante, dadas las circunstancias señaladas. Claramente, la directora comprendió que si el SEPCL no tomaba ninguna acción inmediata, que el programa de Mark estaría en riesgo.

Enero a mayo del 1994

Desde principios de 1994, sufrimos un agudo desacuerdo con la Sra. Jarrett y la Sra. Conroy-Winters respecto al informe sobre Mark llamado 'nivel de funcionamiento actual'. Este documento consiste en una descripción narrativa del desempeño del o la estudiante, que sirve de base para el diseño del PEI y sugiere, también, decisiones concernientes a las actividades dispuestas en este programa, así como a la cantidad de servicios especiales requeridos. Consideramos que el informe del nivel de funcionamiento que ambas presentaron sólo enfocaba lo negativo, por ello, no podíamos suscribirlo, pues pensamos que no representaba una evaluación neutral de las habilidades académicas de Mark.

Joseph bosquejó un documento de evaluación desde nuestra perspectiva, a manera de alternativa; lo ofreció al personal de Ashburn como una descripción mucho más adecuada del nivel de desempeño de Mark, pero el equipo lo rechazó totalmente.

Después de esto, tuvimos dos o posiblemente tres reuniones con las señoras Jarrett, Conroy-Winters, Meadows y con el Sr. Jernigan para revisar los cambios al borrador del documento de nivel de desempeño. Las reuniones bordearon lo irrazonable y se volvieron cada vez más desagradables. Esto nos puso a pensar: *¿Por qué es tan importante para el personal devaluar por escrito el desempeño de Mark de esta manera?*

A principios de enero de 1994, Roxana concertó una reunión con la Sra. Kelly y el Sr. Jernigan en las oficinas del SEPCL para discutir tanto el entrenamiento del personal y de la asistente de la maestra, cuanto la necesidad de una persona que trabajara como coordinadora de inclusión para poner sobre bases firmes el programa de inclusión de Mark. Roxana sugirió, igualmente, que una persona profesional y con experiencia en educación especial podría ser fácilmente entrenada para servir como coordinadora.

Revisando el documento en que se describe este rol de coordinación, Roxana les indicó a ambos que sentíamos que el personal de Ashburn estaba agobiado y frustrado, lo que llevaba concluir que necesitaba el apoyo total del personal administrativo del SEPCL, en forma de, al menos, el aporte de un coordinador de inclusión. Tanto la Sra. Kelly como el Sr. Jernigan escucharon, Roxana percibió su respuesta como "cortés, pero burocrática"; a que había presionado para que se desarrollara un plan de acción y lo que había recibido a cambio era pasividad.

Frente a esto, Roxana solicitó a la Sra. Kelly concertar una cita con el Sr. Neil D. Winters, director de Servicios para Alumnos del SEPCL, quien era responsable de aportar los recursos requeridos para los programas de educación especial. Días más tarde llamó a Roxana para darle la fecha y la hora de la reunión.

El 12 de enero nos reunimos con el Sr. Winters en las oficinas centrales, en Leesburg, Virginia. Instantáneamente nos pareció que él, en tanto el esposo de la Sra. Conroy-Winters, tenía conocimiento en detalle de la ubicación de Mark en Ashburn. Revisamos los asuntos que habían sido discutidos días antes con la Sra. Kelly y el Sr. Jernigan. Como respuesta, el Sr. Winters dijo, llanamente, que si él hubiera sido consultado sobre la ubicación en inclusión completa de Mark en segundo año, no la habría aprobado. Con ello dio a entender que el SEPCL había cometido desde el principio un error significativo y agregó que tampoco se contaba con lo necesario como para sostener a un estudiante con autismo en inclusión completa. Cuando le presentamos el esquema del Instituto de Virginia de Discapacidades en el Desarrollo y específicamente, el papel de un coordinador de inclusión, solo lo miró y, reconociendo lo que era, lo puso sobre su escritorio. Aseguró, rotundamente, que no había presupuesto para contratar una persona encargada de coordinar la inclusión.

Sin embargo, nos pidió ser pacientes y trabajar con el personal; prometió que con el tiempo, todo se acomodaría. Respecto al asunto del entrenamiento adaptativo en educación física, señaló que el comité respectivo se haría cargo de ello. Y así finalizó esta reunión, dejándonos un fuerte sin sabor.

Resultó evidente en esta pequeña reunión, que el Sr. Winters era reacio a la educación inclusiva. Se expresó desacreditando a las personas expertas en educación, afirmando que, realmente, no sabían nada. A pesar de ello, salimos de la reunión sintiendo que él había hablado con honestidad. Aceptamos su propuesta de ser pacientes, pues creímos que, tácitamente, para él la ubicación de Mark no estaba en riesgo.

El 13 de enero, el Comité de Selección del SEPCL se reunió para evaluar los registros sobre Mark y decidir su elegibilidad para los servicios de educación especial. Recomendó, en primer lugar, que se le identificara como un estudiante con autismo y problemas de lenguaje y dicción y, además, que el Comité de Programa de Educación Individualizada considerara recursos adicionales para incidir en las áreas de comportamiento y académica de su programa. Nos dimos cuenta de que nuestras mayores preocupaciones—entrenamiento al equipo, asistencia a la Sra. Jarrett en la modificación del currículo y consulta sobre educación física adaptativa—nunca fueron abordadas por este comité.

Sin saberlo, ahora estábamos en la agenda del SEPCL para enfrentar el asunto de la inclusión de Mark. A pesar de que se contaba con tiempo suficiente en dicha agenda, nos pareció que a partir de este momento no hicieron nada por promover el programa de inclusión de Mark. Todo lo escrito; todo lo dicho, estaba dirigido a la misma meta: construir un caso creíble para probar que Mark no era capaz de aprender en un encuadre totalmente inclusivo, lo que también comprobaban sus comportamientos agresivos y demás.

En lugar de buscar determinar la raíz del aumento de las conductas disruptivas de Mark, en el SEPCL se orientaron a desarrollar un plan de modificación de conducta. El Sr. Fred Jernigan se reunió con el equipo de Ashburn el 25 de enero para diseñar este plan y que se aplicara en la escuela. Este incluía un cartel de registro de comportamientos, que se utilizaría para evaluar si sus conductas aumentaban o disminuían con frecuencia. Las señoras Conroy-Winters y Jarrett escribieron un memorándum para registrar todo lo relacionado con su reunión con el Sr. Jernigan. Aunque ellas nos enviaron una copia, así como una muestra del cartel que se utilizaría para registrar las conductas agresivas de Mark, cuando fuimos notificados, el plan de conducta en su totalidad se nos presentó, como algo ya definitivo. Notamos también que este memorándum era el único que habíamos recibido tanto de la Sra. Conroy-Winters como de la Sra. Jarrett, lo que nos pareció de lo más inusual.

A principios de febrero de 1994, la Sra. Jamie Ruppmann, una experta en educación que había sido consultora de la oficina de las Escuelas Públicas de Loudoun, evaluó el plan de comportamiento del Sr. Jernigan. Ella notó que se señalaba que Mark "no consideraba las golosinas como reforzadores contingentes de conducta". Y la verdad era que hacía rato que el uso de los chocolates M&M como reforzador había concluido; ¡en el cartel se seguía contemplando? Solo entonces advertimos que la importancia verdadera de todo esto era la actividad de registro y mapeo. No teníamos duda de que el plan de comportamiento tenía un solo propósito: acumular evidencia de la frecuencia e intensidad de las conductas agresivas de Mark en la escuela.

Los reportes de la segunda cuarta parte del periodo escolar, preparados por la Sra. Jarrett y la Sra. Conroy-Winters a principios de febrero de 1994 fueron interesantes, dado su contraste con los reportes de la primera cuarta parte del periodo. En ellos señalaron lo siguiente: *"Él puede no haber comprendido lo que está leyendo o, tal vez, no está leyendo las historias en forma tan independiente como yo esperaba"*.

Más adelante, la Sra. Jarrett escribió: *"Continúa siendo difícil evaluar las habilidades matemáticas de Mark. Ha utilizado algunos programas en la computadora con mucho éxito; es particularmente exitoso con un programa de preescolar diseñado para ayudar a los estudiantes a contar objetos"*.

Resulta curioso e interesante cómo la Sra. Jarrett en su informe elogia a Mark respecto a su desempeño en música y arte: *"Mark ama la música, aplaude siguiendo el ritmo y tocaría instrumentos si se le brindara oportunidad y ayuda. Escucha y sigue instrucciones"*. También escribe lo siguiente: *"El arte es una experiencia positiva para Mark; participa bien, aunque regularmente necesita jugar con un animal de peluche"*. Es importante anotar que la percepción entre las maestras de escuela primaria, por aquel tiempo, era que "los menores de educación especial" solo podrían compartir con *normales* en arte y música, ambas clases no académicas.

El informe de la maestra Conroy-Winters era similar, desentonaba mucho con su informe anterior. Se le identifica a ella, en este informe, como la encargada del caso de Mark; no obstante, pronto tomaría distancia como terapeuta de lenguaje y encargada del caso.

En este segundo informe la maestra escribió: *"Sigue irrumpiendo la pregunta acerca de qué tanto Mark está leyendo y comprendiendo realmente"*. Y que, *"sin la comunicación facilitada no habríamos sido capaces de lograr que resolviera ninguna de las preguntas del Canon, aun cuando se le dieran las respuestas verbalmente"*. Cuando pedimos aclaraciones de estos reportes, las respuestas que nos dieron nunca reconciliaron las notables diferencias entre los primeros y los segundos.

Después vinieron las reuniones del Programa de Educación Individualizada, que fueron el 17 y 18 de febrero; solamente para "salir del paso" según nuestra opinión. Para mediados del invierno de 1994, el equipo de la Escuela de Ashburn había echado por tierra cualquier pretensión de cortesía hacia nosotros. Simplemente, no eran razonables durante estas discusiones. Vimos que el documento de nivel de funcionamiento actual, estaba redactado desde una perspectiva negativa, carente de balance y para nada representativo de nuestra imagen holística de Mark. No aceptamos, ni podríamos aceptar este documento. Además, nos sentíamos, ambos, muy frustrados al tener que lidiar con la directora.

Sin embargo, durante la reunión del PEI del 17 de febrero, el Sr. Jernigan (quien remplazaba a la Sra. Kelly en esta comisión) recomendó que se involucrara a la Sra. Valerie Mason, maestra en educación especial, en el programa de Mark por tres horas semanales, como un recurso de consulta para las maestras de Mark. Aceptamos esta recomendación y firmamos el PEI. Era la segunda vez que esta comisión había actuado para mostrar ostensiblemente su buena voluntad y demostrar su apoyo al programa de inclusión de Mark. Aunque la presencia de esta educadora especial en el equipo de Mark no era esencial, aceptamos la recomendación, pues la juzgamos sincera.

Previamente a la reunión de esta misma comisión, planeada para el 18 de marzo, preparamos dos escritos para compartir con el equipo de la escuela con la esperanza de que se subsanaran diferencias sobre el informe del nivel actual de funcionamiento de Mark; llevaran a un documento que pudiéramos respaldar. Titulamos los escritos *"Ideas para considerar en el Plan de Educación Individualizada para Mark A. Hartmann"* y *"Nivel de Funcionamiento Actual"*, en ellos mostrábamos cuán frustrados estábamos al trabajar con ese equipo de escuela.

Así, entonces, la reunión del 18 de marzo resultó interesante en varios aspectos. Primero, se nos pidió firmar el PEI con la siguiente declaración anotada a mano: *"El Comité de selección encontró a Mark elegible como un estudiante autista para los servicios de terapia de lenguaje y terapia ocupacional. Las metas y objetivos adjuntos serán trabajados hasta junio de 1994. El comité del PEI acuerda que esto es lo apropiado por el momento"*. Dado que los PEI son desarrollados, generalmente, para cubrir un año completo, cuando cuestionamos la fecha en que se terminaría de cubrir dicho programa (solo dos y medio meses después de la fecha de esta reunión), la directora explicó que todos los programas se revisan al final del año como parte del procedimiento regular. Ingenuamente le creímos, sin pensar que había una agenda oculta en este asunto.

Desafortunadamente nuestra fe en la Sra. Meadows resultó infundada. Lo cierto era que los programas se revisaban y firmaban anualmente, a menos de que los padres concertaran una cita para abordar algún punto en particular. Entonces, el programa de Mark podría haber sido fechado de marzo de 1994 a marzo de 1995, por lo que la anotación manuscrita que señalaba para su conclusión en junio de 1994 era totalmente irregular. Tal vez debimos haber intuido que ellos tenían planeado comprometerse a incluir escolarmente a Mark solo hasta junio de ese año. Tan pronto como su PEI fue firmado, el personal de la escuela parecía complacerse, como diciendo ¡*ganamos!* Poco sabíamos nosotros de que pronto recomendarían que Mark fuera transferido a un programa segregado para menores con autismo en la Escuela Leesburg.

En esta misma reunión, el Sr. Jernigan expresó sus dudas de que el programa de Mark tuviera éxito. Joseph lo frenó y le pidió que explicara qué quería decir con eso. Después de que el Sr. Jernigan intentó explicar, intento que nos enfureció, Joseph preguntó atinadamente, *"Díganme ahora... ¿quién es responsable, quién va a dar cuenta, del éxito del programa de inclusión de Mark?"* Para nuestra consternación, ¡nadie dijo una palabra? El equipo de la escuela de Ashburn se quedó sentado inmóvil y totalmente sin habla. El Sr. Jernigan continuó en silencio también, a pesar de ser el supervisor de la oficina de educación especial que manejaba los programas para menores con diagnóstico de alteraciones emocionales, problemas de visión o autismo del SEPCL y de ser, además, el suplente de la Sra. Kelly y anterior coordinador de inclusión de Mark. Joseph articuló una y otra vez la misma pregunta. Después de un prolongado silencio, la directora Meadows respondió y asumió la responsabilidad por el programa de Mark. ¡Ahora el panorama se aclaraba? La respuesta de Joseph fue inmediata: *"Es relevante que usted diera un paso al frente y asumiera esta responsabilidad. ¿Por qué le tomó tanto decidirse?"* No hubo respuesta, tal era la talla de su falsedad.

Dado este giro de los eventos; el hecho de que no podríamos ya confiar en la Sra. Meadows, nos inclinamos por desestimar el programa que recién habíamos firmado. Como hacer esto sería considerado un acto hostil, elegimos no tomar ninguna acción inmediata. Como nos dimos cuenta después, nuestra naturaleza conciliatoria resultó contraproducente, pues alimentó el complot del SEPCL en nuestra contra.

La verdad resultó en que éramos nosotros, *los padres de Mark*, quienes habíamos estado trabajando al máximo para asegurar su programa de inclusión. La Sra. Meadows y su personal estuvieron siempre amortiguando, pero no *actuando* para asegurar este éxito. ¡Era, en suma, una actitud pasiva agresiva de lo peor!

Pocos días después de la reunión del PEI, Joseph se sentó con la Sra. Jarrett y la Sra. Conroy-Winters para negociar un documento de nivel de funcionamiento actual que fuera aceptable para ambas partes. Este se adjuntaría al PEI recientemente firmado. Se tenía que hacer un compromiso, pues las maestras parecían orientadas a partir de una base que no era nada halagadora para Mark. Aceptamos, aun sin estar totalmente de acuerdo con el resultado final, pues Joseph sólo quería continuar con el proceso y dejar atrás el PEI inicial en el Condado de Loudoun. Después de todo;a estábamos a mediados de marzo y quedaban sólo dos meses de clases. Queríamos enfocar al SEPCL en las preparaciones necesarias para la inclusión para el tercer grado de Mark. Simplemente queríamos evitar, a toda costa, lo que había ocurrido con Mark en segundo grado.

El 24 de marzo nos reunimos con el Sr. Edward B. Hamilton, supervisor del SEPCL, para discutir la ubicación de Mark como un estudiante totalmente incluido en la escuela de Ashburn. Le resumimos los dos años exitosos de la educación inclusiva en Lombard, Illinois, previos a nuestra mudanza al Condado de Loudoun. Roxana abordó el asunto del entrenamiento para el personal de Ashburn, puntualizando totalmente lo inadecuado que resultó, así como la esencial necesidad de contratar a una persona en el rol de facilitadora de inclusión, auxiliar de personal. El Sr. Hamilton respondió que era consciente de la ubicación de Mark y aceptaba la premisa de que sería injusto juzgar su éxito sin contar con los recursos adecuados para llevarla a cabo. Además, le invitamos a visitar el salón de clase de Mark y a involucrarse personalmente para conseguir los recursos necesarios. No respondió a esta invitación. La reunión podría ser descrita como rígida, formal; estrictamente de negocios, carente de empatía hacia nosotros como padres o hacia las circunstancias que enfrentábamos. Para nosotros, él aparentaba ser un burócrata de corazón frío, que tenía muy poco interés en los padres, los menores, o en resolver los desafíos que entrañaban sus programas.

Al final de marzo, las señoras Jarrett, Conroy-Winters y Mason presentaron los reportes del tercer cuatrimestre. En ellos, la Sra. Mason era presentada como el remplazo de la Sra. Conroy-Winters, en su papel de encargada del caso de Mark. Esto nos pareció muy extraño, porque cómo era que, siendo sólo consultora de "tiempo parcial" de la escuela, la Sra. Mason sería ahora la directora de programa. Extraño, porque tampoco nos habían notificado del cambio, ni se había apuntado su necesidad en ningún informe. Resultaba, entonces, que la Sra. Mason, recién integrada al equipo de PEI en febrero de 1994—como consultora de educación especial de tres horas por semana—sería ahora, un mes después, *la directora* del programa de Mark.

Viendo esto en retrospectiva, terminó siendo una táctica importante para el SEPCL, pues la Sra. Mason sí estaba acreditada en educación especial. También sospechamos que el SEPCL pretendía distanciar a la Sra. Conroy-

Winters de una posición de responsabilidad en lo concerniente al programa de inclusión de Mark. Después de todo, ¡no se vería bien en la corte que la esposa del Sr. Neil Winters estuviera tan intensamente involucrada en un asunto contencioso de educación especial relacionado con inclusión!

Por encima de todo, el personal del SEPCL reportó un deterioro continuo en el comportamiento académico y conductual de Mark en la escuela durante este tercer cuatrimestre. La Sra. Jarrett escribió en su reporte: *"Mark ha sido incapaz de mostrar que está leyendo o comprendiendo muchas de las historias que se leen".* De nuevo, había una gran diferencia en comparación con el reporte del primer cuatrimestre sobre sus habilidades de lectura.

La Sra. Jarrett documentó también, asimismo, que las habilidades matemáticas de Mark eran difíciles de evaluar, aunque mencionó, otra vez, que él podría completar el programa computarizado de preescolar Counting Critters con mucho éxito. Aunque esta afirmación tenía un tono positivo, indicaba que Mark se desempeñaba dos años por debajo del nivel de grado al que pertenecía.

Finalmente escribió:

> *"Sigo percibiendo cómo Mark se frustra en muchas actividades. Como resultado, su respuesta es morder, gritar, pellizcar, patear y llorar durante el día. Creo que gran parte de este comportamiento es resultado del desfase académico entre Mark, quien parece estar en preescolar; el resto de la clase, quienes comienzan a prepararse para el trabajo más independiente que se les requerirá en tercer grado".*

Respecto a la lectura, la Sra. Mason señaló, *"Durante las sesiones de enseñanza, Mark es capaz de prestar atención de 3 a 5 minutos".*

En su informe del tercer cuarto del periodo escolar escribió también, *"El foco de sesiones individuales ha sido establecer el nivel actual de funcionamiento en matemáticas y lectura; desarrollar nuevas destrezas en esas áreas".* ¿Pueden ustedes imaginarse?, esto se dio en un periodo de sólo siete semanas de evaluación.

La Sra. Conroy-Winters tituló su reporte como "Nivel de funcionamiento actual". Esta terapeuta de lenguaje escribió, *"Académicamente, Mark está trabajando en el logro de sus propios objetivos individuales, debido a que el currículo parece ser demasiado difícil para él".* En lo referente a lectura, la terapeuta advirtió, *"Mark parece estar en un nivel de pre lectura". "En matemáticas puede aparear grupos de objetos con el número correspondiente, hasta el número 5".* Además anotó que *"Mark continua utilizando comportamientos tales como pegar, patear, pellizcar, para comunicar respuestas negativas, aunque esto ocurre con menor frecuencia, dados los objetivos apropiados que se han establecido".* Y finalmente, escribió, *"Socialmente, Mark tiene dificultad interactuando con sus pares".*

Este y otros comentarios similares hechos por la Sra. Jarrett describen más adecuadamente la discapacidad de Mark... autismo. Debido su discapacidad; que por ello continuaba desplegando rasgos de comportamientos típicos de autismo, en sus mentes esto era considerado "negativo" y esta calificación se volvió dominante en las descripciones contenidas en estos reportes. Creemos que fue precisamente esta actitud errática la que les llevó a concluir que Mark no se había beneficiado de la inclusión completa en el aula regular en segundo grado. También sabíamos que el reporte escrito del tercer cuatrimestre de la Sra. Conroy-Winters distaba mucho de las observaciones que había hecho en el del primer período. No obstante, acordamos en que efectivamente, se había dado retroceso en el programa educativo de Mark; pero que se debía, en gran medida, a la forma en que el personal de la Escuela de Ashburn había abordado su inclusión.

Para cuando llegó el mes de mayo de 1994; a sólo tratábamos de sobrevivir ilesos ese año. Con el paso de Illinois a Virginia del Norte habíamos experimentado una diferencia desconcertante en los abordajes educativos respecto al año pasado; nos alarmaban los efectos negativos que esto tenía en Mark. Con la esperanza de un resultado diferente en Virginia, invitamos a la Sra. Kenna Colley, una especialista en inclusión de la Escuela Primaria Gilbert Linkous en Blacksburg, Virginia, para que observara a Mark en su aula en Ashburn. Después de recibir nuestra solicitud, la Sra. Meadows dio el permiso para que esta especialista visitara el salón de clase de Mark el 10 de junio de 1994, durante la última semana del año escolar.

El 15 de mayo enviamos otra carta a la Sra. Meadows en la que identificábamos todos los puntos que debían ser abordados en la reunión de fin de año del equipo de PEI que ya se avecinaba. Estos puntos incluían: (1) Programa de verano para Mark, (2) Planeamiento para el período escolar 94–95, (3) Invitación a la maestra de tercer grado para participar en la reunión; (4) El Programa de adaptación de Educación Física.

La reunión se dispuso para el 31 de mayo. Inicialmente, la Sra. Meadows ignoró los puntos listados en nuestra carta. Cuando Roxana abordó el tema para ser discutido, ella le respondió que con excepción de la elección de la maestra de tercer grado para Mark, todo lo demás sería manejado por funcionarios del SEPCL. Sostuvo que los demás puntos se tratarían fuera de las reuniones del PEI. Insatisfecha con esta respuesta, Roxana llevó personalmente la carta al supervisor, el Sr. Hamilton, en la que solicitaba su intervención para asegurar que todas las personas aptas para las tomas de decisiones al respecto, estuvieran en las reuniones. No hubo respuesta.

CAPÍTULO 9

Percepciones

1994

Durante la reunión del PEI, a finales de mayo, nos preocupó mucho un nuevo ingrediente en el reporte anual de la Sra. Jarrett. Sus comentarios sobre las conductas de Mark eran muy alarmantes: "*Mark ha manifestado un comportamiento extremadamente agresivo hacia los adultos que trabajan con él y hacia los niños en el aula. En ocasiones, esto ha implicado una situación peligrosa para los demás estudiantes. Conforme Mark crece y se vuelve más fuerte, es más difícil detener estos comportamientos*".

Consideramos que esta declaración estaba plagada de exageraciones, por lo que decidimos que bien valía nuestro esfuerzo llegar a la verdad del asunto. Enviamos, entonces, una carta a cada familia de cada menor compañero de segundo grado de Mark que incluía una encuesta para que los padres y madres de familia la completaran con las impresiones de sus hijos e hijas. El tema que enfocamos fue el comportamiento de Mark en la escuela. Fechada el 2 de julio de 1994, la portada de la carta decía en parte:

> "*Este año de segundo grado en la Escuela de Ashburn ha sido un desafío para todos a quienes concierne, pues Mark Hartmann fue el primer estudiante con discapacidad en ser completamente integrado con sus pares en el Condado de Loudoun. Aunque logramos manejar bien este año, creemos que hay muchas áreas que necesitan ser mejoradas, no sólo para Mark, sino también para todos los menores que estarán en clase con él. Nuestro interés es abogar por Mark y por todos(as) lo(as) estudiantes y maestras que estarán en contacto con él, diariamente, durante el año escolar. Como ustedes ya saben, Mark es el primer estudiante con un*

desorden de comunicación severo, que ha sido colocado en una clase regular de segundo grado en el Condado de Loudoun. Como tal; en un esfuerzo por interceder efectivamente por nuestro hijo, hemos desarrollado la encuesta adjunta que estamos pidiendo responder a todos los padres y madres de familia. Al final de esta hemos incluido una sección para comentarios. Por favor, siéntanse con confianza para mencionar tanto los aspectos positivos como negativos de las experiencias de sus hijos e hijas con Mark, así como las suyas propias".

Había un total de once preguntas para los padres y madres de los veintiún estudiantes de la clase de Mark. Concedimos espacio suficiente en el cuestionario para las respuestas y los comentarios. Las preguntas eran las siguientes:

1. *¿Es Mark la primera persona con una discapacidad que han conocido personalmente o por medio de sus hijos o hijas?*
2. *¿Cuántas otras personas con discapacidad conocen?*
3. *¿Les sorprendió que Mark fuese incluido en el salón de clases regular de segundo grado?*
4. *¿Con cuánta frecuencia pasaron algún tiempo en el aula durante el año escolar? ¿Cuál fue el número de visitas?*
5. *¿Alguna vez su hijo o hija les comentó sobre Mark? Por favor, expresen cualquier comentario específico al respecto.*
6. *¿Su hijo(a) tuvo alguna interacción molesta con Mark? Escriban sus comentarios.*
7. *¿Consideran que su hijo(a) tiene ahora más información sobre las discapacidades, tanto físicas como neurológicas, que antes de que la escuela comenzara con Mark en el aula? Si es así, expliquen, por favor.*
8. *¿La inclusión de Mark en el aula de segundo grado, ha tenido algún efecto en el desempeño educativo de su hijo(a)? Si es así, expliquen, por favor.*
9. *¿Participó su hijo(a) en alguna de las actividades posteriores a clases con Mark, tales como fiestas de cumpleaños o actividades deportivas?*
10. *¿Quieren que su hijo(a) comparta la misma aula con Mark el año próximo? ¿Tienen algún comentario?*
11. *¿Como padres y madres, estarían en disposición de compartir su experiencia y opiniones sobre Mark durante las reuniones grupales con los padres y madres de menores con discapacidad en el Condado de Loudoun? ¿Tienen algún comentario?*

En un anexo, presentamos a los estudiantes las siguientes preguntas relacionadas con el tema del desorden de comunicación de Mark:

"Él hace todo tipo de sonidos verbales para expresar su humor. Algunos de estos ruidos son alarmantes para una persona sin preparación ni entrenamiento, especialmente la primera vez que Mark manifiesta su frustración. Sin embargo, en un periodo muy corto de tiempo, es fácil familiarizarse con esos sonidos de Mark e identificar el significado de la mayoría de ellos . . . Por favor, pida a su hijo(a) que comente sobre los sonidos verbales de Mark en clase".

1. *¿Pudiste distinguir los sonidos de Mark?*
2. *¿Mirabas mucho a Mark durante la clase?*
3. *¿Aprendiste a interpretar sus sonidos?*
4. *La presencia de la asistente de la maestra para Mark, ¿te dio la seguridad de que había alguien para cuidar de Mark y atender sus necesidades?*

Trece padres y madres respondieron, sus comentarios incluyeron los siguientes:

"Al principio fue sorprendente que él estuviera ahí; los primeros comentarios de mi hija me preocuparon respecto a que Mark pudiera interrumpir la clase. Pero pronto dejé de preocuparme por eso. Mi hija se ajustó a ello y él se volvió solamente una parte más de la clase para ella . . . En una ocasión, Mark, sin intención, golpeó a nuestra hija en la cabeza mientras la clase estaba en el área de lectura. Ella comprendió que no era a propósito, pero le dolió . . . Hubo momentos en que mi hija se sentía un poco frustrada por la velocidad en que iban las lecciones, pero no estoy convencida de que fuera culpa de Mark. Ella es excepcionalmente brillante y creo que la mayor parte del problema era su aburrimiento, lo que causaba que se volviera algo perezosa. Mencionó una, o dos veces, que los sonidos que Mark hacía ocasionalmente le interrumpían su concentración,—pero las veces que yo estuve en el aula, observé que la clase continuaba tranquila con él ahí . . .— La asistente de Mark hacía con él un trabajo maravilloso, lo mantenía concentrado, con lo que permitía que la clase prosiguiera junto con él. Considero que, en su caso, una asistente a tiempo completo es necesaria, de lo contrario la maestra terminaría ocupando mucho tiempo en él . . . ; opino que entonces la clase sufriría".

~~~~~~

"Creo que es maravilloso. Esto transmite a nuestros niños la idea de que las personas con discapacidades no son alguien a quien deben temer... Algunas veces Mark les había pegado a otros niños o los había pellizcado en sus mejillas para conseguir su atención. Mi hijo aprendió lo difícil que es comunicarse para algunas personas y a no enojarse por esta discapacidad. Asimiló cómo expresar lo que Mark estaba sintiendo (enojo, alegría, frustración) por sus expresiones y movimientos".

~~~~~~

"Él siempre me platicaba de Mark y de las cosas que lo hacían feliz. Estaba conmovido de ver cualquiera de los logros de Mark y comentaba sobre ellos con cierta frecuencia. Amaba ver a Mark sonreír".

~~~~~~

"Esto no me sorprendió (la inclusión de Mark). No pensé que fuera inusual. A mi hija le gusta Mark, él es amistoso. Yo le expliqué a mi hija que Mark no podía hablar como los demás, pero que usaba la computadora para comunicarse. Ella comentó que había explosiones ocasionales de sonidos, pero que no interferían con el ambiente del aprendizaje... Yo pienso que ella tiene una mejor comprensión de lo que es una discapacidad y que una persona con discapacidad es capaz de hacer un trabajo parecido".

~~~~~~

Nuestra única experiencia negativa con Mark ocurrió el primer día de clases. Mi hijo vino a la casa con lágrimas en sus ojos. Yo sabía que él había estado nervioso por tener que asistir a una nueva escuela y no conocer a nadie en su salón de clases... El día había ido bien, excepto por un "niño grande" que había gritado muy fuerte y le había pateado su pie. Mi hijo le tenía miedo a Mark. Dijo que los gritos lo asustaban y que no entendía por qué Mark no dejaba de gritar o por qué la maestra no le pedía que parara... Pienso que todavía mi hijo le tiene algo de miedo a Mark; que esto deriva de su primera impresión... Pidan a la maestra, por favor, que explique a su clase sobre Mark, el primer día de clase, en términos adecuados para menores. O tal vez que Mark y sus padres vengan al segundo día de clases, de forma que pueda haber tiempo para conocerlo después de que el primer día ha pasado... La maestra habló con mi hijo (y creo que con toda la clase) el segundo día y él regresó a la casa contento".

Percepciones

~~~~~~

"Al principio del año, mi hija nos explicó lo que ella pensaba que era el autismo; tenía algunas preguntas sobre ello. Durante el año, mencionó a Mark de vez en cuando, pero generalmente de forma positiva. Nunca hizo ningún comentario negativo sobre él o sobre tenerlo en el aula . . . Creo que esta experiencia le dio a ella una mejor apreciación de cuán afortunada es; desarrolló mayor compasión hacia los niños con discapacidades. Le fue muy bien en segundo grado; parecía capaz de hacer su trabajo sin ningún problema. Pienso que la maestra hizo un trabajo excepcional manejando el salón con Mark en él. No estoy seguro de que todas las maestras puedan hacerlo . . . He estado fuera del campo de la educación especial por varios años, pero profesionalmente, considero que Mark podría beneficiarse más de un aula para menores con problemas de comunicación en la que pudiera recibir terapia intensiva. Comprendo el valor de contar con modelos de rol de pares normales para los menores con discapacidad; podría ver esto como ayuda para Mark en un esquema de tiempo parcial, tal vez medio día en un salón de clases regular. También me preocupa que, en la medida en que Mark se vuelva más grande y fuerte, será más difícil de manejar y mucho más perturbador para un grupo; posiblemente lesivo físicamente".

~~~~~~

"Mark le pegó a mi hijo una vez, después le demostró que lo sentía y mi hijo no quedó molesto por el incidente. Él piensa que Mark sólo quería que lo dejara solo . . . Pude atestiguar algo tan maravilloso, como la habilidad de los niños para aceptar a Mark en su círculo. Espero que esto siga siendo así conforme Mark crezca . . . Esta experiencia brindó a mi hijo algunas cualidades muy buenas: paciencia, comprensión y colaboración".

~~~~~~

"Mi hijo estuvo muy interesado en Mark y le caía muy bien. Mark tuvo un efecto muy positivo en él. Espero que en el futuro esté en su clase. Mark es una gran ventaja para los(as) estudiantes de segundo grado. Esto le enseñó a mi hijo que las personas con una discapacidad tienen algunas restricciones, pero que, sobre todo, son personas igualmente y que pueden ser grandes amigos también. Eso es lo que Mark es para mi hijo. Mi hijo vio que Mark tenía una discapacidad y que se esforzaba mucho para lograr hacer bien su trabajo. Como respuesta, mi hijo trataba también *de esforzarse para completar las cosas que le enseñaban . . . Mark es una persona maravillosa y feliz. He tenido el placer de conocerlo, así como a sus padres, ellos hacen cosas estupendas por él y espero que la escuela les facilite continuar".*

~~~~~~

"Creo que mi niño ha crecido emocionalmente teniendo a Mark como amigo. Distinguí un lado compasivo y atento de mi hijo que no sabía que existiera. Creo que, en el nivel de segundo grado, los niños deberían estar expuestos a todo tipo de menores;a sea la diferencia de raza, color, religión o capacidad. Los niños a esta edad no discriminan y necesitan darse cuenta de que el mundo está hecho de diferentes tipos de personas y que todos nosotros podemos vivir y aprender juntos en armonía".

~~~~~~

Las respuestas de los menores fueron igualmente exhaustivas y variadas. Diez de los trece que respondieron, dijeron que eran capaces de diferenciar los sonidos de Mark, tres dijeron que eran capaces sólo algunas veces. Cuatro menores admitieron que miraban a Mark mucho durante las clases; cuatro que no. Tres dijeron que algunas veces; dos indicaron que "no tanto".

Seis menores dijeron que podían entender los sonidos de Mark y uno que podía entenderlo con ayuda del lenguaje corporal de Mark. Dos dijeron que "algunas veces" lo comprendían, mientras dos más respondieron que comprendían "algunas" de sus vocalizaciones. De los trece menores que respondieron, sólo tres indicaron que eran incapaces de interpretar sus sonidos.

Quienes respondieron, opinaron, en forma unánime, que fue tranquilizadora la presencia de la asistente. Un padre optó por citar directamente a su hijo. *"Cuando conoces a alguien que no se está quieto tanto como tú, no quiere decir que no disfrutas estando con él. Mark es mi amigo".*

Nuestros ojos se llenaron de lágrimas leyendo estas respuestas. Los comentarios, tanto de los padres y madres, como de los menores de la clase, provenían del corazón y mostraban sinceridad. Mark era reconocido por sus maravillosas cualidades inherentes y no menospreciado por gente que estuviera evaluándolo constantemente a través del prisma del prejuicio y el estereotipo. Sin saber que se estaba formando una controversia sobre la inclusión de Mark en el Condado de Loudoun, los padres y madres de sus compañeros habían dado sus sinceras opiniones. Todo indicaba que eran personas muy diferentes a los profesionales de la oficina del SEPCL, quienes se movían incitados por agendas ocultas, albergando segundas intenciones. Los resultados de la encuesta, nos dieron mucha seguridad como padres.

Oficina de las Escuelas Públicas del Condado de Loudoun – Insistencia en los Servicios Extendidos del año escolar

Después de la reunión del 31 de mayo para discutir el PEI, descrita en el primer capítulo de este libro, la relación de trabajo entre Roxana y la Escuela de Ashburn se deterioró rápidamente. Aunque la oficina de SEPCL aceptó brindarle a Mark un programa de verano que incluía una hora de terapia de habla y lenguaje en casa, cada día, por cuatro semanas, rechazó nuestra solicitud de asignar a otra persona en lugar de la Sra. Conroy-Winters como terapeuta.

Nos sentimos presionados por ellos para que aceptáramos la siguiente condición: si queríamos un programa de lenguaje para el verano, tendría que ser con ella; si la rechazábamos, entonces perderíamos su apoyo para el programa para Mark durante ese período. No obstante la presión, al final decidimos no aceptarla bajo ninguna circunstancia.

Debido a nuestra creciente desconfianza hacia el SEPCL, incluso antes de la reunión del 31 de mayo, Roxana comenzó a buscar maestras que no fueran del condado para trabajar con Mark en forma privada. Por fin, contactó a la Sra. Cathy Thornton, maestra de educación especial del Condado de Fairfax; arregló que trabajara con Mark dos horas diarias, tres veces por semana, comenzando a mediados de mayo de 1994. La Sra. Thornton contaba con once años de experiencia enseñando a menores con autismo y, rápidamente, estableció una maravillosa relación de trabajo con Mark.

En las semanas siguientes, esta maestra logró extender el tiempo que Mark dedicaba a una tarea . . . de un promedio de diez pasó a treinta minutos, sin ningún problema serio de comportamiento. En varias ocasiones, incluso, fue capaz de lograr que Mark se centrara en su tarea ¡por cuarenta y cinco minutos? Roxana notó que recurría a gran cantidad de material de lectura con Mark y que, por medio del uso de libros grabados en cassettes, lo reintrodujo en el disfrute de la lectura, tal y como él lo había experimentado en la Escuela Butterfield, en Lombard, Illinois. Estábamos más que satisfechos con los resultados de sus esfuerzos con Mark. Renovó nuestra opinión de que los problemas padecidos durante el programa de inclusión en la Escuela de Loudoun no se debían exclusivamente a su desempeño. Su experiencia con él nos aportó otra visión invaluable.

Mark, 4 meses

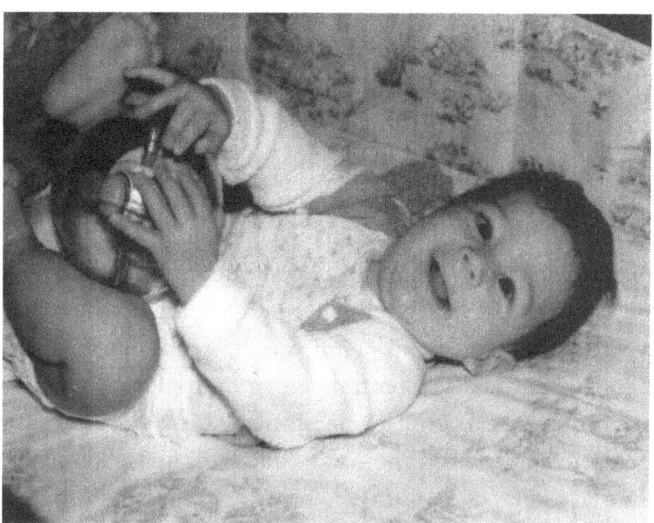

Mark, 5 meses

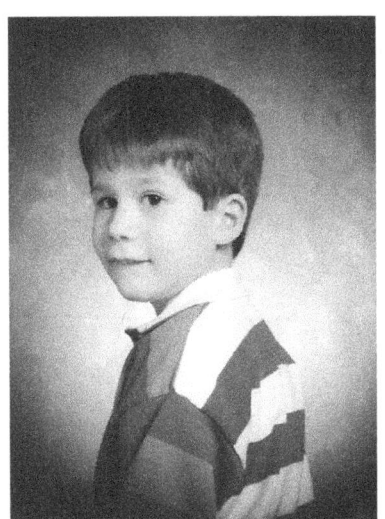

Mark, 4 años, en 'Paces' en Newport News, Virginia

Mark 7 años

Mark, 9 años, en la oficina de su abogado, el Sr. Jerry Rugel

Mark, 9 años, jugando béisbol

Mark en un excursión escolar (cuarto grado), Kipps

Mark, 11 años, con sus compañeros de la escuela (cuarto grado)

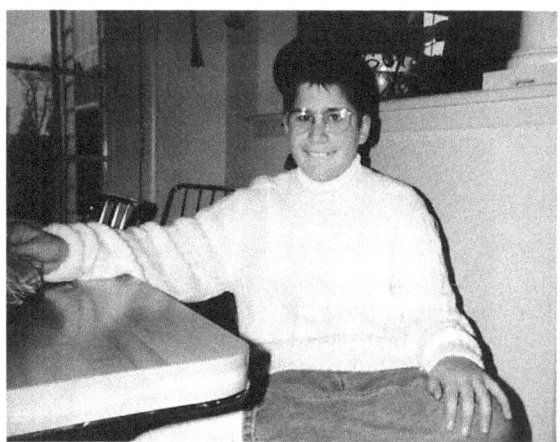

Mark, 10 años, en tercer grado, listo para ir al Centro Kennedy en Washington

Mark, tercer grado, en la casa en Ashburn

Mark, 14 años, con Ami, una amiga de su clase

Mark, 9 años, en una foto de la familia

Mark, 12 años, con sus compañeros de quinto grado durante recreo

Mark, 11 años, con sus compañeros de cuarto grado en el auditorio de Kipps

Mark, 11 años, con sus compañeros de la escuela disfrutando la nieve en Blacksburg

Mark, 11 años, con Laura disfrutando la nieve en Ashburn

Mark, 15 años, con Jamie Burke en Syracuse, New York

Mark, 13 años, en una celebración de cumple años de Laura

Mark y Laura con amigos en un baile de octavo grado

Mark, 14 años, con Laura

Mark, 14 años, con Laura en navidad, séptimo grado

Mark, 14 años, con la Sra. Rosemary Crossley en la Universidad de Syracuse – Conferencia de Comunicación Facilitada.

Mark, 14 años, con amigas en la casa después un día escolar

Mark, 14 años, haciendo compras en el supermercado

Mark, 15 años, en frente de la casa en Blacksburg

Photos

Mark, 15 años, lavando el carro de la familia

Mark, 17 años, con amigos en la casa la noche antes del baile de grado 11 de su colegio

Mark, 17 años, celebrando su cumpleaños con amigos

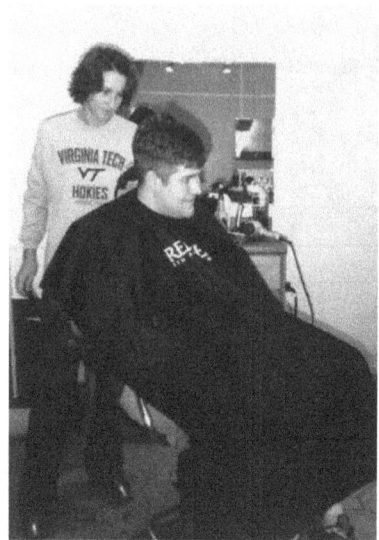

Mark, 17 años, en la peluquería del vecindario

Mark, 17 años, con su padre después de la misa

Photos

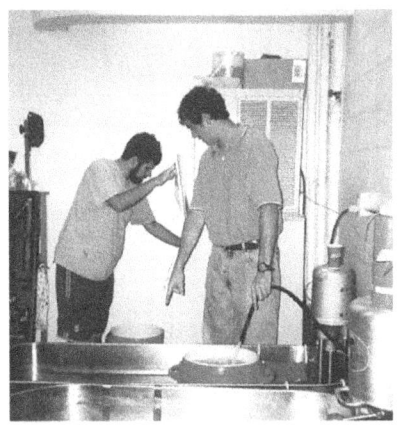

Mark, 18 años, llevando el contenedor de 'Gatorade' al campo de fútbol

Mark, 18 años, preparando 'Gatorade' antes de una sesión de la práctica para el equipo de fútbol americano; Mark fue asistente del equipo de apoyo.

Mark, 19 años, con su amigo Dave Hamrick después una conferencia

Mark, 20 años, listo para jugar baloncesto

Mark, 17 años, antes de un baile de grado 11 de su colegio

Mark, 17 años, con una amiga durante el baile de grado 11

Mark, 19 años, foto de graduación de grado 12

Photos

Mark, 19 años, antes de un baile de grado 12

Mark, 19 años, en el día de graduación con su padre y su maestro Daniel Ferrell

Mark, 19 años, con la supervisora de educación especial

Mark, 19 años, con Laura y su padre en la playa durante navidad de 2006

Mark, 19 años, preparándose para asistir la boda de un amigo

Mark, 21 años, en la boda de su amigo Lucas McDuffie; Mark fue miembro de la corte nupcial

Mark, 22 años, con su hermana Laura en la casa en Blacksburg

Mark, 22 años, en la playa con su padre

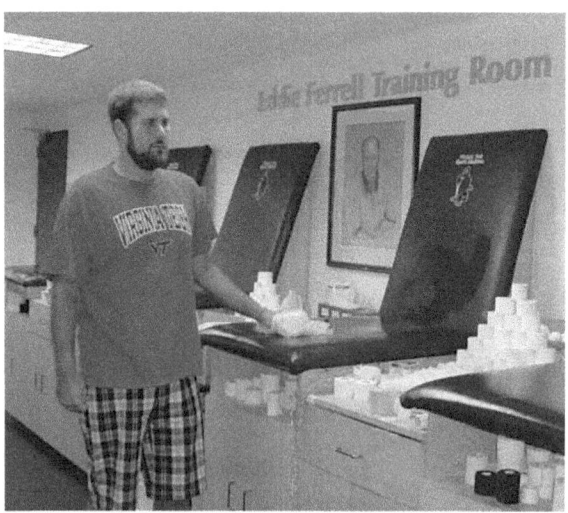

Mark, 23 años, trabajando en el centro del deporte en la Universidad de la Tecnología de Virginia en Blacksburg

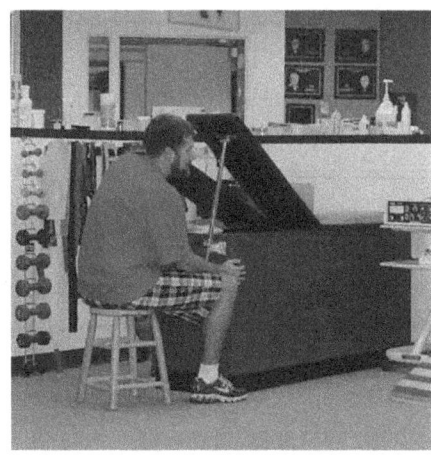

Mark, 23 años, trabajando en el centro del deporte en la Universidad de Tecnología de Virginia

Mark, 23 años, trabajando en los jardines del departamento de horticultura en la Universidad de Tecnología de Virginia

Mark, 23 años, trabajando en el centro de conferencias, 'Custom Catering'

Un punto de vista independiente

Entonces, el 10 de junio, la Sra. Kenna Colley visitó la Escuela de Ashburn, tal y como estaba planeado, para observar a Mark en su clase de segundo grado. Siendo maestra en educación especial y especialista en inclusión de Blacksburg, en el Condado de Montgomery, Virginia, le solicitamos que nos diera algunas opiniones sobre el programa actual de Mark, además de sugerencias sobre cómo mejorarlo. Pasó aproximadamente cuatro horas observándolo durante su horario matutino.

Luego de su visita de observación, escribió un detallado informe en el que reconocía a la Sra. Jarrett como una maestra eficiente y en el que ofrecía una lista de sugerencias para mejorar el programa de inclusión de Mark. En ella destacaban, por su importancia, los siguientes: entrenamientos para el personal sobre autismo y comunicación facilitada, proveer asistencia sobre modificaciones curriculares y el entrenamiento de pares. Las siguientes son observaciones tomadas de su informe:

1. *Mark era agradable para sus pares en el aula, quienes mostraban querer interactuar y pasar tiempo con él.*
2. *Mark seguía muy bien las indicaciones. Aun así, experimentaba dificultad con las transiciones que no le eran comunicadas adecuadamente o durante las transiciones de descanso a situaciones de trabajo.*
3. *Tenía una relación muy buena con la asistente de instrucción. Ella tenía interacciones mínimas con los demás estudiantes y era necesario que permaneciera fundamentalmente con él a lo largo del día.*
4. *Las tarjetas de comunicación fueron un buen método para que Mark se comunicara rápida y efectivamente. Necesitaba un sistema aumentativo adicional, para poder elaborar mejor sus elecciones e ideas.*
5. *Es un niño con autismo que necesita ser evaluado en la forma en que él es. El autismo siempre será una parte de él y sus características únicas requieren ser aceptadas por todos(as) los(as) integrantes del personal educativo, se necesitan también aproximaciones educativas para acentuar sus fortalezas y habilidades.*
6. *Se le han facilitado excelentes modelos de rol al estar con pares de su misma edad sin discapacidades. Él imitaba sus comportamientos generales y necesitaba de su retroalimentación constante para aprender a socializar en nuestra sociedad.*

7. *El equipo educativo de Mark, aparentemente, había tenido que aprender a incluirlo con poco entrenamiento. No era evidente un enfoque coherente.*
8. *No observé ninguna tendencia intransigente o agresiva en él. Se mostraba como un niño amable que se frustraba por las transiciones y el cambio. No pareció que se pusiera a sí mismo, o a sus compañeros, en ningún tipo de peligro.*
9. *No se evidenció ninguna estrategia de conducta consecuente implementada en la escuela. La mayoría de los integrantes del equipo no parecía estar al tanto de un plan de comportamiento o de su existencia.*
10. *Mark no interfirió en el aprendizaje de otros estudiantes en su clase; no era perjudicial para la rutina general de esta.*

Además, la Sra. Colley ofreció las siguientes sugerencias por escrito, recomendando el uso de un abordaje de equipo para incluir exitosamente a Mark en el tercer grado para el año escolar 1994–95:

1. *El equipo necesita recursos e información sobre lo que es el autismo. Las personas con autismo son personas que necesitan estar en los ambientes llamados "normales" para aprender e interactuar con pares alrededor de ellas. Sugiero la lectura de libros escritos por personas con autismo, así como de literatura RECIENTE que incluya técnicas de comunicación facilitada, información sobre desórdenes de movimiento y sensoriales y mejores prácticas para la enseñanza a las personas con autismo.*
2. *Las lecciones en clase deberán ser adaptadas con una frecuencia semanal, con base en los planes de educación general de la maestra. Deberá incluirse una persona especialista en inclusión o facilitadora, asignada para el equipo de Mark, a fin de brindar entrenamiento a la asistente en instrucción y a la maestra de la clase, así como a otros miembros del equipo. Esta persona también habrá de ser la responsable de hacer adaptaciones y adecuaciones al currículo de educación general y de trabajar con el equipo y los padres para identificar y priorizar objetivos que sean importantes para Mark. Deberá, asimismo, conocer sobre las mejores prácticas en inclusión y contar con un buen conocimiento sobre las personas con autismo.*
3. *Se sugieren reuniones de equipo mensuales, que incluyan a los padres, para discutir el progreso de Mark y el desarrollo de los servicios*

educativos. Tiene que haber un formulario específico, que se use para indicar los temas de cada reunión, cuál acción será adoptada para cada tema y quién será el responsable de llevar a cabo estas acciones. Esto proporciona documentación de cada reunión y constituye una rápida evaluación visual de lo que se ha logrado en el transcurso del año.

4. *Es necesario implementar sesiones de planeación de pares; de apoyo con los compañeros de Mark, para aportarles información correcta relativa a sus necesidades, así como para enseñarles estrategias para interactuar con él y ayudar a formar amistades.*

5. *Tiene que establecerse y utilizarse, asiduamente, un plan específico para los problemas de conducta de parte de todas las personas del equipo. Este plan estará basado, obviamente, en técnicas no aversivas que se asemejen a las utilizadas con sus compañeros de clase. El plan necesita ser creado y acordado por todo el equipo; no establecido por una persona ajena que no conozca las necesidades cotidianas de Mark.*

6. *Entrenamiento para todo el equipo en técnicas de comunicación facilitada. Habrá de ofrecerse entrenamiento adicional en áreas de necesidad, por ejemplo, cómo aprovechar al máximo a una asistente en instrucción en la clase, etc. Esto debe incluir observaciones en otras divisiones escolares.*

7. *El equipo del Condado de Loudoun que fue entrenado en técnicas de comportamiento no aversivas deberá ofrecer consultas. Este entrenamiento fue ofrecido en 1992–93 por medio de un programa de fondos estatales. El Director de Educación Especial (Sr. Kelly) podrá identificar al personal del Condado que lo ha recibido.*

8. *Dotar a Mark con un horario diario en imágenes en su escritorio, para ayudarle con las transiciones. Él requiere contar con alguna táctica que le permita tomar más decisiones y tener más control respecto a su horario, así como con un sistema consecuente para indicar cuándo un período de tiempo ya ha concluido.*

9. *Se recomienda utilizar una cartera de evaluación para mantener documentación continua del progreso de Mark. Esta debe incluir videos de él durante el día escolar, muestras de trabajo, comentarios de sus pares y otras piezas relativas de información que puedan ofrecer referencias de cada año al equipo educativo.*

10. *La terapeuta ocupacional podría observar periódicamente a Mark en diferentes etapas de su día escolar para hacer recomendaciones al equipo educativo sobre cómo implementar técnicas de integración*

Percepciones

sensorial a su rutina.
11. *Mark podría comenzar a permanecer en la escuela para almorzar con sus pares, dado que este es un período muy social del día; podría beneficiarse de estas interacciones. Tal vez merece ser incluido un recreo en su horario después del almuerzo, si él necesita algún tiempo tranquilo o algún espacio personal después de un día de mucha actividad.*
12. *Parece ser necesario incrementar las destrezas académicas de Mark y la cantidad de tiempo comprometido en ellas. Mark es un niño inteligente que se beneficiará de instrucción más directa. Muestra tener una gran habilidad receptiva. Hay un dicho: "Sólo porque una persona no puede hablar, no significa que no tenga nada que decir". Considero que esto aplica con Mark; él no puede ser evaluado en forma similar, debido a sus limitadas capacidades comunicativas para expresarse.*

Con la visita de la Sra. Colley nos sentimos muy escuchados y validados; era como si ella comprendiera los desafíos de nuestro hijo con autismo y aquello que era necesario del sistema escolar para retomar el éxito que él había experimentado en un ambiente de aprendizaje de inclusión total como el de Butterfield. Su informe dio en el blanco en varios frentes. Reflejaba muchas de las mismas ideas y preocupaciones que habíamos expresado, una y otra vez, a la Sra. Meadows y a otros miembros administrativos del SEPCL durante el segundo grado de Mark. Sus descripciones de él como una persona amable, fueron particularmente aclaradoras y coincidentes con nuestra apreciación. Ella comprendió que los comportamientos percibidos de Mark eran expresiones comunicativas de un niño frustrado por las transiciones y el cambio; no actos de agresión peligrosos en sí mismos.

Su reporte, por supuesto, confrontaba en forma significativa las afirmaciones leídas por el equipo de Ashburn en la reunión del PEI del 31 de mayo. Nos parecía claro que el equipo y las maestras del SEPCL estaban, en el mejor de los casos, malinterpretando los comportamientos de Mark, pues carecían de la claridad y la perspectiva que conlleva el entrenamiento y la experiencia suficiente relativa al tema del autismo. Más aun, se nos ocurrió, también, que su uso de tarjetas de conducta y la representación negativa de las conductas de Mark parecía calculada y armada, específicamente, para apoyar su agenda oculta.

Programa de Autismo de Leesburg

El 15 de junio de 1994, pocos días después de la visita de la Sra. Colley, Roxana se presentó al aula diferenciada para niños con autismo en la Escuela Primaria Leesburg, en el Condado de Loudoun, Virginia, pues la Escuela Ashburn había recomendado que, para su tercer grado, Mark fuera incluido en este programa.

Al contemplar la clase en Leesburg, Roxana notó que no se utilizaba un sistema de comunicación aumentativa con los niños, que había un rango muy amplio de diferencia de edad entre los tres niños y que escaseaban las decoraciones en el salón, en comparación con las decoraciones numerosas y coloridas observadas en otras aulas. Pero, por sobre todo, Roxana consideró que el ambiente no podría beneficiar a Mark, dado su nivel de conciencia y capacidad para seguir un horario de actividades de un aula regular. Más aun, esa escuela estaba a más de quince kilómetros de nuestra casa en Ashburn. Después de informarse personalmente del programa en Leesburg, Roxana concluyó que esta ubicación en aula diferenciada no beneficiaría a Mark, ni educativa, ni social, ni comunicativamente.

CAPÍTULO 10

A la espera de la demanda

1994

Dada la certeza de la inminencia de una acción legal, contratamos un abogado de Herndon, Virginia, especializado en la Ley de Educación Especial, para representar los intereses de Mark. Durante nuestras conversaciones iniciales, el Sr. Gerard "Jerry" S. Rugel nos habló con una franqueza y honestidad poco común. Nos recomendó no pelear con la Oficina de SEPCL respecto a la ubicación educativa de Mark para tercer grado, sino pasar a otro distrito escolar que le facilitara una educación totalmente incluyente.

No obstante después de haber revisado las leyes aplicables a nuestra circunstancia, quedamos convencidos de que estábamos en el lado correcto del problema y decidimos continuar el rumbo. El Sr. Rugel fue completamente compasivo, paciente y comprensivo al representarnos. Nos introdujo cuidadosamente en las complejidades de la Ley de Educación Especial y los casos que sentaron precedentes que encontraríamos a lo largo de nuestro sendero legal. Al mismo tiempo, captó rápidamente los detalles de la historia educativa de Mark y las circunstancias experimentadas durante el año escolar en Ashburn.

En junio de 1994, Roxana recibió una carta escrita por la directora de Educación Especial del SEPCL, la Sra. Kelly, fechada el 24 del mismo mes. La carta comenzaba de la siguiente manera:

> *"El propósito de esta carta es notificarle que he iniciado un recurso de debido proceso en nombre de su hijo, Mark, con respecto a las cuestiones relativas a su condición de ubicación en educación especial".*

En esencia, el SEPCL había iniciado una acción legal para resolver su disputa con nosotros en relación a la ubicación educativa de Mark en la escuela pública. Aunque el primer paso en un debido proceso es normalmente el de "mediación"—por ejemplo, entre padres y el distrito escolar—el SEPCL decidió saltárselo, optando en su lugar por presentar una demanda legal contra nosotros como padres. Dado que el SEPCL alegaba que actuaban "*en nombre de nuestro hijo*", de hecho, era su primer paso para colocarlo en un programa de aula diferenciada, en contra de nuestros deseos y mejor juicio. No teníamos idea de que esta carta lanzaría la batalla legal que dominaría nuestras vidas durante los próximos cinco años.

Resentíamos particularmente la redacción del texto, aunque la carta de la Sra. Kelly era algo más que un machote. Era como si el SEPCL se hubiera erigido a sí mismo en la autoridad que emprendía la acción requerida para proteger a Mark de los juicios errados de sus padres. Vimos esta carta como una demostración de poder y posición, incluso como un intento de intimidación. La carta anunciaba también que *la "Corte Suprema de Virginia había nombrado a la Sra. Nancy A. McBride, de Alexandria, para servir como Oficial de Audiencia en este caso"*. La Sra. McBride hizo arreglos para que la Audiencia de Debido Proceso comenzara el 15 de agosto de 1994.

Antes del inicio de la Audiencia de Debido Proceso, presionamos al SEPCL respecto a los servicios de año escolar descritos en el programa de Mark. Él tenía que recibir cuatro semanas de terapia de lenguaje de cinco horas semanales durante el verano, comenzando el 5 de julio. Manifestamos oficialmente nuestra objeción por la asignación de la Sra. Conroy-Winters como terapeuta de lenguaje de verano para Mark, pues seguramente sería llamada como testigo contra nosotros en la Audiencia del Debido Proceso. En una carta al SEPCL, fechada el primero de julio, escribimos: *"En vista de la situación, es inconcebible que usted utilice como pretexto los servicios de extensión del año escolar para lograr que accedamos a permitir que la Sra. Conroy-Winters entre a nuestro hogar todos los días. Respetuosamente, solicitamos que reconsidere su posición al respecto y elija otro miembro del equipo que proporcione a Mark los servicios en comunicación a los que tiene derecho según el Acta de Educación para Individuos con Discapacidades (AEID) por la recomendación unánime del equipo de PEI".* Joseph envió por fax la carta a la Sra. Kelly el mismo día que fue escrita.

En un último y desesperado esfuerzo por resolver el asunto, la Sra. Jaime Ruppmann, la asesora educativa que nos estaba apoyando, conversó con la Sra. Kelly más tarde ese mismo día, implorando encontrar una alternativa a la Sra. Conroy-Winters, como habíamos solicitado. Ella respondió que discutiría el asunto con el Sr. Winters en el fin de semana para llegar a una decisión final.

El lunes a las 6:00 a.m., la Sra. Ruppmann recibió una llamada del Sr. Winters en la que le dijo que se dirigiera a la abogada del SEPCL, la Sra. Mehfoud, para una respuesta a nuestra carta. Cuando la Sra. Ruppmann llamó a la oficina de la citada abogada se le dijo que la Sra. Mehfoud estaba de vacaciones y que no volvería a la oficina hasta la siguiente semana.

La respuesta del SEPCL vino, finalmente, del Sr. Fred Jernigan, en una carta fechada el 5 de julio: *"Hemos sabido de sus objeciones a que la Sra. Conroy-Winters proporcione esos servicios, pero continuamos considerando, rotundamente, que es ella la persona más adecuada para implementar este PEI de extensión del año"*. Al final, quedamos sin potestad para oponernos a la voluntad del SEPCL. Este sistema escolar no estaba interesado en ser razonable ni justo en lo que atañía a nosotros. La temperatura de la tensión entre SEPCL y nosotros había llegado al rojo vivo en este momento.

Evaluaciones preparatorias

A fin de prepararnos para los procesos legales que nos esperaban, nuestro abogado, el Sr. Rugel, recomendó que Mark fuera evaluado por algunos profesionales externos al SEPCL. Dedicamos el siguiente mes a conseguir las evaluaciones educativas y de terapia ocupacional, incluyendo los resultados de una prueba de inteligencia ya realizada. La terapeuta ocupacional del Condado de Fairfax, Sra. Myra Smith Beckler, completó la evaluación de Mark que le solicitamos el 9 de junio de 1994. En su resumen escribió lo siguiente:

> *"Mark es un jovencito adorable que está experimentando muchas dificultades para procesar información sensorial asociada con las anormalidades neurológicas típicas del autismo. Se observaron dificultades con la modulación de la estimulación sensorial, especialmente en los sistemas táctiles, vestibulares y propioceptivos. Mark no ha dominado muchas tareas de motora gruesa, fina, ni de percepción visual, a pesar del esfuerzo y la energía que ha dedicado a lograr estas destrezas. El sistema táctil de Mark no parece estar bien regulado, especialmente en lo referente a sensibilidad a la temperatura. Ha demostrado tener habilidad para comprender indicaciones, detalles de la prueba motora; para completar tareas. Utiliza comunicación no verbal y gestos para indicar*

sus necesidades. Los resultados de una prueba de la motora visual fueron de 5 años y 2 meses; de la percepción visual de 4 años y 9 meses, que son indicadores de un alto funcionamiento cognitivo".

La mención evaluativa de "alto funcionamiento cognitivo" nos recordó los resultados similares que Mark había obtenido cuando en mayo del 1992 se le aplicó la Prueba de Inteligencia No Verbal (PINV-2). Esta evaluación la había realizado el director del Centro para el Estudio del Autismo mientras visitaba Chicago desde Portland, Oregon. Mark obtuvo un puntaje de 111 en Coeficiente Intelectual, su hermana de ocho años, Laura, que también realizó la prueba, logró un puntaje de 109, ambos puntajes estaban en el rango de inteligencia promedio.

Solicitamos también a la Sra. Thornton, en junio del mismo año, que evaluara las habilidades académicas de Mark con las pruebas de Logro Woodcock-Johnson (WJ-R). Esto proveería los resultados de pruebas estandarizadas necesarios, independientes a los obtenidos por el personal del SEPCL, para caracterizar las destrezas académicas de Mark y su comportamiento. Sabíamos también que la Sra. Thornton había desarrollado una magnífica relación de trabajo con Mark y que el reporte aportaría peso en la corte cuando se presentara como evidencia documental, apoyada por su testimonio como maestra de educación especial.

La Sra. Thornton realizó su evaluación de Mark en nuestro hogar los días 28 y 30 de junio y el 1 y 12 de julio. Este "Informe de Evaluación Educativa" de Mark señala:

- *Los puntajes estándares del WJ-R están basados en un puntaje medio de 100.*
- *Mark obtuvo un Puntaje Estándar (PE) de 79 en el Grupo Amplio de Lectura. Las dos subpruebas que componen este grupo son: Identificación letra-palabra (PE: 82, edad equivalente: 7–6, 11%) y Comprensión de pasajes (PE: 80, edad equivalente: 7–2, 9%). Los límites basales se obtuvieron en ambas subpruebas. La Sra. Thornton ofreció apoyo físico a Mark (facilitación) manteniéndolo bajo su brazo durante las sesiones de evaluación.*
- *El Grupo Amplio de Matemáticas fue aplicado otro día. Las subpruebas son: Cálculo (PE: 33, edad equivalente 5–9, 1%) y Problemas aplicados (PE: 48, edad equivalente: 4–5, 1%). Su puntaje en este grupo fue de 32. El día en que se le dió Mark había*

estado congestionado y recibió medicamento, por lo que se puso torpe, riendo y moviéndose continuamente. Los límites basales no se obtuvieron en esas dos subpruebas.
- *Observaciones informales: Mark ha mejorado en su habilidad para trabajar por períodos prolongados de tiempo (30–45 min), respondiendo en forma muy adecuada a la utilización de un cronómetro de cocina para permanecer en la mesa de trabajo y regresar a ella cuando suena el timbre. En ocasiones se manifiesta muy frustrado, lo que es comprensible. No obstante, responde en forma amable a las indicaciones verbales para que mantenga sus manos abajo. Tiende a vocalizar su descontento por medio de sonidos vocales fuertes, lo cual también es explicable debido a su imposibilidad para verbalizar sus sentimientos. Ha demostrado mucha disposición al uso de su Comunicador Canon, digita palabras como "para", "terminado", "baño", "sí" y "no". En ocasiones la persona facilitadora debe retrasarse un poco más cuando está apoyándolo en sus intentos de comunicación, posiblemente como resultado de su frustración o agitación.*
- *Mark tiene días buenos y malos, como todos nosotros. Las disposiciones tales como establecer una buena interacción, permanecer sentado, las distracciones auditivas o visuales, o la medicación que pueden o no afectar a otros estudiantes, pueden tener un efecto de mayor profundidad en la habilidad de Mark para mostrar sus destrezas. Al parecer requiere también de "tiempos de espera" amplios. Responde bien a expectativas previsibles, sostenidas y claras. Además, puede mostrarse afectivo y juguetón. Aunque la aplicación del WJ-R fue un intento para tener una idea sobre algunas de sus habilidades, los resultados podrían interpretarse con algún grado de precaución, debido a la naturaleza del lenguaje en que se basa la herramienta de asistencia utilizada.*

Con esto se completaron los preparativos básicos y las pruebas que juzgamos prudentes y que recomendó el Sr. Rugel.

CAPÍTULO 11

Panorama legal y estrategias

1994

Después de estudiar las dinámicas de las circunstancias que podríamos enfrentar, el Sr. Rugel escribió un memorándum del plan del juicio, que perfilaba nuestro caso desde una perspectiva legal, en el cual señala lo siguiente:

> *"La inclusión en un aula regular de clase es la ubicación presunta para todos los menores con discapacidad de acuerdo con el Acta de Educación de Individuos con Discapacidades[12] (AEID), la sección 504 del Acta de Rehabilitación (AR-504)[13] y el Acta de Americanos con Discapacidades (AAD)[14].*
>
> *Un menor puede ser excluido del aula regular solo si el sistema escolar puede demostrar que, incluso con el uso de ayudas y servicios auxiliares, no puede ser implementado un programa educativo apropiado. Las cortes abordan este análisis haciendo las siguientes preguntas:*

---

12. El Acta de Educación para Individuos con Discapacidades fue promulgada originalmente por el Congreso en 1975 para asegurar que los niños con discapacidades tengan la oportunidad de recibir una educación gratuita y pública adecuada, al igual que los demás niños.

13. La Sección 504 del Acta de Rehabilitación, de 1973, es una ley de derechos civiles que prohíbe la discriminación a personas con discapacidades. Asegura que el niño con una discapacidad tenga igual acceso a educación. El niño deberá recibir ubicación y las modificaciones necesarias.

14. El Acta de Americanos con Discapacidades, de 1990, prohíbe la discriminación y asegura igualdad de oportunidades para personas con discapacidades en lo referente a empleo, servicios estatales y del gobierno local, colocaciones públicas, facilidades comerciales y de transporte. Ordena también el establecimiento de servicios por transmisión telefónica.

1. ¿Ha realizado la escuela un esfuerzo razonable para acomodar al menor en el aula regular?
2. ¿Cuáles son los beneficios de que dispone el menor en el aula regular?
3. ¿Cuáles son los efectos negativos colaterales sobre los demás estudiantes de la inclusión del menor en el aula regular?

Demostraremos que el SEPCL no realizó las gestiones apropiadas para acondicionar a Mark: contratar a una persona coordinadora de inclusión, ofrecer entrenamiento adecuado a su personal, utilizar un programa de modificación conductual razonable, recurrir la comunicación facilitada para su mejor ventaja, ni modificar el currículo en forma suficiente.

Mientras Mark pueda estar participando en gran medida de "instrucción paralela", estableceremos que esto tiene mayor probabilidad de beneficiarle que un currículo compartido en el modelo autónomo, diferenciado. Y, finalmente, mostraremos que Mark no representa ningún peligro para los demás estudiantes. Como mucho, sus comportamientos pueden distraerlos en ocasiones, pero no en mayor medida que la conducta de muchos otros niños cuyos comportamientos resultan simplemente más familiares, por ejemplo: hiperactividad, ira, payasear, etc.".

Plan de Juicio y Lista de testigos

La audiencia se había señalado para comenzar el 15 de agosto de 1994 y continuar, si fuera necesario, el 16 y el 30 del mismo mes. El Sr. Rugel había establecido como fecha límite el 8 de agosto para presentar nuestra lista de testigos y pruebas; la implementamos e hicimos un bosquejo del propósito del testimonio de cada persona:

- Sra. Truax, directora de la Escuela Butterfield: describir la naturaleza del programa de inclusión en el que Mark fue incluido exitosamente durante preescolar y primer grado.
- Sra. Mrazek, asistente de profesora de la Escuela Butterfield: narrar cómo fue incluido Mark y la naturaleza de su éxito.
- Sra. Colley, facilitadora de inclusión en el Condado de Montgomery: reseñar sus observaciones sobre Mark en segundo grado, subrayando los objetivos propuestos en el Plan Educativo Individualizado; comentar la forma en que tales objetivos podrían ser implementados en el aula regular. Estaba preparada también

para evaluar el programa conductual fallido que el SEPCL había impuesto y para compararlo con un plan conductual de apoyo que habría funcionado bien con él.
- Sra. Ruppmann, consultora educativa que había trabajado formalmente con el SEPCL y, específicamente, en el programa de inclusión de Mark: puntualizar el desarrollo del proceso de trabajo con el SEPCL. En particular, se le preparó para ofrecer una perspectiva "desde dentro" —dada su experiencia— de la acciones del Sra. Winters para socavar los intentos de la Sra. Kelly para desarrollar un programa de inclusión exitoso para Mark. Debía relatar una reunión con el Sr. Winters sostenida con el personal de la Escuela Ashburn, a principios de diciembre de 1993. El propósito del Sr. Winters en esa reunión era retirar el apoyo del SEPCL para dicho programa de inclusión y urgir al personal a considerar el programa de autismo de Leesburg como una ubicación más adecuada para Mark.
- Sra. Thornton, maestra de educación especial que trabajó en forma privada con Mark: proporcionar evidencia sobre las habilidades académicas de Mark, así como su opinión positiva en cuanto a la probabilidad de éxito en un aula regular.
- Nosotros, como padres: referir el curso del proceso para tratar de desarrollar un programa apropiado para Mark en la Escuela Ashburn.

Escritos previos a la audiencia

Previo a la audiencia, el Sr. Rugel presentó un escrito a la Oficial, la Sra. McBride. En ese escrito, el Sr. Rugel le señaló que el Acta de Educación de Individuos con Discapacidades (AEID) creó una presunción legal que establecía el derecho de todo estudiante para ser educado en el aula regular, con sus pares sin discapacidad, en la medida de lo posible. Más aún, la Sección 504 del Acta de Rehabilitación, de 1973, puso de manifiesto el intento del Congreso de los Estados Unidos de proteger de la discriminación, en las escuelas públicas, a los menores con discapacidades.

En su análisis legal, el Sr. Rugel estableció que el SEPCL debía ofrecer un "continuo de servicios" para educar menores con discapacidades, con el fin de impedir que toda una categoría de menores fuera excluida del aula regular basándose solamente en sus diagnósticos o clasificaciones. De hecho, esto significaba que el SEPCL no sólo estaba obligado a contar con ese "continuo de servicios", sino también a tomar decisiones de ubicación individualizadas para cada caso particular. El abogado comentó que, con demasiada frecuencia, los Programas de Educación Individualizada y las decisiones de ubicación estaban más orientadas al programa mismo que al estudiante, contrario a como debería ser por ley y por principio.

Con el fin de excluir a Mark del aula regular, el SEPCL debía haber mostrado: 1) que ofrecía un continuo de colocaciones para menores con autismo, incluyendo un aula regular con ayudas y servicios adicionales apropiados; 2) que todas las alternativas eran inadecuadas, de acuerdo con las pruebas diagnosticadas señaladas anteriormente. El Sr. Rugel aclaró, además, que el AEID no exige que un menor con discapacidad sea provisto de una educación igual a la de un menor sin discapacidad; por tanto, cualquier comparación de la habilidad de Mark con las habilidades de sus compañeros en el aula regular, era irrelevante. El punto no era qué tan diferente se veía, actuaba o se desempeñaba Mark cuando se le comparaba a sus compañeros de clase, sino qué tanto podría beneficiarse de su ubicación en el aula regular.

El SEPCL presentó su caso en términos bastante simples, pero convincentes. La abogada que lo representaba, la Sra. Mehfoud, alegó, fundamentalmente, que el Debido Proceso obedecía a las preocupaciones de esta oficina respecto a que la ubicación de Mark en un aula de educación regular no era la adecuada para su instrucción académica. Propuso que la evidencia demostraba que él no obtenía beneficio educativo alguno de la instrucción académica proporcionada en el aula regular.

La Sra. Mehfoud afirmaba también que, aunque Mark no era capaz de hablar, podía emitir sonidos que, de hecho, producía ruido constante en clase, gritando y vociferando. Además, lo describía como alguien empeñado en mostrar mala conducta en clase. Identificó estos malos comportamientos como aplaudir, arrojarse al suelo, tirarse a este pateando, tener berrinches, quitarse sus zapatos o ropa, de ambular por el aula, golpear a otros estudiantes, pellizcarles, acumular objetos en forma gradual y poner sus manos bajo sus pantalones sosteniendo su pene.

Reclamaba, también, que el rango de atención de Mark era de sólo dos o tres minutos, que requería de pausas frecuentes; que era sumamente propenso a distraerse.

El caso del SEPCL descansaba sobre algunos puntos de apreciación sobre Mark, expuestos para establecerse como hechos durante el proceso de audiencia:

- No imita a sus pares. De hecho parece ajeno a su presencia en el aula.
- Funciona en el nivel de preescolar, lo que hace significativa la

diferencia entre su funcionamiento educativo y el de sus pares.
- Necesita instrucción cara a cara para aprender, dado que sus únicos logros académicos han ocurrido cuando se le enseña individualmente.
- Su necesidad de ayudantes y servicios complementarios es demasiado acentuada como para una ubicación en aula regular.
- Su ubicación en un aula regular afecta adversamente a los estudiantes en su clase.

Audiencia del Debido Proceso – 1994

El primer día de la Audiencia del Debido Proceso, el 15 de agosto de 1994, fue muy conflictivo desde el principio. El primer asunto que se abordó fue si la Sra. McBride permitiría la presencia de cámaras de televisión en el recinto; estaba preocupada por nuestra preferencia a abrir la audiencia al público.

La posición del SEPCL, expresada por medio de la Sra. Mehfoud, fue que la audiencia permaneciera cerrada para proteger la confidencialidad del menor. Por nuestra parte, sospechamos que el SEPCL, simplemente, no tenía interés en que se diera a conocer su demanda hacia nosotros; no sólo porque esto cuestionaría la armonía del sistema escolar con la ley federal, sino también porque podría provocar una opinión pública numerosa. Después de consultar con los abogados que representaban ambas partes y retrasar el comienzo de la audiencia por más de una hora, la Sra. McBride, en última instancia resolvió que no se permitiría la presencia de cámaras de televisión en los recintos de audiencias; no obstante, se vio obligada a abrir la audiencia al público, como lo habíamos solicitado.

El proceso de esta audiencia se extendió por cinco sesiones el 15 de agosto, del 26 al 28 de septiembre, y el 27 de October de 1994. Veinte personas fueron convocadas a rendir testimonio. Los periódicos locales dieron intensa cobertura a la audiencia; incluso, en la edición del 17 de octubre de la revista *People,* apareció un artículo enfocado en Mark y nuestro caso legal. Fuimos invitados también a aparecer en el programa de la cadena NBC *Today Show,* el mismo 17 de octubre; en el de la CBS, *This Morning,* el 26 de ese mes. La Sra. Mehfoud acudió al *Today Show,* en representación del SEPCL, por medio de conexión remota por satélite. Además, fuimos incluidos en el informe de investigación sobre "Educación Inclusiva", del 24 de marzo de 1998, en el programa *Jim Lehre's News Hour.*

Si bien ante todo nos enfocamos en defender el derecho de Mark a una educación inclusiva en el Condado de Loudoun, queríamos también dar a conocer el empeño de todos los padres de hijos con discapacidades que luchaban por lograr una educación significativa para sus hijos. Nos parecía que, con demasiada frecuencia, estas batallas eran peleadas tras puertas cerradas y que ya era tiempo de abrirlas al escrutinio público.

En los meses que siguieron, ambos aparecimos en televisión y programas de radio a lo largo de los Estados Unidos. Nuestra meta era dirigir la atención pública hacia los menores con discapacidades, la educación especial y la inclusión. Todo esto al tiempo que hablábamos sobre Mark y nuestras propias experiencias respecto a la oposición para optar por programas de educación especial en aulas diferenciadas versus inclusión. Conforme avanzaba el proceso legal, la prensa nacional e, incluso, alguna internacional, fue dando seguimiento a nuestro caso y regularmente actualizaban sus informes. Además, Joseph compareció ante el Subcomité del Congreso para dar testimonio, con base en nuestras experiencias personales, sobre el tema de educación especial.

Informes post-audiencia

Tras la audiencia de cinco días; en un memorándum de 43 páginas escritas a nombre del SEPCL, la Sra. Mehfoud expuso la posición legal de esta a la oficial de audiencia, Sra. McBride. En la introducción, se provee al lector la justificación de la posición del SEPCL:

> *"Introducción: Esta audiencia fue iniciada a petición del SEPCL ("Loudoun") como resultado de sus preocupaciones sobre la inconveniencia de la ubicación de Mark Hartmann ("Mark") en un salón de clases regular para su instrucción académica. No existe disputa entre las partes respecto al hecho de que Mark debería contar con algunas oportunidades de integración. Loudoun cree sinceramente, sin embargo, que Mark no se beneficia de la instrucción académica en un programa regular. Loudoun ha propuesto colocar a Mark en una clase para estudiantes autistas, para recibir la parte académica de su instrucción, mientras continúa en inclusión en áreas tales como arte, música, educación física, recreos y biblioteca. Este programa ofrece el balance apropiado entre sus necesidades educativas significativas y la oportunidad para su integración.*
>
> *La decisión tomada en esta materia es crucial debido a que afecta a Mark y a otros estudiantes, quienes están recibiendo educación actualmente en la clase con Mark. También, debido a la naturaleza de los procedimientos administrativos y judiciales que se espera sigan en*

este caso, probablemente una decisión final no se dará con el suficiente tiempo como para cambiar la ubicación de Mark durante el año escolar vigente. La determinación tomada en este caso establecerá dónde será Mark educado en el futuro previsible.

Mark se encuentra en una encrucijada en su carrera educativa. Un camino le lleva a un salón de clase donde puede aprender las destrezas académicas funcionales que necesita y también a comunicarse. El otro camino le prolonga una ubicación en la que se mantiene, por supuestas razones de interés social, pero donde no puede obtener beneficio educativo. En la opinión de los profesionales de Loudoun, la opción es clara. La necesidad de Mark de recibir una educación apropiada dictó la promoción de esta audiencia. Loudoun urge a la Oficial encargada a ordenar la ubicación de Mark en la Escuela Primaria de Leesburg, de forma que reciba los servicios educativos a los cuales tiene derecho en virtud del AEID".

Nuestro informe post-audiencia, preparado por el Sr. Rugel, puntualizó las deficiencias en el programa de inclusión de Mark, tal y como fuera implementado en la Escuela de Ashburn del SEPCL. El Sr. Rugel lo resumió de la siguiente manera: *"El sistema escolar erró en el uso de ayudas y servicios suplementarios apropiados que permitieran a Mark beneficiarse de una educación en el aula regular".* El Sr. Rugel refirió los siguientes hechos resaltados por los testimonios durante las audiencias:

- No se suministró maestra en educación especial a Mark desde septiembre de 1993 hasta la última semana de febrero de 1994.
- Ningún miembro del equipo educativo de Mark tenía experiencia significativa trabajando con menores severamente discapacitados en un programa de inclusión.
- El sistema escolar fracasó en adiestrar adecuadamente a su personal con respecto al proceso de inclusión o a la naturaleza del autismo.
- El sistema escolar no implementó sistema alguno para modificar en forma adecuada el currículo para Mark.
- El sistema escolar fracasó en implementar un plan de comportamiento apropiado.
- El sistema escolar falló en proveer los servicios afines.
- El sistema escolar fracasó en ofrecer a Mark un programa educativo adecuado, que hiciera uso de recursos públicos y privados disponibles para ello.

Concluyó con un resumen sucinto de ambas posiciones del caso y alentó a la Oficial de la Audiencia para confirmar la nuestra:

> "El sistema escolar acude ante usted solicitando que se le permita cambiar la ubicación de Mark Hartmann de una clase regular a una clase independiente. A fin de permitir este cambio de ubicación, deberá concluir usted que Mark no puede derivar un beneficio educativo en su ubicación presente. Está claro que Mark puede derivar un beneficio educativo en esta ubicación. Está igualmente claro que la falta de éxito del programa de Mark en Ashburn se debe a la forma en que lo ha abordado el sistema escolar. No debe permitirse al sistema escolar cambiar la ubicación de Mark con base en su limitación de progreso, cuando son sus propias fallas las que han causado dicha falta. Autorizar que el sistema escolar interprete la intención del ADEI de esta forma, redundaría en una grave injusticia tanto para Mark, como para las claras políticas que esta Acta establece. La solicitud del sistema escolar requiere ser rechazada desde su fundamento.
>
> La oficial de audiencia debe, también, determinar si el programa ofrecido por el sistema escolar brinda a Mark una educación pública libre y apropiada. Los hechos establecen que Mark debe permanecer en el aula regular y que, mientras tanto, tiene también el derecho a una educación especial adecuadamente implementada ahí mismo. Los Hartmann urgen a que la oficial de audiencia haga las siguientes determinaciones de hecho y las conclusiones de ley:
>
> 1. Que Mark Hartmann puede y debe ser educado en un aula regular.
> 2. Que el sistema escolar ha fallado en ofrecer a Mark Hartmann una educación pública libre y adecuada.
> 3. Que el sistema escolar fracasó en procurar que Mark Hartmann contara con las asistencias y servicios de carácter suplementario que podrían haberle permitido beneficiarse de una educación especial en un aula regular, a la que tiene derecho.
>
> Se demanda, además, que el sistema escolar sea emplazado para otorgar a Mark un programa educativo especial suplementario ofreciéndole los servicios trazados por el Instituto para el Desarrollo de Discapacidades de Virginia.

Ahora que la Audiencia del Debido Proceso había concluido y que los informes posteriores se habían presentado, nosotros nos quedamos con una sensación definitiva de desilusión respecto a la educación pública. Simplemente, no podíamos dimensionar la traición a la confianza pública de la que fuimos testigos. Tampoco podíamos comprender la actitud tan extremadamente pasiva agresiva que los educadores del SEPCL habían desplegado en lo que a nosotros concernía.

Ante esta situación, quedamos decididos a apoyar el derecho de Mark a una educación inclusiva. Ya habíamos apreciado el beneficio directo de la educación incluyente y de apoyo durante la asistencia de Mark a la Escuela Butterfield, en Illinois. Ahora lo que quedaba era esperar la decisión de la Oficial de Audiencia.

CAPÍTULO 12

La decisión de McBride

Diciembre de 1994

Era un martes por la tarde, el 15 de diciembre de 1994; Roxana recién regresaba a casa de compras. Presionó el botón de la contestadora automática para escuchar los mensajes que la esperaban. Un mensaje era de un reportero de un periódico local, quien quería conversar con nosotros, para tener nuestro comentario sobre el fallo del Debido Proceso que se había dado contra nosotros. Roxana se sentó, estaba inmóvil y conmocionada. ¿Quién iba a pensar que nos enteraríamos así? Después de recomponerse, llamó a Joseph al trabajo y le transmitió el mensaje. En respuesta, Joseph inmediatamente llamó a nuestro abogado, el Sr. Rugel. No hubo respuesta, por lo que Joseph decidió salir del trabajo y reunirse con Roxana en casa.

Poco después de llegar, el Sr. Rugel llamó y nos dijo que acababa de recibir la decisión de la Oficial de la Audiencia. No obstante, nos dijo que el SEPCL había anunciado el fallo a la prensa por la tarde, mucho más temprano, ese día. El Sr. Edward Hamilton, supervisor del SEPCL, había dado la siguiente declaración a la prensa concerniente a dicho fallo:

> *"Me complace que la oficialía de la audiencia haya confirmado las recomendaciones que se han hecho en este caso por el equipo profesional del SEPCL. Desde un inicio, este ha sido un caso sobre la educación de un estudiante, no sobre la inclusión en general. Permanecemos comprometidos a facilitar oportunidades educativas apropiadas a nuestros estudiantes discapacitados, de acuerdo con sus necesidades; continuaremos haciendo valoraciones profesionales con base en cada caso en particular. Espero que los Hartmann accedan a proceder con el Plan Educativo recomendado, de acuerdo con la decisión de la oficialía de*

audiencia".

La Sra. Mehfoud, abogada del SEPCL, también hizo una declaración a la prensa:

"Obviamente, estoy muy complacida de que la posición de la Junta de la Escuela fuera revindicada en la audiencia. Espero que el fallo lleve a un acuerdo entre los Hartmann y dicha junta, con base en las mejores opciones educativas para Mark".

El Sr. Rugel nos informó que la Oficial de la Audiencia, Sra. Nancy A. McBride, había escrito una decisión de veintiséis páginas a favor del SEPCL, de fecha 14 de diciembre de 1994. Lo escuchamos en silencio. Al final de la conversación, Joseph le dijo que pasaríamos a su oficina a recoger una copia de esta decisión.

Lo que había parecido tan prometedor cuando presentamos nuestro caso durante cinco días de testimonio, se hacía ahora añicos por la noticia. Estábamos consternados por la credibilidad total que la Sra. McBride había dado al equipo de la Escuela de Ashburn y la muy escasa credibilidad otorgada a los testigos que trajimos de la Escuela Butterfield. Más aún, la Sra. McBride demostró una comprensión ingenua, tal vez hasta pueril, de lo relacionado a las prácticas de educación especial en los Estados Unidos, lo que facilitó que el SEPCL la indujera a error. Habíamos tenido esperanza de una audiencia justa pero, en lugar de ello, fuimos testigos de otro ejemplo de la forma en que los estereotipos y prejuicios pueden influir una decisión judicial. Nos hallamos frustrados y derrotados; sentimos que nuestro nivel de confianza, literalmente, se desmoronaba.

Pedimos al Sr. Rugel que se encontrara con la prensa de parte nuestra e hiciera una declaración. Esta fue simple: *"Ellos (los Hartmann) están bastante decepcionados. Pusieron alma y corazón en esto. Quieren lo mejor para su hijo".* Indicó, también, que no haríamos comentarios inmediatos sobre el fallo.

La decisión de la Sra. McBride

El siguiente es un resumen de la decisión de la Sra. McBride respecto a Hartmann versus SEPCL (Audiencia de Debido Proceso, 1994). La retórica obvia fue omitida, los errores tipográficos así como los apellidos mal escritos fueron corregidos en la siguiente versión abreviada. (Nota de los autores: incluimos las observaciones introductorias no para duplicar, sino para revelar la progresión de su pensamiento como se manifestó conforme rendía su decisión.) Para el momento de la decisión, Mark había comenzado tercer grado en un contexto inclusivo en la Escuela de Ashburn, en espera del resultado de la audiencia.

Introducción

El tema en esta audiencia de debido proceso se refiere al programa y la ubicación que resulten más adecuados para Mark Hartmann. Los padres quieren que él permanezca en un aula de educación regular de la escuela de su barrio, junto con sus compañeros no discapacitados. El sistema escolar inició la causa de debido proceso en procura de cambiar la ubicación de Mark a un aula diferenciada para autismo en una escuela de educación regular, con incorporación para almuerzo, recesos y materias no académicas. El sistema escolar sostiene que Mark no puede ser educado satisfactoriamente en el aula regular, incluso si se utilizan todas las ayudas y los servicios complementarios.

Por razones que son establecidas con mayor amplitud más adelante, encontré que el sistema escolar ha determinado que Mark no puede ser educado en forma satisfactoria si recibe toda, o casi toda, su instrucción, así como los servicios relacionados, en el salón de clase regular, incluso con el uso de ayudas y servicios suplementarios. Encontré, además, que la ubicación propuesta en un aula específica para autismo, localizada en una escuela de educación regular y que provea oportunidades para la interacción con los pares sin discapacidad, es apropiada y constituye el ambiente menos restrictivo posible.

Posición de las partes

El sistema escolar

El SEPCL asegura que Mark Hartmann no obtiene beneficio educativo alguno de recibir educación en el salón de clases regular. A causa de su discapacidad, requiere instrucción en un ambiente tranquilo y estructurado por parte de profesionales experimentados en métodos de educación especial. Mark ha logrado progreso no académico durante su período de inclusión total, pero ningún beneficio significativo al permanecer con sus pares sin discapacidad. Él no inicia ninguna interacción con ellos; no modela sus comportamientos y de hecho, parece indiferente a que estén ahí. La presencia de Mark es muy perturbadora debido a su vocalización constante, sus chillidos y gritos; una multitud de otros problemas de comportamiento tales como llorar, lloriquear, patear, pellizcar, morder, golpear, tenderse en el suelo, quitarse la ropa y poner las manos dentro de sus pantalones para sostener su pene. Además, Mark consume demasiado del tiempo del docente que debe dedicarse a los otros estudiantes. El SEPCL ha hecho todo esfuerzo razonable para incluir a Mark; la conclusión es que él no puede ser educado en forma satisfactoria en un entorno de inclusión total. La ubicación propuesta es adecuada para él, le permite estar en un grupo de cinco estudiantes, con una profesora entrenada en educación especial y con una asistente, en un entorno diseñado para adaptarse a su estilo de aprendizaje y a sus necesidades sensoriales.

Los padres

Los padres afirman que Mark debería recibir toda, o casi toda su instrucción y las terapias relacionadas dentro de un salón de educación regular. Desde su perspectiva, la ley establece que Mark sea educado en un aula regular con las ayudas y servicios suplementarios tales que le permitan ser educado en forma satisfactoria. Consideran que Mark ha logrado progreso en el contexto de inclusión y que los aspectos no satisfactorios de su desempeño se relacionan con la insuficiencia del SEPCL para implementar con propiedad su ubicación. Si su currículo es modificado apropiadamente, él no se frustrará y podrá lograr progresos significativos.

Mark muestra ciertas conductas no típicas, que están relacionadas con su discapacidad. La mayor parte de estas conductas son comunicativas. Sus vocalizaciones expresan sus sentimientos, así como lo hacen sus conductas agresivas, tales como pegar o patear. Si bien estos comportamientos podrían parecer azarosos y sin sentido, tienen significado para Mark y se podría discernir su significado con un programa de manejo de conducta apropiado y diseñar así una estrategia apropiada para minimizar o eliminar esas conductas. Algunas de estas conductas no son mal comportamiento.

Como es propio en una persona con autismo, Mark muestra desventajas en sus relaciones sociales. Aunque habitualmente él no inicia la interacción, modela e interactúa con otros menores. Gracias a su ubicación en el salón regular ha aprendido algunas habilidades sociales.

La educación de Mark en Ashburn no ha sido satisfactoria debido a que el personal no la ha implementado apropiadamente y no cuenta con experiencia en inclusión o en autismo. Tampoco ha sido provisto de los apoyos o el entrenamiento necesarios que le permita trabajar con Mark en forma exitosa. A Mark no se le ofrecieron las asistencias y servicios suplementarios necesarios para tener éxito. El SEPCL no realizó esfuerzos razonables para acomodarlo en el salón regular. No ha contado con la asistencia necesaria para modificar el currículo para Mark, ni desarrolló un plan de manejo de conducta. Todos sus comportamientos son comunicativos.

La ubicación de inclusión otorga ventajas significativas y comprobadas para Mark; él se ha beneficiado de la interacción con sus pares sin discapacidad; ha aprendido a modelar sus comportamientos en aspectos tales como el seguimiento de la rutina diaria y cargar su mochila. También ha crecido en su habilidad para interactuar con los demás, especialmente con sus pares.

La ubicación segregada, por otro lado, ofrece resultados desconocidos y no comprobados. Mark no puede aprender destrezas sociales y comunicativas adecuadas en un programa donde sus únicos compañeros son cuatro menores con autismo, cada uno con limitaciones serias de comunicación. Las oportunidades de integración previstas en el programa propuesto no están estructuradas y no proporcionarán una oportunidad significativa para la interacción social y el modelado de los compañeros.

El efecto negativo sobre otros menores ha sido distorsionado por el sistema escolar. Los demás menores aprendieron a aislar los ruidos de Mark y continuar con su trabajo. Mark tiene un efecto positivo en los demás al enseñarles a aceptar las diferencias. Si la profesora de clase pasa mucho tiempo con Mark es debido a que no ha sido adecuadamente apoyada. Una persona especialista en inclusión debería completar la modificación de currículo que Mark requiere.

El programa adecuado para él es la inclusión total en el aula de educación regular para tercer grado en la escuela de su barrio. Aunque esto no significa que cada minuto de su programa deberá ser ofrecido en el aula regular, se espera que la vasta mayoría de este se dé, de hecho, en el aula regular.

Conclusiones de Hecho

- *Mark es un niño de nueve años de edad con una discapacidad, quien requiere educación especial y servicios relacionados para que se beneficie de su educación.*
- *El autismo es un desorden complejo asociado a varios niveles de*

limitación.

- *Mark fue inicialmente identificado como un menor con una discapacidad y se encontró elegible para educación especial en marzo de 1988, ha recibido servicios de educación especial desde entonces.*
- *Está muy afectado por varias de las limitaciones generalmente asociadas con el autismo. Carece de lenguaje verbal y de un sistema de comunicación consistente para dar a conocer sus necesidades y deseos frente a los demás. Su lenguaje receptivo es considerablemente sólido, comprende y responde a muchas indicaciones y otras comunicaciones.*
- *El funcionamiento cognitivo de Mark se encuentra bastante reducido, pero su habilidad real en este área es desconocida. Debido a su discapacidad, no puede someterse a evaluaciones bajo las condiciones promedio. Aun cuando las pruebas son adaptadas para él, los resultados arrojados no reflejan necesariamente su habilidad. No se comprobó la afirmación del sistema escolar de que Mark padece retardo mental. Aunque Mark tenga éxito en aumentar sus destrezas en lenguaje expresivo, cualquier opinión acerca de su habilidad cognitiva es especulativa. El informe de su competencia en ciertas tareas técnicas e informes de evaluación presentados por los padres indican que podría considerársele en un rango promedio para habilidad cognitiva, hasta que se pueda hacer una determinación definitiva.*
- *Mark está muy limitado en sus interacciones sociales. Al menos fuera de su hogar, no inicia una interacción social.*
- *Debido a irregularidades del sistema sensorial, Mark busca estimulación táctil con acciones como frotar los hombros de las personas que trabajan con él, juguetear con objetos pequeños como arroz, frijoles y tierra entre sus dedos; sacudiendo y acariciando objetos tales como animales de peluche.*
- *La directora de Ashburn, Lynn Meadows, testificó que la clase a la que Mark fue asignado fue reducida de 26 a 21 y estaba compuesta de alumnos de segundo grado que tendían a ser más independientes y de un nivel de funcionamiento más alto que los demás estudiantes de segundo. La Sra. Debra Jarrett, maestra de segundo grado, fue escogida para Mark debido a sus excelentes habilidades como docente. Se contrató una asistencia cara a cara, de tiempo completo para Mark. Él recibió 5 horas por semana de*

terapia de lenguaje y dicción de la Sra. Cristina Conroy-Winters. Jarrett, Conroy-Winters y la asistente trabajaban juntas para coordinar y compartir información relacionada con la ubicación de Mark. La Sra. Jarrett y la asistente recibieron capacitación en comunicación facilitada, un sistema de comunicación que Mark había estado usando en Illinois. La Sra. Conroy-Winters estaba familiarizada con la comunicación facilitada y obtuvo entrenamiento avanzado gracias a una consultoría externa con una persona experta en el uso de este modelo.

- *Los esfuerzos del personal de la Escuela de Ashburn estuvieron bajo la supervisión de la directora de educación especial, Sra. Meagan Kelly, quien cuenta con una amplia instrucción en materia de inclusión habiendo participado en un proyecto de inclusión conocido como el Proyecto de Cambio de Sistemas de Virginia. Ella ofreció una capacitación sobre inclusión para el personal de Ashburn. En octubre de 1993, consiguió también que el equipo de Mark, Sras. Meadows, Jarrett, la asistente y la Sra. Conroy-Winters, asistiera a un taller de un día completo sobre inclusión. Durante el otoño, el personal que estaba trabajando con Mark, también recibió asesorías del consultor educativo Jamie Ruppmann and Gail Mayfield. El Sr. Fred Jernigan, supervisor de educación especial de los programas del condado para niños autistas estuvo también involucrado, especialmente en lo referente al manejo de las conductas de Mark. Su currículo fue continuamente adaptado o modificado hasta que su nivel de funcionamiento fue identificado.*
- *Los padres argumentan que, en cierta medida, el SEPCL comenzó a retirar su apoyo. No encontré que éste fuera el caso. Debe tomarse en cuenta que, en lugar de retirar la ubicación de Mark en Ashburn, el equipo recomendó, en la reunión de marzo de 1994, que esta fuera mantenida. Deduzco que no hay falta de compromiso, tomando en consideración el éxito de la programación de Mark.*
- *Las habilidades de lectura de Mark están en un nivel de pregrado.*
- *En matemáticas, Mark sabe contar; puede llenar los números faltantes en una línea secuencial de números del 1 al 100. No puede sumar con símbolos, ej. "2+ 3=5", pero puede resolver sumas menores que diez, contando dos grupos de objetos en una línea de números.*

- *Aprende mejor en un encuadre cara a cara. Se distrae fácilmente por ruidos o estimulación visual. Tiene un rango de atención relativamente corto y necesita pausas frecuentes. Aprende por repetición y práctica. Requiere mucha estructura y es perturbado por cambios no anticipados.*
- *Mark exhibe diversas conductas asociadas al autismo, muchas de las cuales son consideradas indeseables. Estas conductas son inapropiadas en un contexto de salón de clase regular. Mark es un niño grande y fuerte que no puede ser fácilmente contenido cuando se empeña en comportamientos nocivos tales como patear, empujar, pellizcar y golpear. Mark pega y pellizca a los demás varias veces al día. Probablemente exhibe estas conductas cuando está frustrado por materia que es nueva o difícil, o que no quiere realizar.*
- *Mark requiere un grado desproporcionado del tiempo de una maestra de aula regular. La Sr. Jarrett testificó que algunos niños que necesitaron tiempo extra en la clase con Mark el año pasado, no recibieron lo que necesitaban debido a que Mark requirió de todo el tiempo extra del que ella disponía.*
- *Mark no parece darse cuenta o interesarse por la presencia de sus pares en la escuela. No inicia comunicación o ninguna forma de interacción con ellos. No modela sus comportamientos. Desempeña las rutinas de la clase de memoria y con ayuda de recordatorios verbales. Puede responder un saludo de mano a un compañero. Ha aprendido a cumplir con muchas de las rutinas y comportamientos requeridos en el aula regular.*
- *Socialmente, Mark permanecía bastante aislado. Sus compañeros simpatizaban mucho con él, se interesaban por él, estaban deseosos de participar en las actividades de clase con él y protegerlo. Él no iniciaba interacción social con sus compañeros. A pesar de que se le enseña y promueve el reconocimiento, no es capaz de identificar a ninguno de sus compañeros por su nombre.*
- *Mark no fue capaz de trabajar en cualquiera de las mismas destrezas que los alumnos de segundo grado trabajaron el último año y lo mismo es cierto con respecto a sus compañeros de tercero de este año. Se le acomodó en un grupo de lectura pequeño, pero no leía junto con el grupo. No pudo responder preguntas de comprensión cuando se le leía una historia del nivel de lectura del*

grado 1.6.

- *Mark no presentó progreso académico medible que se pudiera atribuir a su ubicación en el aula regular. No participaba en el currículo regular, sino que fue provisto de su propio currículo.*
- *Mark realizó grandes avances en aprender a expresarse en la tableta de comunicación, recomendada por Cristina Conroy-Winters. En esa época, Mark comenzó a utilizar la tableta para comunicarse espontáneamente con los adultos y fue capaz de expresar oraciones de tres o cuatro palabras en dicha tableta.*
- *Mark mostró progreso cuando trabajó con una tutora privada, la Sra. Cathy Thornton. La Sra. Thornton es una maestra de educación especial certificada, con cinco años de experiencia como maestra de niños autistas. Fue contratada por los Hartmann para asesorar a Mark e intentar medir su nivel de funcionamiento. Encontró que el rango de atención de Mark era mucho mayor que el desplegado en el aula cuando trabajaban en un contexto confortable, persona a persona. Con base en su trabajo con él, ella considera que no presenta retardo mental.*
- *Mark aprende mejor en instrucción personalizada, en un encuadre con distracciones mínimas. Necesita estar aprendiendo las habilidades que le ayudarán a vivir una vida independiente en el futuro. Su necesidad educativa prioritaria en este momento es la adquisición de un sistema de comunicación con el que pueda expresar preferencias y necesidades.*
- *El sistema escolar manifestó un interés profundo e incomprensible por los hábitos de comida de Mark. Su inquietud parece haberse originado en la decisión de los padres de sacar a Mark de la escuela durante el período de recreo para almuerzo y llevarlo a casa a comer. Sus sospechas se vieron acrecentadas por el hecho de que Mark regresaba a la escuela en la tarde usando una camisa limpia, lo que daba la impresión de que su comida era tan problemática que tenía que cambiarse la ropa. Continúo sin entender por qué había tantas preguntas sobre sus hábitos alimenticios y preferencias. En ese tema, comparado con las otras necesidades de Mark, las aptitudes del diario vivir tales como comer por sí mismo y vestirse no parecen ser prioridades para Mark.*
- *No se pudo determinar qué tanto progreso es capaz de alcanzar Mark. La respuesta a esta pregunta, depende de la adquisición por parte de Mark de un sistema de comunicación.*

- *Socialmente, Mark alcanzó logros durante el año pasado. Aprendió a tocar suavemente el hombro de una persona para obtener su atención. Aprendió a que se conocieran algunos de sus deseos gracias al uso de su tableta de comunicación.*

Análisis

El caso presenta dos aspectos de fondo: 1) Si el propósito de sacar a Mark del aula regular viola la obligación del SEPCL de educarlo, en el grado máximo apropiado, con niños no discapacitados; 2) Si la ubicación propuesta es apropiada para él.

De acuerdo con el Acta de Educación para Individuos con Discapacidades (AEID), un niño con una discapacidad tiene derecho a una educación pública libre y adecuada. Una educación apropiada es la que es adaptada a las necesidades y habilidades únicas del niño individual, así como razonablemente ideada para permitirle recibir beneficios educativos. Esto fue establecido en el caso de Junta de Educación versus Rowley (1982).

El punto está claro desde el lenguaje del estatuto, pues existe una fuerte presunción a favor de la educación para niños con discapacidades en el ambiente de educación regular, junto con niños que no están discapacitados. Este requerimiento ha sido reconocido como dominante. El término "inclusión" está siendo muy utilizado para captar la esencia de esta estipulación. Ningún término aparece en AEID. Para muchas personas involucradas en educación, los dos términos indican ciertas diferencias filosóficas o políticas, así como supuestos y valores diferentes. El debate filosófico plasmado en el uso de estos dos términos no es susceptible de resolución en un proceso legal. Estas palabras son consideradas, en ocasiones, como términos que han sido adoptados para discutir el grado de entrega en el cumplimiento del requerimiento del AEID de proporcionar educación especial y servicios relacionados en el ambiente menos restrictivo posible. Se utilizan en la siguiente discusión para denotar puntos específicos en un continuo de servicios educativos.

I. ¿La propuesta del SEPCL de retirar a Mark del aula regular, viola su obligación de educarlo, en el grado máximo apropiado, con niños no discapacitados?

Las cortes han articulado criterios algo diferentes para resolver la tensión entre la solicitud de una educación genérica y la de una educación especialmente diseñada y adaptada a las necesidades y habilidades únicas del niño con una discapacidad. A fin de determinar si un distrito escolar está cumpliendo con el requisito de incorporación del AEID, tres circuitos (5° Cir., 1989; 3° Cir., 1993; 9° Cir., 1994) han adoptado una prueba de dos partes, articulada en el caso de Daniel R. R. versus Cámara de Educación del Estado. Esta prueba no ha sido aceptada ni rechazada por el Cuarto Circuito; otorga un marco lógico para analizar el problema.

A) ¿Qué tanto el niño puede ser educado satisfactoriamente, en un aula regular, con los servicios y ayudas suplementarias?

Respecto a la primera parte de esta prueba, las cortes consideran algunos factores. Examinan los pasos que la escuela ha dado para tratar de incluir al niño en un aula regular, la comparación entre los beneficios educativos del ambiente de aula regular y, en algunos casos, el costo de la inclusión. Aplicando este análisis a la pregunta sobre la educación adecuada para Mark Hartmann, encuentro que la educación en el aula regular con el uso de ayudas y servicios suplementarios no puede ser lograda en forma satisfactoria.

i) Esfuerzo razonable para acomodarle

Para llegar a esta conclusión, aprecio primero los esfuerzos juiciosos que han sido hechos para acomodar a Mark en el aula regular y encuentro que los esfuerzos de este sistema escolar, al respecto, fueron razonables. "El Acta no permite que los estados hagan simples gestos simbólicos para dar cabida a los estudiantes con discapacidad, su exigencia de modificación y complementación de la educación es amplia". Daniel R. R., at 1048. El Condado de Loudoun llevó a cabo un esfuerzo serio para hacer un trabajo de inclusión completa para Mark. La directora colocó a Mark con una maestra capaz y dispuesta; realizó modificaciones al tamaño y composición de la clase. La Sra. Jarrett preparó a los demás estudiantes con respecto a Mark y tuvo éxito al crear un ambiente de pares de apoyo y afecto para Mark. Le facilitó a Mark tiempo de instrucción extra y modificó y adaptó el currículo de segundo grado para abordar sus necesidades y encontrar un estilo y nivel de instrucción que fuera adecuado para él. Se contrató asistencia de instrucción de tiempo completo para trabajar exclusivamente con Mark.

Meagan Kelly, directora de Educación Especial, impartió entrenamiento sobre inclusión con referencia al autismo al personal en la misma escuela. Tanto la Sra. Jarrett como la asistente estaban capacitados en comunicación facilitada, sistema que permitía aumentar la comunicación que Mark había estado utilizando en Illinois. En octubre, la Sra. Kelly también aseguró que ella y los miembros del equipo de Mark—la maestra de la clase, la asistente, la maestra de habla y lenguaje, la directora y el supervisor de educación especial del programa de autismo—asistieron a un taller sobre inclusión de un día entero.

Mark recibió cinco horas semanales de terapia de habla y lenguaje de la Sra. Cristina Conroy-Winters. El grupo que trabajó con Mark se identificó como equipo y trabajó diligentemente para formular estrategias que pudieran mejorar la educación de Mark. Aunque el PEI de Illinois no otorgó ningún servicio de educación especial, el SEPCL agregó este componente en febrero para ofrecer más apoyo para su educación.

Los padres aseveraron que el sistema escolar fracasó en desarrollar un plan de manejo de conducta para abordar los comportamientos problemáticos de Mark y que el apoyo adecuado en esta área es crucial para incorporar o incluir a un niño como Mark. Los registros muestran que ya en octubre las conductas desafiantes de Mark fueron identificadas como un problema potencial. En ese tiempo, Fred Jernigan fue consultado como asesor y el equipo se involucró en la elaboración de recursos para manejar el comportamiento de Mark. En febrero, Fred Jernigan fue incluido como miembro del equipo regular, para reunirse semanalmente para tratar asuntos de conducta. Aunque los padres han abogado por estrategias específicas de manejo de conducta, el sistema escolar no fue requerido para adoptar ninguna metodología en particular.

En vista del hecho de que el sistema escolar ha brindado entrenamiento al personal de educación regular, contratado una asistente a tiempo completo, abordado asuntos de manejo de conducta, modificado y adaptado el currículo e incrementado los servicios cuando la necesidad fue evidente, concluyo que los esfuerzos del sistema escolar para otorgar ayudas y servicios suplementarios, fueron suficientes.

ii) Comparación de beneficios educativos del aula regular con los del aula diferenciada

El segundo factor que se debe considerar para determinar si Mark puede ser educado satisfactoriamente en el aula regular es una comparación de los beneficios de la educación regular con aquellos de la educación especial. Mark no ha demostrado recibir ningún provecho educativo de educarse en un ambiente inclusivo. Las únicas ventajas logradas por Mark fueron su progreso en la tableta comunicativa en lenguaje y habla con la Sra. Conroy-Winters y en sus sesiones de tutoría con Cathy Thornton. Es evidente que Mark aprende mejor; quizá solamente, cuando una maestra de educación está enseñándole en un ambiente individual. Debido a que parece que Mark es, de hecho, capaz de progreso académico (en el cual incluyo las habilidades para la comunicación), la comparación de beneficio educativo es una parte muy importante de este análisis.

Las metas curriculares de Mark son totalmente diferentes de aquellas de los estudiantes de educación regular de su edad. Durante el tiempo de clase, él ha trabajado en limitadas metas que fueron totalmente diferentes. Él no aprendió nada con el grupo completo, ni en el pequeño grupo de lectura o en el de aprendizaje cooperativo.

Mark pudo seguir ciertas rutinas de clase y permanecer sentado durante las actividades grupales que no produjeran ninguna demanda sobre él. Sin embargo, sus necesidades de lenguaje son demasiado generalizadas como para que él adquiera algún beneficio significativo en esta área por el simple hecho de ser educado junto con sus compañeros no discapacitados. Los limitados beneficios que Mark ha recibido de su experiencia en el aula regular demuestran la necesidad perenne de contacto significativo con compañeros no discapacitados. El hecho de que, virtualmente, él no ha recibido beneficio educativo en el contexto de inclusión tiene mucho peso en la determinación de que él no puede ser educado satisfactoriamente en el aula de educación regular. Más aún, los limitados provechos sociales recibidos en el contexto regular están totalmente disponibles en la incorporación propuesta para Mark en la escuela primaria de Leesburg.

iii) Efecto de inclusión sobre la maestra y los demás niños

Los esfuerzos del SEPCL para suministrar ayudas y servicios suplementarios para acomodar a Mark, han sido ampliamente discutidos y se consideran suficientes. A pesar de estos esfuerzos, Mark se precipita en conductas sumamente perturbadoras. Aun aceptando la opinión de que estos comportamientos son de comunicación y resultado directo de la discapacidad de Mark, estos son, no obstante, perturbadores y tienen un efecto negativo en el ambiente de la clase.

Considerados por sí mismos, los efectos negativos de la ubicación de Mark en el aula regular pueden no ser suficientes para justificar sacarlo de la clase regular, pero entran en el balance como algo negativo. Las vocalizaciones de Mark son continuas a lo largo del día. Los testigos *declararon que el año pasado estuvo pateando, mordiendo o golpeando aproximadamente tres veces al día. Aunque los niños, aparentemente aprendieron a aislar parte de este comportamiento, los diarios disturbios resultan en disminución de tiempo mientras los niños son distraídos y luego deben volver a concentrarse en las labores. Mark representa, también, algunas preocupaciones de seguridad física. Él es físicamente agresivo, se ve impulsado a patear, morder, pellizcar y golpear. Esto no indica que Mark sea malo o que posea intenciones malas cuando se comporta de esta manera. Pero el resultado es el mismo para los compañeros o la maestra, quien es la destinataria de estos comportamientos. Él ha intentado atacar a sus profesoras, que si bien son un poco más capaces de protegerse de sus ataques, son razonables al percibir un peligro físico. Finalmente, la presencia a tiempo completo de Mark en el aula, requiere un monto desproporcionado de tiempo, tanto de planeamiento cuanto de clase por parte de la maestra regular.*

Cabe considerar que hay efectos positivos al tener a Mark en el aula. Los niños sin discapacidad, aprenden a aceptar y acomodarse a las diferencias entre las personas. Este efecto deseable ciertamente ocurre en segundo grado. La Sra. Jarrett reportó que a los demás estudiantes les gustaba Mark y que estaban deseosos de ser sus compañeros. Afirmó que ellos fueron muy protectores hacia él.

Aunque yo encuentro que la presencia de Mark en el aula es perturbadora y que la amenaza de sus comportamientos de agresión física es significativa y cotidiana, no creo que este factor, considerado en forma individual, podría garantizar necesariamente su exclusión del aula regular. Los efectos negativos de la ubicación de Mark a tiempo completo en el contexto de educación regular, considerados junto con los esfuerzos del sistema escolar de otorgar ayudas y servicios suplementarios y la ausencia de ventaja educativa para él en este ambiente, no obstante, apoyan más la conclusión de que él no puede ser educado en forma satisfactoria en el aula regular.

B. Si el programa propuesto incluye al niño al mayor grado posible

El programa propuesto por el SEPCL otorga inclusión en todas las actividades no académicas: arte, música, educación física, biblioteca y recreo. Esto da a Mark una oportunidad manifiesta para interactuar con los pares no discapacitados en el día a día, mientras recibe su instrucción académica y los servicios relacionados en una manera en la cual él pueda derivar beneficio educativo.

II. ¿Es adecuada la ubicación propuesta?

Una pregunta planteada por separado; que debe ser siempre respondida en cualquier régimen de debido proceso, es si la ubicación propuesta es apropiada. Una ubicación es apropiada si está evaluada razonablemente para brindar beneficio educativo. Yo encuentro que el aula diferenciada para autismo en Leesburg, con inclusión para arte, música, biblioteca, educación física y recreo, está razonablemente establecida para dar beneficio educativo a Mark.

Los padres afirman que el programa de aula diferenciada no es apropiado debido a que sus beneficios, si los hay, no están comprobados. Quien propone un programa o una ubicación no asume la carga de probar que ésta será efectiva, más aún, debe probarse que el programa propuesto o la ubicación está razonablemente valorada para suministrar beneficio educativo. La ubicación propuesta ofrece un programa estructurado con una cantidad de 5 estudiantes (incluyendo a Mark), para una maestra de educación especial y una asistente. El aula posee materiales instructivos adaptados al estilo de aprendizaje de Mark y ofrece pausas a las actividades, tales como un columpio, que pueden satisfacer sus necesidades sensoriales.

Los padres han expresado preocupación sobre el valor de la inclusión propuesta. Por medio de sus testigos, han subrayado los desafíos de inclusión en los ambientes relativamente no estructurados de recreo o de las clases llamadas "especiales"—música, arte, biblioteca y educación física. Yo dictamino que el PEI refleja objetivos para Mark concernientes a su participación inclusiva. En cumplimiento de esto, considero también que el programa refleja una solicitud de que Mark esté siempre acompañado por una maestra o una asistente en el ambiente de inclusión hasta que él pueda demostrar una aptitud para permanecer ahí en forma independiente. Dictamino, también, que el programa asiente en que él participe en sus asignaturas especiales con la misma clase de educación regular. Mark tiene una tremenda dificultad para ajustarse al cambio. Más aún, él no puede esperar obtener contacto social significativo si está siendo cambiado a diferentes grupos de 25 estudiantes.

El sistema escolar debe, por supuesto, acomodar el programa de autismo para adaptarlo a las necesidades y habilidades únicas de Mark. Este es el PEI que debe ser implementado en este encuadre, no sólo aquel de un niño autista "típico". Las necesidades planteadas deben ser sus necesidades, no las que se presuma que existen por ser él autista. La utilidad del encuadre para Mark consiste en la oportunidad para alcanzar sus metas impulsadas por medio de instrucción especializada de parte de profesionales en educación entrenados, en un ambiente estructurado, con una proporción (estudiante-maestra) pequeña. Como se aprecia en el PEI de Mark, sus metas y objetivos se relacionan con las siguientes áreas: la adquisición de un medio de comunicación y el desarrollo del lenguaje, habilidades interpersonales mejoradas y remplazo de conductas inapropiadas; crecimiento académico en matemáticas y lectura. Las habilidades de vida cotidiana no son parte de su PEI y se espera que sean sólo una parte incidental de su plan bajo tal PEI.

Los padres manifestaron, también, que el Comité del PEI no contó con libertad para actuar independientemente debido a la presión ejercida sobre sus miembros por el Sr. Neil Winters, Director de Servicios Estudiantiles del SEPCL. Esta aseveración está basada en la convicción de que el Sr. Winters exteriorizó opiniones negativas respecto a la ubicación de Mark en Ashburn a varios integrantes del equipo, todos ellos sus subordinados. La única evidencia directa de esto fue el testimonio de Jamie Ruppmann en relación con las observaciones formuladas por el Sr. Winters en la reunión de equipo en diciembre de 1993. El hecho de que el Sr. Winters esté casado con la Sra. Conroy-Winters, la terapeuta de habla y lenguaje, es también presentado como evidencia de presión y de una predeterminación improcedente de ubicación. A pesar de las opiniones del Sr. Winters; de si él las expresó a los individuos responsables de tomar la decisión de ubicación de Mark, no encuentro que él haya hecho presión sobre el equipo. Cada miembro del equipo dio testimonio en cuanto a su propia opinión profesional sobre qué era lo mejor para Mark. Más aún, un PEI emitido en marzo de 1994, tres meses después de la presunta presión, recomendó continuar con la inclusión en Ashburn, negando así, por lo tanto, cualquier inferencia de presión indebida.

Conclusión

Por las razones arriba fijadas, encuentro que la ubicación propuesta es apropiada y que ésta satisface lo estipulado en el AEID para educación en el ambiente menos restrictivo. Ordeno que el PEI sea modificado para abordar las metas y apoyar los componentes de ubicación de Mark.

– Oficial de Audiencia

CAPÍTULO 13

Nuevos comienzos

Navidad de 1994

Tratando de hacer a un lado nuestras emociones respecto al fallo de la Sra. McBride, nuestra familia se concentró en hacer la Navidad de 1994 lo más célebre posible para Mark y Laura. La hermana de Roxana y su cuñado, Aida y Alvin, respectivamente, así como sus tres hijos (de 12, 8 y 5 años) se reunieron con nosotros para las fiestas. Chris, compañero de Joseph, convino en hacer de Santa Claus el día de Navidad para dar a los niños un regalo especial. Rentamos el traje de Santa y llevamos a Roxana y Aida a hablar con Chris sobre cada niño, de forma que supiera qué decirle a cada quien individualmente.

La noche de Navidad, mientras ambas familias veíamos televisión en casa, llegó Santa sonando las campanas del trineo a medida que se aproximaba a la puerta. Entró sin anunciarse y comenzó a traer todos los juguetes de los niños dentro de la casa. La bicicleta de veinticuatro pulgadas para Laura llegó primero, seguida por una gran bolsa de juguetes que Santa vació diligentemente, colocando con cuidado cada regalo alrededor del árbol de navidad. Cristina, la más pequeña, de 5 años, fue la primera en escuchar las campanas del trineo y alertó a los demás chicos. Fueron todos a la sala para ver "de qué se trataba". Al descubrir a Santa ocupado en su trabajo, se quedaron calladitos y escondidos bajo la mesa del comedor y detrás de las paredes, observando, asombrados y sin perder detalle. En el momento preciso, Santa se dio cuenta de la presencia de los chicos y llamó a cada uno por su nombre. Le pidió, a uno por uno, que pasaran al frente, conversó con cada niño, incluido Mark, acerca del año que terminaba y sobre lo que cada uno tenía que hacer para permanecer en su lista de bien portados. Después de su breve conversación, le obsequió a cada uno un gran bastón de dulce como regalo especial.

Chris había memorizado todos los detalles claves que las mamás le habían brindado sobre cada menor; estuvo perfecto. Roxana, Aida, Alvin y Joseph miraban cómo los niños estaban hipnotizados por la agudeza de las palabras de Santa. Con un "Jo, Jo, Jo" y un "Feliz Navidad", Santa se fue de la casa y desapareció en la noche. ¡Los chicos quedaron extasiados!

Cuando los niños se dieron cuenta de que Santa había llevado una bicicleta de dos llantas para Laura, su imaginación se activó. Como no habían visto a Santa dejar la bicicleta en la casa, ¡estaban convencidos de que había traído los juguetes en miniatura; que crecieron a tamaño normal al ponerlos bajo el árbol? En ese momento, todos experimentamos uno de esos preciados eventos que vivirían siempre en los corazones de nuestros niños.

Respondiendo la pregunta . . . ¿Y, ahora, qué sigue?

Durante una reunión en su oficina, el 16 de diciembre, en Herndon, Virginia, el Sr. Rugel nos indicó que una apelación del Debido Proceso podría tomarse un año o más. Nos explicó, además, que de acuerdo con lo previsto en el AEID, Mark podría permanecer en una ubicación de inclusión en Ashburn hasta que el proceso legal estuviese concluido. Por tanto, en lugar de continuar con una ubicación insatisfactoria en tercer grado, decidimos sacar del todo a Mark de Ashburn.

El último día de Mark en la Escuela de Ashburn fue la fecha anterior al comienzo de las vacaciones de Navidad, a finales de diciembre de 1994. Tomando en cuenta que este era un paso delicado, resultó ser una de las mejores decisiones que habíamos tomado.

En cuanto a opciones, podíamos acatar el fallo de la Sra. McBride y cambiar a Mark a una ubicación de aula diferenciada para autismo en Leesburg, pero esta alternativa era totalmente inaceptable para nosotros. El Sr. Rugel mencionó al director de la Escuela de Sterling, quien era respetado por los padres de menores involucrados en un programa de inclusión en su escuela. Entonces, la segunda opción consistía en hablar con este director acerca de desarrollar un programa único, adaptado a Mark, que pudiera también ser aceptable para el SEPCL. Mientras Mark no estuviera totalmente incluido en la Escuela de Sterling, esta sería la siguiente mejor opción. La tercera posibilidad era desarrollar un programa domiciliario para Mark, en el que el SEPCL prestara todos los servicios necesarios en el hogar, similar al que la Sra. Thornton había desempeñado con Mark. Después de meditar esta idea, concluimos que coordinar con el SEPCL a tal grado, sería demasiado difícil y

Nuevos comienzos

emocionalmente costoso.

Tratando de dilucidar otras posibilidades aceptables, Roxana recordó la Escuela Butterfield y cómo había sido de ayuda la Sra. Sandy Truax. Se preguntó si podríamos mudarnos nuevamente a Lombard, Illinois y matricular a Mark en la segunda mitad de tercer grado en dicha escuela. Concentrándonos en los aspectos positivos de dicha opción, esta idea nos resultó especialmente agradable.

Entonces, Roxana sugirió que debíamos llamar a la Sra. Kenna Colley, especialista en inclusión en Blacksburg, Virginia. Ella conocía los tejemanejes educativos en Virginia y podría recomendar, posiblemente, una ubicación para Mark fuera del Condado de Loudoun. Dándole cuerpo a esta idea, dedujimos que Mark podría asistir a la escuela en donde la Sra. Colley estaba ahora dando clases—Escuela Primaria Kipps, en Blacksburg, Virginia. Buscamos un mapa de Virginia: Blacksburg estaba localizado en el Condado Montgomery, aproximadamente a 420 kilómetros al oeste de Ashburn. Esta era una idea que valía la pena explorar, pues sabíamos que las escuelas en el Condado de Montgomery consideraban favorable la inclusión para los menores con discapacidades.

Por tanto, resolvimos visitar Blacksburg durante las vacaciones de Navidad para evaluar la posibilidad de cambio ahí mismo. Arribamos el 31 de diciembre para nuestra celebración de Año Nuevo en un hotel en las afueras de este pueblo. Laura y Mark se deleitaron con la aventura del viaje.

Al día siguiente, recorrimos Blacksburg, localizamos la Escuela Kipps y sondeamos la disponibilidad y el costo de renta de apartamentos cercanos a la escuela. Nos pareció un pueblo universitario relativamente pequeño (sede de Virginia Tech). Si el SEPCL no aceptaba la Escuela Sterling como una ubicación alternativa para Mark en el Condado de Loudoun, entonces estaríamos preparados para cambiar a Mark a Blacksburg, Virginia, en el Condado de Montgomery; completamente a otro sistema escolar.

Entonces, al inicio en 1995, contactamos el director en la Escuela Sterling y acordamos una reunión para discutir programas adecuados para Mark como alternativa al programa de autismo en Leesburg. Sabíamos que el director podría estar de acuerdo en trabajar el asunto con nosotros, mientras que el SEPCL no.

Además, al tiempo que estábamos todavía sopesando la viabilidad de apelar la decisión de la Sra. McBride, el Sr. Rugel nos informó que la Sra. Mehfoud había mencionado en una conversación que *el SEPCL estaba considerando presentar un amparo que podría impedir que Mark asistiera a la escuela de su barrio durante el proceso de apelación*. Esto contrariaría efectivamente la disposición de la ley vigente durante el procedimiento del debido proceso. Este fue un factor de peso que contribuyó a reanimar nuestra decisión: Roxana y Mark se trasladarían a Blacksburg.

El 3 de enero de 1995, el Sr. Rugel presentó a la Oficina de Programas Especiales, División de Quejas, en el Departamento de Educación de Virginia, una apelación administrativa, de nuestra parte, del Fallo del Debido Proceso de la Sra. McBride. La Corte Suprema de Virginia. Consecuentemente, nombró al Sr. Alexander N. Simon para servir como el Oficial de Apelaciones Administrativas, dándole 45 días para revisar el caso y tomar una decisión.

En una carta de fecha 17 de febrero de 1995, informamos a la familia y amigos de la situación que estábamos enfrentando. En ella, Roxana explicaba la sentencia de la audiencia de debido proceso y nuestra decisión de apelarla. Además, señalamos nuestra resolución de matricular a Mark en la Escuela Primaria Kipps, en Blacksburg, aunque estuviera a más de 420 kilómetros de nuestro hogar. Participamos con la esperanza de que la segunda mitad del tercer grado, en un programa de inclusión correctamente ejecutado, pudiera comprobar, de nuevo, que Mark efectivamente podría beneficiarse de estar incluido totalmente en una escuela junto con sus pares, si el programa se hacía correctamente.

Laura y Joseph continuarían residiendo en Ashburn. Roxana y Mark lo harían ahora en Blacksburg.

CAPÍTULO 14

Injusticia – Oficina de las Escuelas Públicas del

Condado de Montgomery

1995

Después de firmar un contrato para alquilar un apartamento de una recámara en Blacksburg, Virginia, Roxana registró a Mark en la escuela. Al director de la Escuela Primaria Kipps, Sr. Ray. Van Dyke, se le requirió, por regulación, tomar una decisión de ubicación temporal referente a Mark. El 20 de enero de 1995, el Sr. Van Dyke conversó con la Sra. Meadows de la Escuela de Ashburn para obtener información suficiente sobre el programa de Mark y poder tomar una decisión. Se discutieron los detalles del PEI de Mark y el Sr. Van Dyke decidió colocar a Mark, temporalmente, en un ambiente de inclusión total en tercer grado, con los arreglos y apoyos pertinentes. El registro de esta conversación incluyó su decisión de ubicación y fue enviado, para su información y a manera de cortesía, por medio de fax, a la Directora de Educación Especial del Sistema Escuelas Públicas del Condado de Montgomery (SEPCM) el 24 de enero.

El 21 de enero, Roxana y Mark se mudaron a su nuevo hogar en los Apartamentos Fox Ridge, ubicados en el pueblo universitario de Blacksburg, para comenzar su arrendamiento de seis meses. Las personas encargadas de Fox Ridge preferían que todos sus contratos vencieran en junio, al final del año escolar; no en cualquier tiempo del año (lo que podría resultar en meses de desocupación). Fuimos afortunados al haber encontrado un apartamento vacante, especialmente uno que estuviera a poca distancia de la Escuela Kipps. Inmediatamente, Roxana comenzó a averiguar todo lo que fuera necesario para vivir en su nuevo domicilio. En una semana, había cambiado su licencia de manejo, registrado su automóvil y tomado otras medidas menos formales para establecer su residencia en Blacksburg, en el Condado de Montgomery.

En la Escuela Kipps, el Sr. Van Dyke eligió una maestra de tercer grado para trabajar con la Sra. Colley en el diseño del PEI para Mark. Emprendió también el proceso de identificar una asistente de maestra para apoyar a Mark y a otro estudiante de educación especial en sus ubicaciones de inclusión total. Estableció el 26 de enero para la reunión del PEI y el viernes 27 del mismo mes como la fecha en que Mark iniciaría sus lecciones. Roxana estuvo de acuerdo en que fuera un día viernes cuando Mark comenzara, era perfecto para introducirlo a la nueva escuela. Sin embargo, las cosas no resultarían como se esperaba.

Una confabulación . . . y otro obstáculo

Sin saberlo nosotros, en algún momento, durante la semana del 23 de enero, el SEPCL hizo contacto con el Sr. Herman G. Bartlett, Jr., Supervisor de Escuelas para el Condado de Montgomery. Aunque la naturaleza de las discusiones del SEPCL con el Sr. Bartlett Jr. no la conocimos, las acciones consecuentes dieron cuenta en forma fuerte y clara, acerca de cuál habría sido la naturaleza de estos intercambios.

El día en que Roxana iba a firmar el PEI de Mark en Kipps, temprano en la mañana del 26 de enero, escuchó a alguien tocar la puerta de su apartamento. Para su sorpresa se encontró, al abrirla, con la Sra. Patricia M. Radcliffe, Directora de Educación Especial para SEPCM; con el Sr. Van Dyke, Director de la Escuela Kipps. La Sra. Radcliffe puso en su mano el siguiente mensaje del Sr. Bartlett Jr., una carta fechada el 26 de enero de 1995:

> *"Como Supervisor del SEPCM, estoy a cargo de supervisar las escuelas en el Condado de Montgomery. Tengo la seguridad de que usted está al tanto de que al sistema de escuelas públicas se le requiere realizar una educación pública gratuita disponible a aquellos estudiantes que residen en el Condado de Montgomery.*
>
> *El personal del SEPCM ha recibido información que motiva el que me cuestione si usted está en la condición de matricular a Mark en SEPCM. El sistema de SEPCM proporcionará a Mark una educación, si es residente del Condado de Montgomery. No obstante, esa pregunta sustancial deberá ser abordada en primer lugar.*
>
> *Con el fin de cooperar con el sistema escolar para determinar si ustedes son residentes legales del Condado de Montgomery, haga el favor*

de completar el cuestionario adjunto. Su respuesta deberá ser certificada en la presencia de un notario. Además, la División de la Escuela estará complacida de considerar cualquier otra información que usted provea.

Quedamos en espera de resolver el asunto de residencia tan pronto como sea posible. Gracias por su pronta respuesta al cuestionario adjunto.

Atentamente, Herman G. Bartlett, Jr.

El cuestionario que acompañaba la carta, enlistaba las siguientes preguntas:

1. *¿Se encuentra usted involucrada en algún litigio administrativo que esté pendiente, actualmente, en relación con la ubicación de Mark en otro sistema escolar? Si es así, ¿en cuál localidad? ¿Cuál es el estado actual de cualquier litigio pendiente?*
2. *¿Su familia vive en el Condado de Loudoun?*
3. *¿Tiene Mark algunos hermanos o hermanas matriculados en algunas escuelas en otras localidades?*
4. *¿Es usted propietaria de una residencia en otra localidad? Si es así, ¿en cuál?*
5. *¿Es usted propietaria de una residencia en el Condado de Montgomery?*
6. *¿Es usted propietaria de algún vehículo motorizado? Si es así, ¿cuál es la dirección en la que está registrado? Si esta dirección ha sido cambiada recientemente, suministre la fecha del cambio.*
7. *¿Cuenta usted con licencia de manejo válida? ¿Cuál es la dirección registrada para esa licencia de manejo en el Departamento de Vehículos Motorizados? Si esa dirección ha sido cambiada recientemente, comunique la fecha del cambio.*
8. *Por favor facilite su domicilio actual, si lo tiene, en el Condado de Montgomery . . . ¿Tiene un contrato de alquiler? Si es así, ¿en qué fecha ejecutó el contrato? ¿Cuál es el plazo del arrendamiento? Describa las premisas que son parte del contrato. (¿Casa o apartamento?, ¿Número de dormitorios, baños?)*
9. *¿Está usted registrada para votar? Si es así, ¿en cuál estado y localidad?*
10. *Por favor, facilite cualquier información adicional que pueda ayudar al sistema de Escuelas Públicas del Condado de Montgomery para determinar si usted es una residente legal.*

La Sra. Radcliffe le informó también a Roxana que la matrícula de Mark y su asistencia a Kipps no podrían seguir adelante hasta que comprobaran que eran residentes del Condado de Montgomery.

Más tarde se develaría que la Sra. Radcliffe había hecho esta visita personal al nuevo apartamento de Roxana para ver la cantidad y calidad real del amueblado que había en este. Se le había solicitado esta observación personal para que pudiera testificar en la corte en contra de nosotros, en lo referente al tema de residencia. Está claro que no actuaba por voluntad propia, sino simplemente siguiendo instrucciones de las autoridades del SEPCM. Roxana ya emocionalmente desgastada desde la decisión del debido proceso de la Sra. McBride que favoreció al SEPCL, experimentaba ahora más inquietud. Llamó a Joseph al trabajo. Él creyó que ella estaría al borde de un colapso emocional.

Roxana y Mark regresaron a Ashburn por el fin de semana. Preparamos respuestas al cuestionario y escribimos una carta personal al Sr. Bartlett, Jr. que describía nuestras circunstancias en detalle. La carta reflejaba nuestra firme intención de que Roxana y Mark continuaran residiendo en Montgomery en el futuro próximo. Mandamos la carta y el cuestionario respondido al SEPCM, en Christiansburg, Virginia, por un servicio de mensajería. El paquete arribó la mañana del lunes, el 30 de enero.

Una segunda demanda

No obstante, sin esperar por nuestra respuesta, el SEPCM había presentado ya una denuncia contra nosotros en la Corte del Circuito del Condado de Montgomery. La denuncia, fechada el 27 de enero, alegaba que Mark no tenía derecho a matricular en las escuelas públicas de dicho Condado porque no era residente de este. Además, el SEPCM demandaba a la corte que emitiera la orden de una medida cautelar prohibiendo a Roxana o a Joseph intentar matricular a Mark en las escuelas públicas del condado hasta que se diera un fallo sobre los méritos de una declaración de sentencia. Nuestra carta al Sr. Bartlett Jr. y la respuesta al cuestionario serían utilizadas por el SEPCM en nuestra contra, en un juicio sobre el asunto de residencia. El Juez de la Corte del Circuito del Condado de Montgomery, Ray Grubbs, estableció el 16 de febrero como la fecha del juicio para escuchar los argumentos. ¡Nos enfrentábamos a un segundo juicio!

El Sr. Rugel consideró que la demanda en nuestra contra del SEPCM bordeaba en acoso. Después de todo, ¿cuántas familias en Virginia son sometidas rutinariamente al estrés de completar un cuestionario, obviamente preparado por alguna consejería legal, de parte del distrito escolar, antes de registrar sus niños para la escuela? Concluyó que el único recurso era presentar una defensa en la corte que pudiera demostrar irrefutablemente, que Roxana y Mark eran residentes legítimos del Condado Montgomery, en Virginia.

Nos dijo que debido a los requisitos de residencia legales, el Condado de Montgomery estaba obligado a proveer una educación gratuita y adecuada para Mark. Consideraba que la única ocasión en la cual el sistema escolar no está obligado a matricular a un menor es cuando dicho menor convive con otra persona que no es su padre o madre natural solo por el propósito de conseguir educación, tal como el menor que vive con otro pariente como un tío o tía. Y este, sencillamente, no era el caso. Nos reanimamos con esta positiva evaluación de Rugel de los nuevos ataques legales que nos eran lanzados.

La prensa, tanto en el Condado de Montgomery como en el de Loudoun, transmitió las noticias de esta segunda demanda orquestada por un distrito escolar de Virginia contra nosotros sobre la educación de Mark. La Sra. Jamie Ruppmann, asesora educativa para el SEPCL, quien se había convertido en nuestra amiga personal y aliada cercana, preparó una declaración a nuestro nombre, que fue repartida a las personas integrantes de la Asamblea General de Virginia en Richmond, el 8 de febrero. En el párrafo final, la Sra. Ruppmann escribió:

> *¿Son tratadas de esta forma todas las familias y los niños de Virginia? Si tomamos en consideración que ya iba muy avanzado el planeamiento de la matrícula en el SEPCM, ¿por qué las autoridades escolares toman, repentinamente, este tipo de acciones severas contra este menor? Los menores con discapacidades de Virginia son profundamente amados y valorados por sus familias. No podemos, ni permaneceremos en silencio, mientras funcionarios escolares de la comunidad persisten en estas acciones coercitivas y discriminatorias.*

Esta declaración fue entregada a la prensa el 13 de febrero y recibió el respaldo de las siguientes organizaciones:
- Padres de niños con síndrome de Down de Virginia del Norte
- La Asociación de Menores severamente discapacitados de Virginia del Norte
- El Comité Nacional de Autismo
- El Centro de Capacitación en Defensa Educativa de Padres de Virginia

• La Asociación para ciudadanos con retardo de Loudoun

Subscribimos la declaración de la Sra. Ruppmann y consideramos contundentemente que la decisión del Debido Proceso que estaba apelándose en el Condado de Loudoun era el único motivo del Condado de Montgomery para promover la acción en nuestra contra. Durante una entrevista con la prensa, la Sra. Ruppmann declaró: *"No representa ninguna diferencia en absoluto para el SEPCM aceptar a Mark, pero significa mucho para el Condado de Loudoun. A los educadores de Illinois les ha constado que Mark tuvo éxito en su programa de inclusión, antes de que los Hartmann se mudaran a Virginia. Si Mark es exitoso en un programa de inclusión en el Condado de Montgomery, por consiguiente, pierde sentido el caso de Loudoun contra los Hartmann".*

El Sr. Bartlett Jr. respondió que las acusaciones de la Sra. Ruppmann eran sólo patrañas. Claro, como él sustentaba su posición únicamente en el asunto legal de la residencia; se sabía que otros padres o menores que se habían mudado al Condado de Montgomery no habían recibido este tipo de trato de parte de él, resultaba más que evidente que existían otros motivos.

Un día más en la Corte

El 16 de febrero de 1995 comparecimos a la corte del 27° Circuito Judicial, ante el juez Ray W. Grubbs. En representación del SECM estaba la Sra. Kimberly S. Ritchie; el Sr. Gerard Rugel, en la nuestra. El juez convocó esta audiencia para decidir si debería emitir un mandato judicial prohibiendo la matrícula a Mark en las Escuelas Públicas del Condado de Montgomery. Después de cerca de tres horas de testimonios y argumentación legal, el tribunal levantó la sesión. El juez no falló, pero indicó que su decisión era inminente.

Tomándonos totalmente por sorpresa, la siguiente jugada del SEPCL, se dio en la forma de una orden de comparecencia contra Joseph, ante el tribunal, para el 27 de marzo. Se nos acusaba de que *"ilegalmente, habíamos faltado en nuestra obligación de que Mark asistiera a la escuela en los días 22 de diciembre, 3–5, 6, 9–13, 17–20, 23–27, 30 y 31 de enero de 1995; 1–3, 6–8, 10, 13,14, 16,17, 21–24 y 27–28 de febrero; así como el 1º de marzo".* El citatorio concluía afirmando que *"Esto contraría la paz y la dignidad de la comunidad".*

Resultaba evidente que el Condado de Loudoun intentaba perseguirnos por cualquier camino legal y esta iniciativa en particular ¡rayaba en el absurdo? El carácter vengativo de presentar los cargos por ausentismo escolar se hizo aún más evidente de cara a la política del SEPCL respecto a la educación en el hogar. Existía un número importante de menores bajo este sistema en el Condado de Loudoun, cuyos padres recibían poca o ninguna oposición oficial respecto a este método educativo. Mientras que estos menores se ausentaban de la escuela sin ocasionar incidente alguno, ¡nosotros éramos demandados por el mismo motivo!

Irónicamente, los vientos comenzaron a cambiar en Montgomery ese mismo día. El 2 de marzo, el Juez Grubbs emitió su fallo de la audiencia preliminar sobre el caso Hartmann versus Escuelas Públicas del Condado de Montgomery. ¡Mark y Roxana fueron reconocidos como residentes del Condado? El juez escribió:

> *"En esta etapa preliminar, la corte encuentra a partir de la evidencia vista a la luz de la norma legal, que Mark y su madre cumplen con lo dispuesto aquí respecto a la residencia. Esto trae a colación la distinción entre domicilio y residencia. El estado es omiso a referencia alguna respecto a domicilio. Dicho de manera muy simple, domicilio y residencia no son conceptos legales equivalentes. Su significado no lo es. Uno puede tener solo un domicilio, pero uno puede tener más de una residencia. De acuerdo con lo registrado, es evidente que Mark y su madre tienen su domicilio en el Condado de Loudoun. Su motivo para mudarse a Montgomery, como ha sido abiertamente establecido, no es sustantivo para el establecimiento de la residencia".*

¡Roxana podría ahora matricular a Mark en un programa de inclusión completa en la Escuela Kipps, como se había planeado!

El 6 de marzo de 1995, la abogada del SEPCL, Sra. Mehfoud, apuntó, en una carta al Sr. Rugel, que debido a que Mark era ahora oficialmente un residente del Condado de Montgomery, nuestra apelación a la resolución del Debido Proceso en Loudoun, fechada también del 6 de marzo, debería ser retirada. Ominosamente escribió *"Omitir el retiro de la apelación en este momento resultará en el requerimiento del pago de los honorarios legales a favor de Loudoun, en vista de la persistencia de parte de los Hartmann en un caso insubstancial".*

Mark comenzó tercer grado el 8 de marzo como estudiante en la Escuela Kipps. El periódico Roanoke Times citó a Roxana en la siguiente forma: *"Mark se fue directo a su escritorio, como si siempre hubiera estado ahí. Ahora está en manos de personas que saben lo que deben hacer. Es un gran alivio. He esperado por este día desde hace mucho".*

El 9 de marzo, el Sr. Rugel contestó a la Sra. Mehfoud solicitando el retiro de los cargos por ausentismo escolar contra nosotros, puesto que Mark será considerado ahora residente del Condado de Montgomery. En la misma carta, citó el precedente legal dado en la Corte del 5° Circuito de Apelaciones, en el caso Lee versus Biloxi, como justificación a nuestra perseverancia en la apelación administrativa de la resolución del Debido Proceso, comentando que *"nuestro interés en el caso, muy difícilmente puede ser categorizado de insubstancial"*. Finalmente, Loudoun retiró los cargos por ausentismo escolar.

Las maquinaciones legales del SEPCM en nuestra contra costaron a Mark más de cinco semanas de escuela, puesto que esperó desde el 27 de enero hasta el 8 de marzo cuando reingresó a tercer grado. Consideramos que el Sr. Bartlett Jr. había actuado como un aliado del SEPCL, en lugar de procurar los mejores intereses para la ciudadanía del Condado de Montgomery. En nuestra opinión, sus acciones fueron vergonzosas y rayanas en abuso de poder.

¿Violación de Derechos Civiles?

Fuimos contactados por un abogado en Blacksburg quien nos había asesorado sobre la matrícula de Mark en Montgomery y que, inicialmente, trabajó con el Sr. Rugel para enfrentar los cargos del SEPCM. En una carta del 14 de marzo, nos propuso que debíamos sentar una causa de acción federal en su contra, por considerar que el consejo escolar singularizó a Mark como un estudiante de educación especial para escrutinio, dado que ningún otro estudiante de este tipo de educación había sido tratado en forma similar, por lo que se violaban sus derechos civiles. Se ofreció para representarnos en este asunto y para buscar reparación en una corte federal en contra posición al sistema judicial del estado.

Nos hicimos una sola pregunta leyendo cuidadosamente la carta: ¿Esto es en beneficio de Mark? No nos tomó mucho tiempo decidir . . . optamos por no seguir este litigio contra el SEPCM en una demanda federal. Después de todo, Mark estaba ahora muy contento en la Escuela Kipps; bajo supervisión de profesionales cuidadosos y experimentados, que sabían la mejor manera de incluirlo con sus pares.

CAPÍTULO 15

Proceso de Apelación Administrativa

Principios de 1995

Durante los siguientes dos meses de 1995, además de representarnos en la Corte en el Condado de Montgomery, el Sr. Rugel se dedicó a revisar las trascripciones de la audiencia del Debido Proceso y decidir la mejor estrategia legal para nuestra apelación. El 6 de marzo, al interponer el recurso administrativo para apelar la decisión de la Sra. McBride, redactó un escrito de quince páginas de parte de Mark, que esbozaba nuestra posición legal. Los siguientes argumentos son citas de este escrito:

> A. El descubrimiento de que Mark Hartmann no se benefició de su ubicación actual, no implica que la Oficial de Audiencia sostenga también que él no puede beneficiarse de este tipo de ubicación en un futuro. La preferencia tan marcada del AEID por la ubicación en aula regular pierde sentido, si al sistema escolar, se le acepta que haya ubicado a un estudiante en un aula diferenciada, cuando esto fue resultado de sus propios errores.
> B. La Oficial de Audiencia fracasó en sopesar debidamente el éxito de Mark en el aula regular durante el primer grado.
> C. Los reveses de Mark en su progreso académico, fueron debidos a una falla de implementación, no a que su ubicación hubiese sido inadecuada. Mientras que una revisión superficial de la evidencia puede sugerir que el sistema escolar proporcionó a Mark asistencia y servicios suplementarios suficientes, una revisión a mayor profundidad demuestra algo diferente. La ausencia de una persona coordinadora de la inclusión dejó a las maestras de Mark

y su asistente en Ashburn a oscuras con respecto a sus necesidades educativas.

D. *La decisión de sacar a Mark del aula de educación regular después de nueve meses fue claramente prematura. El juicio apresurado puede comprenderse más fácilmente si se considera la influencia excesiva del Sr. Neil Winters, Director de los Servicios Estudiantiles. Él, sin lugar a dudas, se opuso a la ubicación en un aula regular de Mark; claramente, actuó desde una posición de poder que se evidenció por su decisión unilateral de sacar a la Sra. Meagan Kelly de su involucramiento en el programa de Mark. También, el equipo PEI escribió un nuevo plan el 18 de marzo, sin comprometerse a la ubicación de Mark más allá del 31 de mayo. Acción coherente con la oposición del Sr. Winters a la ubicación de Mark y contraria a la práctica administrativa en Virginia. Las regulaciones que gobiernan el desarrollo de estos programas indican el <u>desarrollo de metas y objetivos anuales</u>. Si el equipo realmente creía que la ubicación de Mark era adecuada, debieron haber desarrollado metas para ser revisadas después de un año, no dos y medio meses después.*

E. *La Oficial de Audiencia concluyó, en forma desatinada, que Mark no iniciaba interacciones sociales y no imitaba a sus compañeros de clase. Para rebatir este hallazgo, hemos presentado una grabación hecha por el sistema escolar que, en forma irrefutable, muestra a Mark interactuando felizmente en una forma divertida con sus compañeros en la Escuela de Ashburn. Se revela en ella, cómo sus pares le responden amablemente. Incluso, como ocurre con muchos otros menores de segundo año, observamos a su maestra pidiendo a Mark y a sus compañeros que moderen su actividad de juego.*

F. *La conclusión de que Mark necesita enseñanza cara a cara para obtener logros académicos no requiere que se le coloque en un aula diferenciada. Si Mark no puede beneficiarse académicamente del aula regular, entonces su PEI debería rediseñarse para balancear la cantidad de tiempo en que puede recibir atención cara a cara con las docentes, con un monto de tiempo razonable en el aula regular para sus necesidades sociales.*

G. *La presencia de Mark en el aula no impactará negativamente a su clase. Lo que debe descontarse es que la resolución de cualquier problema conductual reside en la adaptación adecuada del currículo, acoplada con una aproximación racional respecto al manejo de conducta. Más aún, la aproximación del sistema escolar para manejar los comportamientos desafiantes de Mark fue irreflexiva, descuidada y anticuada.*

H. *El aula diferenciada propuesta no ofrece interacción suficiente con pares sin discapacidades.*

Consideramos que estos puntos resumían en forma apropiada nuestra posición y llamaban la atención sobre algunas de las conclusiones irregulares que fueron hechas durante la audiencia inicial. Así fue como se estableció oficialmente nuestra apelación administrativa.

PEI – Escuela Primaria Kipps

Mientras tanto, durante la reunión del equipo para el PEI, el 9 de marzo de 1995, en la Escuela Kipps, el director Sr. Van Dyke, le dijo a Roxana que el propósito de esta era determinar metas para Mark, tanto para tercer como para cuarto grado. Con este fin, comentó que el SEPCM había comenzado a entrevistar posibles profesoras asistentes para Mark para cuarto grado, asegurando que se contrataría sólo a las mejores candidatas. Explicó que, durante el tercer grado, dos maestras asistentes deberían trabajar con Mark, una en la mañana y otra en la tarde. Otro niño o niña compartiría las maestras asistentes con Mark. Indicaba, asimismo, que este arreglo era muy efectivo en el programa de inclusión, el Sr. Van Dyke le aseguró a Roxana que ambas asistentes serían totalmente entrenadas y preparadas para trabajar con Mark. Le informó, también, que la Sra. Colley tenía un programa de entrenamiento planeado para las asistentes recién contratadas; que ella coordinaría directamente con Roxana para arreglar el momento en que podían conocer a Mark.

Oposiciones Legales del SEPCL

En su escrito del 29 de marzo a nombre de las SEPCL y en contrapartida a nuestra apelación, la Sra. Mehfoud reiteró la posición de la Junta Legal de la Escuela. El programa de la Escuela Pública de Leesburg, escribió Mehfoud, era el más beneficioso para Mark porque ofrecía, además, oportunidades significativas para su integración con los y los menores sin discapacidades. Alegó que cinco días de testimonio durante la Audiencia del Debido Proceso y las declaraciones dadas bajo juramento por veinte personas en calidad de testigos, probaban que la decisión del SEPCL de cambiar la ubicación de

Mark era la correcta. Los siguientes argumentos son citados de este escrito:

A. *La inclusión en un aula de clases regular es inapropiada para Mark Hartmann.*

B. *Mark no puede aprender solamente en un aula grande con distracciones.*

C. *El personal de Loudoun estuvo entusiasta sobre la inclusión y trató de hacer de ella un éxito.*

D. *Mark requiere ubicación en el programa de autismo en la Escuela Leesburg.*

E. *Autoridades legales recientes apoyan la decisión de la Oficial de Audiencia.*

La Sra. Mehfoud sostenía, además en este escrito, que Mark ya no tenía derecho a una educación gratuita y apropiada en el Condado de Loudoun, pues ya no era residente de este. Fundamentó sus argumentos en los siguientes aspectos legales:

A. *El AEID demanda que un estudiante resida en la jurisdicción de la autoridad educativa antes de que emerja cualquier obligación para educar.*

B. *La ley del estado de Virginia demanda, también, residencia antes de cualquier obligación para educar.*

Los argumentos de la Sra. Mehfoud sostenían que el SEPCL había ido aún más allá en sus intentos por realizar un trabajo de inclusión total para Mark. Según ellos, él *"virtualmente no recibió beneficio educativo alguno en el contexto de inclusión"*. Su presencia a tiempo completo en el aula requirió un *"monto desproporcionado de planeamiento y de tiempo de clase de parte de la maestra regular"*.

En lo referente a la apelación, la Sra. Mehfoud argumentó que los testigos que declararon en la audiencia correspondiente se consideraban creíbles, mientras que los testimonios provenientes en escritos; por convocatoria nuestra, no aportaron peso suficiente para justificar su consideración. Más aún, argumentó que nuestra apelación no ofrecía ninguna ley ni argumento favorable: *"Su escrito es simplemente un refrito de los argumentos que presentaron* sin éxito en el proceso de Audiencia del Debido Proceso local. Dichos argumentos no triunfaron entonces y no deberán triunfar en la apelación . . . "

Después, los razonamientos de la Sra. Mehfoud se orientaron hacia el comportamiento de Mark observado en la Escuela Ashburn que, según ella, ". . . *impedían su inclusión completa en un contexto de aula regular. Estos comportamientos incluían vocalizaciones continuas, especialmente gimotear, chillar y llorar cuando estaba infeliz o frustrado; golpear, pellizcar, patear, morder, lamer la pata de una silla, rodar por el suelo y quitarse los zapatos y la ropa. Mark es un niño grande y fuerte que no puede ser contenido con facilidad cuando se comporta de esta forma. Aprende mucho mejor cuando está en un contexto de interacción cara a cara y se le obstaculiza el distraerse. Mark no mostró interés alguno en sus pares".* Que el profesorado y personal de la escuela Ashburn había *"trabajado intensamente para hacer de la inclusión un éxito para Mark",* fue algo en lo que insistió la Sra. Mehfoud. Según ella, *"ocho personas de parte de la Escuela y otra cantidad de consultores fuera de esta, estuvieron involucradas en la educación de Mark".*

Respecto a nuestra solicitud de una persona facilitadora de inclusión, esta abogada argumentó que *"estaba establecido en la audiencia local, que no existía ningún puesto en lugar alguno de Virginia, conocido como persona facilitadora de inclusión".* Finalmente, concluía que en vista que Mark era ahora legalmente considerado residente del Condado de Montgomery, la apelación debía ser automáticamente interpretada nula y sin lugar.

Nuestra respuesta al SEPCL

El 4 de abril de 1995, el Sr. Rugel respondió al escrito opuesto por el SEPCL a nuestra apelación con el *"Escrito de réplica a nombre de Mark Hartmann"*. Los siguientes son extractos de este texto que capturan los aspectos cruciales de sus argumentos:

> *"El Oficial Revisor del Estado está en la libertad de llegar a conclusiones diferentes de hecho, con base en toda la evidencia, tanto testimonial como documental. La corte ha de considerar dos piezas adicionales de evidencia. Una fue un video de Mark que mostró su habilidad para interactuar con otros menores en una forma significativa. La otra fue el PEI desarrollado por el SEPCM para Mark que, al igual que el del Condado de Loudoun, incluía asistencia a tiempo completa. Este programa ofrecía siete métodos específicos de ubicación para permitir a Mark participar significativamente en un contexto de aula regular, así como cinco metas anuales y treinta y un*

objetivos a corto plazo. A diferencia del programa educativo de Ashburn, Mark pasaría el noventa y ocho por ciento de su tiempo en un aula de tercer grado con pares no discapacitados.

El SEPCM había contratado también la asistencia de la Sra. Kenna Colley, quien era una especialista en inclusión en el sistema de SEPCM. Su testimonio en la Audiencia del Debido Proceso, puede no haber aportado el peso que debía haber tenido, debido a que no estaba trabajando con Mark en ese momento. Ahora que ella está trabajando con él, en el Condado de Montgomery; que participó en el desarrollo del PEI vigente, su testimonio podrá contar con un peso significativamente mayor.

La apelación no era discutible debido a que Mark asistía a una escuela del Condado de Montgomery. Mark aún posee residencia en Ashburn y si los Hartmann deciden que regrese a una escuela pública de Loudoun, se repetirán las mismas dificultades. Bajo la ley, esta posibilidad de repetición habilita que nuestro recurso permanezca como una acción legal viable".

Resultados . . . Una revisión administrativa

Mayo de 1995 fue todo, menos un tiempo de reafirmación y renovación. El Sr. Alexander Simon, el Oficial de Audiencia nombrado para conducir el recurso de apelación administrativa emitió una decisión de ocho páginas el 15 de ese mes. Escribió:

"Después de hacer una revisión independiente del expediente; o llego a la misma decisión que la Oficial de Audiencia en todos los aspectos, excepto en que el Condado de Loudoun está exhortado a corregir el PEI del 31 de mayo de 1994 para ofrecer a Mark instrucción de educación física adaptativa en el aula de clase regular en la Escuela Primaria Leesburg. Yo apruebo, específicamente, las conclusiones de hecho y el análisis jurídico de la decisión de la Oficial de Audiencia".

En suma, el Sr. Simon respaldó el Fallo del Debido Proceso de la Sra. MacBride y, por tanto, nuestra apelación administrativa del debido proceso llegó a su fin. La decisión del Sr. Simon agotó completamente los recursos disponibles para nosotros en el sistema público de las escuelas de Virginia.

CAPÍTULO 16

El proceso de apelación legal

1995

Semanas después de conocer la decisión del Sr. Simon, llamamos al Sr. Rugel, para comunicarle, que Mark había concluido el tercer grado en la Escuela Kipps con una nota positiva. Ya se había establecido su PEI para el otoño. No teníamos más que palabras de agradecimiento para la Sra. Kenna Colley, especialista en inclusión del SEPCM; para el director de la escuela Sr. Ray Van Dyke. Ambos profesionales habían sido la fuerza motora que diera lugar a una muy bienvenida y positiva experiencia, mientras Mark terminaba las últimas semanas de su tercer grado. De la misma forma, Mark respondió mostrándose cómodo y feliz en su nueva escuela. Muchas de sus conductas indeseables ya habían disminuido considerablemente, ahora que él estaba recibiendo estructura, consistencia, compromiso con las mejores prácticas; comprensión.

En vista de este renovado éxito de Mark en un programa de inclusión y la extinción de las opciones legales a nivel estatal, decidimos elevar al nivel federal nuestra batalla legal con el SEPCL.

Nos habíamos encontrado el 1 de julio con el Sr. Rugel para diseñar el siguiente paso estratégico en nuestra defensa legal contra el SEPCL. Habíamos decidido pausar la batalla legal, por un momento, a fin de permitir que Mark tuviera tiempo durante el otoño para acomodarse a su cuarto grado en Kipps. Esperando que se sintiera bien en ese ambiente inclusivo, le dijimos al Sr. Rugel que debería planear presentar una apelación en la Corte Federal Distrital en Alexandria, poco antes de la fecha límite de un año para presentarla a lo mucho antes de diciembre. Confiábamos en que, para ese entonces, la evidencia adicional de la experiencia positiva de Mark en Kipps sería persuasiva en la corte federal.

Crece el apoyo

Poco después de que tomáramos esa decisión, el Departamento para los Derechos de los Habitantes con Discapacidades de Virginia (DDHD) informó a nuestro abogado de que había decidido apoyarnos con un estipendio para la representación legal si decidíamos apelar nuestro caso en el nivel federal. Cuando lo supimos, nos sentimos extáticos y aliviados pues ¡íbamos a recibir alguna ayuda en la lucha por la educación de Mark? La corriente había comenzado a cambiar.

Otra oferta de apoyo le fue comunicada al Sr. Rugel, ese mismo verano, de parte de la Asociación para Minusvalías Severas (ADS). En un inicio, la oferta se presentó como una ayuda para pagar los gastos del experto que atestiguara a favor nuestro. De esta oferta aceptamos que se nos proveyera de un testigo experto. El Sr. Frank Laski, consultor de ADS, quien había debatido el caso Oberti en la Corte Federal, contacto al Sr. Rugel para ofrecerle su asistencia legal y experiencia en la materia educativa si la necesitaba. Apreciamos mucho su interés en nuestro caso legal y aceptamos su oferta para testificar en la Corte Federal a favor de Mark.

Durante el mes de agosto de 1995, la Sra. Diane Milburn y el Sr. Greg Paynter se habían comenzado a entrenar como nuevos docentes asistentes para cuarto grado en Kipps. Ambos tenían títulos en educación y eran docentes aspirantes para primaria. Roxana regresó a Blacksburg para encontrarse con los nuevos asistentes y presentarle a Mark; con ellos había planeado cuatro o cinco medias jornadas en que trabajarían con él en la escuela. Fue un rato relajante, Roxana disfrutó conversando con ellos sobre Mark y sus debilidades. Rápidamente, se mostraron cómodos con él y aprendieron a anticipar hasta sus reacciones inesperadas. Roxana advirtió que, en pocas semanas, habían llegado a vincularse realmente con él.

La maestra de cuarto grado de Mark, la Sra. Beverly Strager, era también una profesional consumada. Ella trabajó incansablemente en coordinación con la Sra. Colley para implementar las adaptaciones adecuadas al currículo de cuarto grado para Mark. Irónicamente, la Sra. Strager encontró que algunas de estas adaptaciones eran también aplicables para al menos otros tres menores, quienes estaban experimentando dificultades para comprender los conceptos enseñados en su clase.

Aunque al inicio la Sra. Strager estaba recelosa sobre tener a Mark en su clase, se dio cuenta que era un niño afectuoso que necesitaba estructura y coherencia en su día escolar para aprender mejor. Él requirió también recreos periódicos para disminuir su nivel de ansiedad. Esto fue fácilmente logrado ofreciéndole 10 minutos o un período similar, cada mañana y tarde, para que fuera a andar solo. Las adaptaciones y los acomodos desarrollados por la Sra. Colley para que los aplicara la Sra. Strager en el aula ayudaron significativamente para que Mark cumpliera con las metas de su PEI.

Un reto nuevo para Roxana

Una mamografía realizada en enero de 1995 había evidenciado que se estaban desarrollando algunos tumores fibrosos en los senos de Roxana. Los ultrasonidos de seguimiento confirmaron la presencia de tumores fibrosos no cancerosos en cada seno, nada serio. Decidió someterse a la extirpación de los tumores y su cirugía fue programada para el 6 de octubre del mismo año. Laura y Joseph fueron a Blacksburg el día anterior para estar con ella y cuidarla durante el fin de semana.

Inmediatamente después de la cirugía, el médico pidió a Joseph conversar con él. Mientras le decía que ella estaba muy bien en la sala de recuperación, su mirada era preocupante. Le dijo que había encontrado un tumor canceroso grande en su seno derecho. Mientras el cirujano diagramaba la localización precisa del tumor, Joseph pensaba cómo no se había identificado este tumor con las mamografías y el ultrasonido realizados justo antes a la cirugía. El cirujano explicó que la densidad del tejido de los tumores fibrosos era casi idéntica a la de los cancerosos. Así, nadie esperaba que se encontrara un tumor canceroso de 15 cm de largo en medio de los seis tumores no cancerosos. Joseph regresó a la sala de espera para darle a Laura las noticias. Ahí se abrazaron y lloraron con sus pensamientos puestos en Roxana y su pronóstico.

Los resultados del laboratorio indicaron que Roxana tenía dos tipos diferentes de cáncer: el tumor maligno, un carcinoma dúctil infiltrante en su seno derecho; células de carcinoma intradúctil no invasivo in situ, en el izquierdo. Después de consultar con un oncólogo, decidimos la mastectomía. Este recomendó una mastectomía modificada radical en su seno derecho, para remover el seno y los nódulos linfáticos; una simple en el seno izquierdo. Estos procedimientos se realizaron exitosamente el 13 de octubre de 1995.

Días después encontramos que cinco de los quince nódulos linfáticos extraídos en la mastectomía contenían células cancerosas. Esto significaba que el cáncer ya se había extendido más allá de los nódulos linfáticos en el cuerpo de Roxana. Su diagnóstico fue cáncer de mama en estadio tres. Esto era sumamente serio y nos atemorizó, el oncólogo le dio a Roxana un 40% de oportunidad de vivir cinco años, ¡incluso después del tratamiento!

Después de recibir los resultados de laboratorio, el oncólogo programó un tratamiento que incluiría ocho meses de quimioterapia y siete semanas de radiación. Roxana decidió permanecer en Blacksburg para su tratamiento. Joseph tomó un permiso temporal en su trabajo y se mudó a Blacksburg para cuidarla y manejar las actividades escolares de Mark. Laura pasaría el resto de su sexto grado viviendo con el hermano mayor de Joseph y su cuñada en Green Bay, Wisconsin. A pesar de la gravedad de la condición médica de Roxana, nuestra familia permanecería unida para enfrentar el desafío que se avecinaba.

La apelación en la Corte Federal

Nuestra denuncia contra el SEPCL fue presentada por el Sr. Rugel el 6 de diciembre de 1995 en la Corte de Distrito de los Estados Unidos en Alexandria, Virginia. Fundamentalmente, la querella era una apelación de la decisión del Debido Proceso dictada en diciembre de 1994 por la Sra. McBride a favor del SEPCL. En la denuncia, el Sr. Rugel afirmaba que el SEPCL se negó a ofrecer a Mark una Educación Pública Gratuita y Apropiada (EPGA) en el aula regular; que el SEPCL tenía la obligación de asegurar que los menores con discapacidades y sus padres contaran con procedimientos garantizados de protección con respecto a las provisiones de una EPGA; y que el SEPCL privó al equipo del PEI la posibilidad de actuar independientemente, lo que violaba esa protección. Incluso, el Sr. Rugel acusó que la determinación de los Funcionarios de Revisión del Estado violaba el derecho de Mark a recibir una educación gratuita apropiada como lo requería el AEID y la sección 504 y que, siguiendo con lo indicado por dichas leyes, el SEPCL debía proveer al demandante una educación pública, gratuita, apropiada en el aula de educación regular.

Al solicitar asistencia, el Sr. Rugel pidió a la corte que:
- Recibiera y renovara el expediente administrativo y tomara evidencia adicional.
- Declarara el derecho del demandante (Mark Hartmann) para ser provisto de una EPGA en el aula de clase regular de parte del SEPCL.
- Ordenara a los defendidos (SEPCL) a desarrollar y proveer a Mark Hartmann con una EPGA en el aula regular.
- Recompensara al demandante con los honorarios de abogado y los costes de conformidad, de 20 USC # 141(4)B, tanto para esta

El proceso de apelación legal

materia, como para los procedimientos administrativos que este caso ha derivado.

Días después que fuera acogida la querella, la Sra. Mehfoud llamó al Sr. Rugel para proponer un acuerdo fuera de la corte. En esta conversación, le solicitó un desglose de los costos en que habíamos incurrido a la fecha del debido proceso del SEPCL.

En una carta fechada el 11 de diciembre, nuestro abogado respondió que los costos ascendían a $42,628, suma que incluía $39,108 dólares en honorarios para el abogado y otros gastos en viáticos para testigos. Le informaba que estos honorarios estaban siendo pagados por el Departamento para los Derechos de los Habitantes con Discapacidades de Virginia y que, por tanto, los Hartmann no se verían personalmente obligados por el aumento en los gastos legales si el caso no se resolvía. Finalmente, le indicó que sus honorarios serían sustancialmente mayores si nosotros ganábamos la apelación y éramos recompensados con los honorarios del abogado. Instó a la Sra. Mehfoud a que incitara al SEPCL a resolver el caso, incluyendo el rembolso total de nuestros gastos.

Como respuesta, la Sra. Mehfoud propuso la siguiente oferta de arreglo en una carta a nuestro abogado enviada el 4 de enero de 1996: *"Comprenda, por favor, que la oferta refleja un valor perjudicial por el juicio, pues es poco probable que la Corte anule dos decisiones administrativas adversas"*. La oferta se detallaba en la siguiente forma:

1. *Un pago de $10,000 como liquidación total del caso.*
2. *Ejecución de una exoneración general de parte de los Hartmann a favor de la Junta Escolar, sus oficiales, agentes y empleados de todos los asuntos acumulados hasta la fecha de la exoneración.*
3. *Suspensión definitiva del caso pendiente en la Corte Federal y retractación de cualquier demanda administrativa pendiente con las autoridades federales, estatales o locales.*
4. *Los Hartmann deberían estipular que no promoverían otras demandas en el futuro sobre cualquier materia que emerja con anterioridad a la ejecución del acuerdo.*
5. *Acuerdo, de parte de los Hartmann, de que si Mark era nuevamente matriculado en las Escuelas Públicas del Condado de Loudoun, su ubicación sería en un programa similar al que se le ofreciera por parte del Oficial de Revisión Estatal.*
6. *Confidencialidad sobre los términos del arreglo.*

Aunque la oferta de acuerdo del SEPCL no era inusual, las condiciones implicadas eran especialmente dañinas en este tipo de caso. A pesar de todo, después de una revisión colaborativa exhaustiva de nuestra posición legal, de nuestras acciones en el caso y de nuestras circunstancias en Blacksburg, el Sr. Rugel respondió en una carta, fechada el 10 de enero, que aceptaríamos todos los términos, con excepción de la oferta del pago de $10,000, pues la oferta estaba bastante por debajo de un monto aceptable. Esta fue una decisión muy difícil de tomar. A estas alturas, nosotros estábamos satisfechos de que Mark recibía una educación apropiada en un ambiente de inclusión, en un ambiente menos restrictivo, que estaba siendo implementada por un equipo de educadores verdaderamente capaces en Blacksburg. Además, el Departamento para los Derechos de los Habitantes con Discapacidades de Virginia se había comprometido a respaldar la mayoría de nuestros gastos legales para apelar la decisión del Debido Proceso. Sin embargo, en este momento, la frágil condición médica de Roxana y su pronóstico era lo primordial en nuestras mentes.

Queríamos dejar atrás esta experiencia legal tan desagradable, dentro lo posible; tan rápido como se pudiera, siempre y cuando nos viéramos restituidos financieramente. De lo que se trataba era del retorno de la familia Hartmann a la normalidad. A estas alturas, habíamos consumido casi todas nuestras energías y recursos; estábamos emocionalmente agotados a causa de lo que el SEPCL nos había hecho pasar. En el lado positivo del balance, estaba el que nuestra lucha por la inclusión de Mark había tomado relevancia nacional. Logramos que la mayoría de los medios (TV, prensa y radio) contrastaran las mejores prácticas en educación con los programas de educación especial fallidos de los años 70, como el que impuso el SEPCL. Si pudiéramos, este sería el momento para retirarnos de la pelea.

En estas circunstancias, nuestro abogado respondió lo siguiente: *"Como ustedes saben, el Departamento para los Derechos de los Habitantes con Discapacidades de Virginia está dando los fondos para estos litigios y los Hartmann no tienen disponibilidad financiera adicional. Sin mayor riesgo económico, están dispuestos a aceptar únicamente un arreglo por $35,000—cantidad que les resarciría económicamente".*

Para concluir agregó: *"Espero que su cliente esté totalmente consciente de que, aparte de la posibilidad real de perder este caso, deberá gastar probablemente $35,000 en honorarios y costos asociados. Consideramos que esos fondos deberían de ser utilizados en forma más apropiada pagándoles a los Hartmann quienes, después de todo, son residentes y contribuyentes del Condado de Loudoun que se vieron forzados a responder el requerimiento del debido proceso por parte del* *sistema escolar".*

El SEPCL respondió presentando una moción de desestimación ante la Corte Federal de Distrito en Alexandria el 2 de febrero del 1996. En ella, declaraba esencialmente que Mark ya no era un residente del Condado de Loudoun y, que por tanto, no tenía la obligación de educarle. En su razonamiento afirmaba que la demanda contra ellos era discutible, puesto que la residencia de Mark en el Condado de Montgomery implicaba la intensión de permanecer ahí indefinidamente. Por lo tanto, el SEPCL requería que nuestra apelación fuese rechazada.

Una moción para desestimar es un tipo de acción legal que una parte presenta, previo a la fecha del juicio, requiriendo que el tribunal rechace el caso, sin mayor deliberación, con base en un hecho contundente o un principio de ley decisivo. Según el SEPCL, el hecho contundente en este caso era el que Mark no viviera más dentro de la jurisdicción del sistema escolar. En nuestro escrito de respuesta a esta moción, el Sr. Rugel estableció sencillamente que: *"La equidad exige que sea escuchado el recurso de casación en su caso".* Entre otros argumentos, señaló los siguientes:

> *"Los Hartmann, así como otros padres en la misma situación, tales como Daniel R. R. y Lee, enfrentaron decisiones de gran sufrimiento respecto a las necesidades educativas de sus hijos. Aquí los Hartmann hacen valer que 1) la educación apropiada para Mark requiera que sea educado en un salón de clase regular y 2) que el SEPCL no ha cumplido con las ayudas y servicios complementarios apropiados que le permitirían beneficiarse de tal ubicación.*
>
> *La aseveración de los Hartmann de que su hijo puede ser educado en el aula regular en una escuela pública, sólo puede ser probada en un ambiente similar. A fin de demostrar que un programa bien diseñado para un aula regular de la escuela pública puede funcionar para Mark, los Hartmann, por necesidad, han tenido que matricular a su hijo fuera del Condado de Loudoun. Sería injusto desechar esta apelación como resultado de las acciones del SEPCL, quien ha causado que los Hartmann salgan del Condado de Loudoun a fin de ofrecer a su hijo una educación apropiada.*
>
> *Por las razones arriba señaladas . . . , el presente caso muestra una controversia candente y no es discutible. La moción de rechazo de la defensa debería ser impugnada".*

En Blacksburg, en casa

Mientras tanto, adoptamos una rutina centrada en la educación diaria de Mark y en los tratamientos de quimioterapia para Roxana, que eran cada tres semanas. A Mark le iba bien en la escuela, sus docentes asistentes se sentían cómodos con él y comenzaron, gradualmente, a disminuir el nivel de apoyo que le ofrecían. Al poco tiempo, antes de que comenzara cada día escolar, Mark, por iniciativa propia, acomodaba las sillas en el aula y las colocaba detrás de sus respectivos escritorios. Se hacía cargo, también, del calendario de la clase y, curiosamente, no tuvo error alguno.

Académicamente, sus calificaciones aumentaron en las pruebas de comprensión de lectura y de aritmética. Sus clases favoritas eran estudios sociales y biblioteca. En la primera, participaba con frecuencia en un pequeño grupo para presentar su trabajo en clase. Durante estas presentaciones, disfrutaba especialmente hacer su parte.

Roxana sugirió que, además de salir de la clase durante los recreos para moverse, Mark podría también andar en su bicicleta, apoyada con ruedítas, alrededor del patio. La Sra. Colley estuvo de acuerdo, así que pronto Mark tenía su bicicleta en la escuela.

Una preocupación asediaba a Roxana. A menos que se le enseñara, Mark no aprendería a andar en su bici sin las ruedítas de apoyo. Después de hablar sobre esto con la Sra. Colley y el Sr. Paynter, se hicieron planes para que Joseph viniera a la escuela cada día para ayudar a Mark a andar en su bici. Al principio, Mark se negó a usar la bici sin ruedítas. Con la ayuda de un cronómetro de cocina, ajustado para dos minutos; con Joseph de un lado y el Sr. Paynter ofreciendo apoyo del otro, animamos a Mark a pedalear en el patio. Después de una semana, Mark se habituó a esta rutina, pero fue un proceso lento.

El tiempo de pedaleo se alargó a cinco minutos, después a ocho y, finalmente, a quince. Gradualmente, el Sr. Paynter y Joseph fueron disminuyendo su apoyo. Después de un tiempo, sólo uno de ellos debía correr a su lado en la bici. Mark aprendió a adquirir balance por sí mismo; al final, a manejar su bici de forma totalmente independiente. Tanto fue así, que esta se convirtió en una de sus actividades exteriores favoritas. ¡Cómo nos reímos cuando les contamos a nuestras amistades que, seguramente, Mark es uno de los pocos niños en el mundo que aprendió a andar en bici sin caerse!

CAPÍTULO 17

Testigos expertos

1995 – 1996

El Sr. Laski, de la Asociación para Minusvalías Severas (ADS), notificó a Roxana durante la preparación para la apelación federal, en abril de 1995, que el Dr. Patrick Anthony Schwarz, de Oak Park, Illinois, quería colaborar como perito en el caso de parte de Mark. Lo describió como un joven educador dedicado y con sólida experiencia, quien había obtenido un doctorado en educación especial y administración educativa de la Universidad de Wisconsin, en 1991.

De acuerdo con el Sr. Laski, el Dr. Schwarz había actuado como perito en casos de educación especial al menos en cuatro ocasiones y conocía bien los artificios legales. Nos contó, además, que había sido alumno del Dr. Lou Brown, en la Universidad de Wisconsin. Esto nos pareció fabuloso, pues el Dr. Brown, quien abogaba especialmente por la inclusión de los menores con discapacidades, era uno de los educadores favoritos de Roxana.

Consideramos que;a en el papel de perito, sería necesario que el Dr. Schwarz pasara tiempo con Mark en la escuela, en casa y en la comunidad, de forma que tuviera conocimiento de primera mano para cuando diera su testimonio en la corte. Escogimos inicios de mayo de 1995 como la mejor época para que viniera a Virginia para hacer sus observaciones personales. Lo ideal habría sido que pasara un tiempo en la Escuela Kipps, en Blacksburg, donde en ese momento estaba matriculado Mark, así como un tiempo en la Escuela Leesburg, observando el programa de autismo propuesto por el SEPCL. Para nuestra decepción, sin embargo, el SEPCM no permitió al Dr. Schwarz observar a Mark en el aula, ni entrevistar a ninguna persona funcionaria en la escuela. De igual manera, el SEPCM no permitió a los representantes del SEPCL observar a Mark en clases, ni hacer entrevistas en la Escuela Kipps, durante la preparación de la batalla legal. Era evidente que el SEPCM no quería verse involucrado de ninguna forma en la batalla legal que estaba por comenzar.

En busca de una alternativa a la observación directa en clase, pedimos a un vecino amigo que filmara a Mark en la escuela, como preparación para la visita del Dr. Schwarz. Habiéndonos permitido filmar dos días, decidimos hacerlo desde que Mark se bajaba del bus escolar hasta el recreo de almuerzo, en el primer día; durante el segundo día, desde el recreo para almuerzo hasta el final del día escolar.

Le dimos instrucciones a nuestro vecino para que el video fuera continuo durante todas las tres horas. A pesar de que era agotador físicamente el sostener la cámara por tanto rato cada día, el resultado fue una muestra excelente y representativa del día escolar de Mark, que incluía sus actividades de cuarto grado, su trabajo en clase y la interacción con sus compañeros.

Joseph se encontró con el Dr. Schwarz a su llegada al Aeropuerto Roanoke, el 1 de mayo. Se mostraba entusiasta de trabajar con nosotros y quería ver el video de seis horas la misma noche en que llegó. El Dr. Schwarz consideraba esto como una preparación importante para sus conversaciones con la Sra. Colley, Roxana y Joseph, así como para su primer encuentro con Mark al día siguiente.

Durante los tres días de consulta de este especialista (uno en Blacksburg y dos en Leesburg y Herndon), observó a Mark en diversos ambientes fuera de la escuela, conversó extensamente con nosotros, entrevistó a la Sra. Colley y se encontró con la Sra. Ruppmann y el Sr. Rugel. Además, revisó documentación de la Audiencia del Debido Proceso, analizó el PEI de Mark y pasó cuatro horas observando el programa de autismo de la escuela Leesburg, junto con el Sr. Jernigan, quien era testigo para el SEPCL.

Escribió una evaluación independiente, en la que informaba sobre sus observaciones, delineaba los datos obtenidos y ofrecía su análisis total y conclusiones. De hecho, el reporte le serviría de guía durante su testimonio en la Corte Federal de Distrito de Apelaciones en Alexandria. Este reporte sería presentado a la corte como prueba documental de nuestra posición legal.

Algunos de sus señalamientos son presentados a continuación:

Ubicación educativa actual
Se revisaron en su totalidad dos videos representativos del trabajo de medio día (uno de la mañana y otro de la tarde) para evaluar,

parcialmente la ubicación educativa actual de Mark Hartmann. Recibe apoyo de un equipo que incluye a la maestra de educación general, la maestra de educación especial, dos asistentes del docente (matutino y vespertino), la terapeuta de lenguaje y dicción y el terapeuta ocupacional. Tiene, también, algún apoyo individual en las áreas de matemática, lenguaje y terapia ocupacional. Algunas de las áreas que se enfocan en su educación incluyen las siguientes:

Comunicación

Se utiliza un abordaje de comunicación total. Se le anima a comunicarse por medio de diversos métodos: señalando en un tablero con imágenes y símbolos, vocalizaciones, utilizando el comunicador Canon, el teclado de la computadora, gestos y con expresiones faciales. Mark lleva consigo todo el tiempo el tablero, por lo que tiene la oportunidad de comunicarse y tomar decisiones en cualquier momento.

Interacciones Recíprocas

Mark tiene proximidad física inmediata con sus pares en edad cronológica la mayor parte de su día escolar. Cuando las actividades escolares requieren que trabaje con sus pares, trabaja en grupo también. Fue observado en una actividad de lectura con una compañera, ella leyó una historia y él la seguía señalando con su dedo. Posee destrezas de lectura y este tipo de actividad fue de provecho para ambos estudiantes. De acuerdo con la Sra. Colley, Mark está incrementando también el contacto visual con sus pares. Cuando los estudiantes deben elegir compañeros para las actividades, es muy frecuente que Mark cuente con varios menores que quieren estar con él. También está logrando interacciones recíprocas significativas con los adultos profesionales.

Destrezas Académicas

Mark ha ido desarrollando destrezas de lenguaje y alfabetización. Vocaliza periódicamente palabra, como "sí," "no, "nieve," etc. Cuando es animado a vocalizar palabras, lo hace con una persona que le resulta familiar. Posee destrezas matemáticas básicas y ha demostrado capacidad en las áreas de suma, geometría, dinero y tiempo. En vista que permanece en el aula de educación general durante la mayor parte de su día, el currículo general es siempre una referencia, por lo que Mark es continuamente motivado a adquirir destrezas siguiendo el estilo propio de su nivel de grado. Está cumpliendo sus tareas y responsabilidades y siguiendo instrucciones.

Opción

Cuando Mark utiliza su tablero de imágenes, consigue identificar sentimientos y tomar decisiones. Esto es extremadamente importante para un estudiante inteligente con autismo, que es no verbal. Mark cuenta con muchas oportunidades para tomar decisiones durante el curso de su día escolar.

Movimiento

Las pausas o recreos para moverse, parte de su dieta sensorial, están integradas en su día escolar. La teoría de integración sensorial indica que las oportunidades para moverse pueden ser útiles en el aprendizaje para muchos estudiantes con autismo. Las pausas para moverse que tiene Mark son implementadas en una forma normal. Cuenta con dos recesos durante los cuales va al patio de recreo para jugar con el columpio y andar en bicicleta. Además, tiene responsabilidades durante el día escolar, que le dan oportunidades adicionales para moverse: debe acomodar todas las sillas del aula al inicio de la jornada escolar. También tiene que recoger el correo para las personas del equipo. Estas responsabilidades le ayudan a desarrollar un trabajo ético, lo cual es de crucial importancia para todos los estudiantes, incluidos a los menores con discapacidades.

Conclusiones y Recomendaciones

1. Mark está procediendo excepcionalmente bien en su aula de educación general y se dan beneficios educativos significativos. Está en proximidad e interactuando recíprocamente con otros estudiantes y adultos. Sus habilidades académicas son bastante impresionantes para un estudiante con autismo. Está mejorando sus destrezas de lectura y ortografía. Utiliza instrucción en computadora en contextos en que se encuentra con sus pares de educación general. Responde preguntas utilizando la computadora. Los profesionales del equipo que trabaja con Mark reportan logros en todos los aspectos del PEI. Desde mi punto de vista, respecto al PEI de Mark, no está sólo logrando las metas y objetivos educativos, sino que, además, está yendo más allá de ellos.

2. La mayoría de las acciones de interferencia que se han señalado en reportes previos, no se observaron en el video que representó un día escolar completo. La Sra. Colley ha indicado que las acciones de interferencia de Mark son menos frecuentes, que cuando comenzó en la escuela y estaba desconcertado. El personal cuenta con un plan de respaldo para cualquier acción de interferencia que pueda ocurrir y ha logrado

éxito con este sistema. No podemos desestimar la influencia positiva del modelo inclusivo en el comportamiento de Mark. Se encuentra en una situación en la que está con lo mejor de los modelos de estudiante y no tiene que competir con otros menores involucrándose en comportamientos perturbadores. Los miembros del equipo siempre están pendientes del significado comunicativo de todas las acciones de Mark y esto constituye una de las claves del éxito que están obteniendo al educarlo.

3. La educadora especial actual de Mark, la Sra. Colley, es extremadamente versada en la metodología vigente para inclusión. Comprende cómo planear en forma colaborativa con su equipo profesional para establecer adaptaciones curriculares. Promueve una instrucción en niveles múltiples (enseñar a los estudiantes en diferentes niveles de habilidades) en el aula de educación general. Siempre está buscando recursos para mostrar las habilidades y el trabajo de Mark. Valora a los estudiantes utilizando tipos de medición curricular cualitativos, evaluación basada en el currículo[15], MAPPING[16], grabación en video, todo lo cual está muy recomendado, para todo tipo de estudiantes, en el campo educativo.

4. En mi opinión, Mark cuenta con muchas más habilidades académicas y potenciales de lo que nadie había creído que tuviera. Gran parte de las medidas de las pruebas estandarizadas descansan en las respuestas verbales y, en vista que los sistemas de comunicación de Mark se están ampliando actualmente, sus destrezas no están siendo representadas en su totalidad, como ocurre con muchos estudiantes con discapacidades. En la medida en que su equipo explore opciones comunicativas, descubrirá más destrezas académicas. Obviamente, Mark comprende el lenguaje oral significativo. Lo he observado siguiendo muchas instrucciones dadas por adultos y estudiantes en el contexto de educación general y durante las sesiones individuales. Está aprendiendo muchas habilidades, comportamientos aceptables y responsabilidad que le prepararán para un futuro en el mundo real en contextos normales.

---

15. Curriculum-based assessment (CBA) es la medición por observación y grabación en video del desempeño del o la estudiante en el currículo local, para tomar decisiones de carácter de instrucción. Reposa en la presunción de que uno debe medir lo que uno enseña.

16. Planeamiento centrado en la Persona con discapacidad, realizado para que su vida sea rica y significativa. Ayuda a planificar su futuro e incrementar su auto determinación personal e independencia. Busca integrar las habilidades y capacidades y su interés en actividades significativas en los lugares en que pasan tiempo, como escuela, vecindario y trabajo.

Propuesta de Ubicación Educativa

El aula diferenciada para estudiantes con autismo fue observada por cuatro horas, en la Escuela Leesburg. Había matriculados en ella seis menores, entre preescolares y alumnos de 4º grado. También se observaron otros ambientes diferentes a esta aula. Todos los estudiantes fueron observados en recesos fuera del patio de recreo, sino en el patio escolar, donde seguramente tienen sus recreos los menores de preescolar. Un menor fue observado por algunos minutos en el ambiente general de preescolar. Dos lo fueron durante su incorporación en la clase de educación física general. Los otros menores fueron observados durante la clase de educación musical general.

Actividades en el aula

El equipo se esforzaba por mantener tres de los seis menores ocupados. La aproximación era individualizada, cara a cara. Estuvieron presentes en el aula, durante la mayor parte del tiempo, una maestra, la Sra. Emily LaCombe; dos asistentes. En cualquier momento, tres estudiantes recibían instrucción individual y a los otros tres se les permitía tomar un receso, dentro del aula misma. Las actividades de receso incluían moverse alrededor del aula, el uso de una red para balancearse; de un gran almohadón para sentarse. También estuvo presente en el aula, por trece minutos, una terapeuta de lenguaje y dicción, la Sra. Cristina Conroy-Winters.

Había una pizarra para avisos con la leyenda "Tablero de trabajo"; sin embargo, era el horario de actividades basado en el PEI para cada estudiante. Un horario típico incluía la mayoría de las siguientes actividades:

- Calendario
- Receso
- Bocadillo
- Tiempo

- Música
- Ortografía
- Matemáticas
- Auto ayuda

- Transporte
- Merienda
- Juego con plastilina

- Ed. Física
- Lectura
- Todo sobre mí
- Monedas

Los estudiantes realizaban estas actividades mientras estaban en las mesas o en el suelo del aula.

Patio de Recreo

Las actividades en el patio de recreo incluían correr alrededor del patio, jugar en los juegos para los menores muy pequeños y usar los aros de plástico para balancear en la cintura. Cada niño por separado realizaba una actividad, ninguno compartía el juego. Los que no realizaban comportamientos de auto estimulación como, por ejemplo, aleteo de brazos, permanecían con dos asistentes diferentes y con la maestra.

Lenguaje y dicción

La Sra. Conroy-Winters acudió al aula a trabajar con un estudiante con el tablero de comunicación. Después de trece minutos de trabajo focalizado, hizo a un lado el tablero y no se le vio otra vez por el resto de la tarde.

Integración

Fueron observados tres ambientes de integración. El primero fue en el contexto de preescolar general. La menor integrada permaneció en la clase cerca de quince minutos a la hora del cuento, cuando la asistente anunció, en una voz en que todo mundo la podía escuchar, "Ensució sus pantalones, así que tiene que regresar". La niña tuvo que regresar a su aula diferenciada. El siguiente ambiente fue en una clase de educación física, en la que dos estudiantes estuvieron presentes por un rato, acompañados por una asistente. Había una sustituta presente y los estudiantes estaban trabajando sobre ejercicios personales que les había asignado el instructor. Se encontraba también otro menor con discapacidad, que pertenecía a otra aula diferenciada. Se pidió a los estudiantes que se fueran numerando para que formaran grupos. En vista que los tres menores con discapacidades se sentaban juntos, tuvieron números diferentes. Una asistente intentó poner al primer niño en su fila correspondiente, con sus pares sin discapacidad. Cuando se llamó a los otros niños para que se pusieran en sus filas, la segunda asistente pensó que sería más fácil crear una fila separada conformada por dos estudiantes con discapacidades. Por tanto, no hubo intento de integrar a los estudiantes con autismo junto con sus pares sin discapacidades. El tercer ambiente fue en una clase de música en la cual estaban presentes dos estudiantes. Se les había pedido a los estudiantes de la clase que tocaran acordes simples y rasguearan la guitarra. Uno de los niños caminó alrededor de la clase con su guitarra, otro se sentó en el regazo de la asistente en una mecedora.

Conclusiones y Recomendaciones

1. *Me fue muy difícil determinar las responsabilidades de los estudiantes y el horario en el salón de clases. Ellos se dedicaban a cualquier*

actividad durante un lapso de uno a trece minutos. Al menos la mitad de la clase, en cualquier momento, estaba sin hacer nada. Las "clases" que eran realmente de actividades, no hacían referencia a un horario de un grado o nivel escolar determinado. Algunos estudiantes trabajaban con plastilina en una mesa, con letras y números en otra; otros con pareo y secuencias en el piso.

2. Se permitía, por un período de tiempo bastante extenso, que los estudiantes se dedicaran a correr o a actividades de auto estimulación en el aula diferenciada. Había un niño y una niña que corrían por el aula agitando sus brazos y haciendo ruidos. En mi opinión, estaban compitiendo con comportamientos del todo inaceptables. No se contaba con modelos de comportamiento adecuados en el aula.

3. Este programa ha fracasado, tristemente, en el abordaje de las áreas de necesidades más importantes para los estudiantes con autismo: comunicación, interacciones recíprocas y toma de decisiones. En ningún momento vi, durante la tarde entera, que se trabajaran, facilitaran o motivaran interacciones recíprocas o toma de decisiones. Todo estaba dispuesto de forma que los estudiantes trabajaran aislados entre sí todo el tiempo, incluso en el patio de recreo. Ningún estudiante tenía un sistema de comunicación que portara consigo, en ningún momento durante las cuatro horas en que estuve observando. El único momento en que vi usarse un sistema de comunicación, fue cuando la Sra. Conroy-Winters llegó con un sistema para un niño y trabajó con él trece minutos y luego lo hizo a un lado. Esto es equivalente a quitarle la voz a una persona que habla y sólo darle la oportunidad de hablar por trece minutos al día. Este estudiante, en particular, no pronuncia palabras recíprocamente, por lo que estaba en necesidad desesperada de un sistema de comunicación, como todos los demás del aula. Había un niño en el aula que decía, a veces, algunas palabras, pero nunca respondió preguntas o sostuvo una conversación con alguien. Estaba en necesidad extrema de un sistema de comunicación. En vista que el autismo, por definición, es un desorden social y de comunicación, considero inexcusable el hecho de que este programa no aborde, ni siquiera mínimamente, estas áreas.

4. Quería saber si los estudiantes eran capaces de interacciones recíprocas, por lo que durante el receso comencé a usar un hula-hula cerca de uno de los niños mayores con autismo. Me observó por un rato y después trató de hacer lo mismo, cuando le pedí que me lo pusiera, lo hizo; luego, cuando le pedí que lo recogiera, accedió a mi solicitud también. Los alumnos eran capaces de tener interacciones recíprocas, pero no se disponía nada para ello en ningún momento ni se les enseñaba o alentaba a hacerlo.

5. *Durante el tiempo en que observé a los estudiantes en el ambiente de inclusión, nunca vi a ninguno sin discapacidad saludar o conversar con ninguno con discapacidad. Las personas adultas no facilitaban la comunicación, las interacciones recíprocas, ni la toma de decisiones. Los estudiantes con autismo eran percibidos apenas como visitantes y, ciertamente, no tratados como compañeros de clases. Parecía que estas oportunidades no se daban con frecuencia y, si ocurrían, las personas del equipo presentes en los contextos de integración no estaban entrenadas ni ofrecían estrategias para facilitar a los estudiantes con autismo que fueran miembros de la clase que contribuyeran o participaran en ella. En vista que la comunicación ni siquiera se abordaba, los estudiantes con autismo no tenían ni idea acerca de sus responsabilidades y expectativas en la clase. Las asistentes que estaban presentes con los estudiantes en integración crearon subgrupos segregados y separados para los estudiantes con autismo. En la clase de educación física, la asistente no apoyó a los estudiantes con autismo para que estuvieran en las filas asignadas con los demás estudiantes. Más aún, creó una fila separada para educación especial. En la clase de música, la asistente permitió a un niño sentarse en su regazo en una mecedora, cuando el resto de los estudiantes estaban trabajando con sus guitarras, sentados en el piso. En el aula diferenciada, antes de la clase de música, este mismo niño estaba en el piso lo cual demostró que era totalmente capaz de hacerlo. La normalización nunca fue enfocada. Los estudiantes no estaban siendo preparados para funcionar en el mundo real.*

6. *Cada vez que surge una acción de interferencia, el equipo de educación, en vez de poner toda la culpa sobre el estudiante, debe hacerse la pregunta ¿Qué está intentando comunicar este comportamiento? En mi opinión profesional, el equipo educativo del aula diferenciada veía este tipo de conductas como problemas, más que como comunicaciones. Esto fue evidente, pues no hubo ni un solo estudiante que utilizara un sistema comunicativo que llevara consigo el tiempo que fueron observados. Por tanto, los estudiantes de esta aula iban a ser percibidos como separados y segregados, al no tener voz para con los demás.*

7. *No hubo evidencia de que las maestras utilizaran, en el aula diferenciada, materiales relacionados con el currículo de educación general. En vez de ello, los materiales eran totalmente ajenos al currículo general y no hacían referencia a alguna norma propia de ningún grado. Había una red para balancearse en la mitad de la clase y una pileta llena*

de materiales. La otra aula para estudiantes sin discapacidades, carecía de este tipo de materiales. Hay un triple golpe en contra de los estudiantes con autismo en esta escuela que le impide alcanzar la educación general. Primero, los materiales adecuados al grado no se usaban. Segundo, la normalización no era promovida. Había columpios disponibles en el patio de recreo para movimiento de integración sensorial vestibular. Tercero, dado que los estudiantes no eran enseñados a comunicarse y socializar, iban a quedar siempre fuera de la norma en esta escuela.

8. La última vez que vi un programa para estudiantes con autismo similar a este, fue en Madison, Wisconsin, en el Distrito Escolar Metropolitano, en 1981. Yo era estudiante de magisterio, en un aula diferenciada para estudiantes con autismo en una escuela primaria. Aunque había diferencias importantes. En Madison promovíamos la toma de decisiones para los estudiantes, todos contaban con un sistema de comunicación; el entrenamiento en interacción recíproca estaba incluido en el programa curricular. Incluso se consideraba un programa ejemplar en aquel entonces y lo supervisaba la Dra. Anne Donnellan, considerada una experta nacional en autismo. Mucho ha ocurrido en el campo de educación especial para estudiantes con autismo desde entonces y este programa en Madison parecía diferente incluso en 1983. El programa actual en Leesburg no mantiene ni siquiera lo mínimo de las mejores prácticas para la educación de estudiantes con autismo. Podría estimar que este programa se parece a los programas típicos que se utilizaban al final de los años 70, de manera que está atrasado casi veinte años en lo referente a prácticas educativas para estudiantes con autismo.

Funcionamiento en el hogar y en la comunidad

Mark fue observado en su casa, durante la cena y en la tarde, hasta que fue la hora de ir a dormir. Fue observado, también, comiendo y socializando en un restaurante con amistades, de compras en la tienda del vecindario, jugando en el parque de la comunidad, mientras iba en auto y caminando en un aeropuerto.

Mark tiene muchas responsabilidades en casa: poner la mesa, recoger y lavar los platos. Gana dinero con base en la cantidad de platos que lava. Es también bastante independiente con su higiene personal. Todas estas destrezas le servirán también cuando sea adulto.

Participó muy bien en el restaurante de la comunidad, la tienda y el parque. Pasó mucho tiempo con sus amigos en el restaurante y estaba totalmente cómodo. Disfrutó salir y buscar formas de ocupar su tiempo.

Nuevamente, su familia le ha dado muchas oportunidades para ser parte de la comunidad. Las habilidades para compartir en la comunidad que ha aprendido son complementadas adecuadamente con sus expectativas y responsabilidades en el ámbito escolar.

Resumen

Existen muchos ejemplos de distritos escolares en todo el país que están educando a sus estudiantes, con un autismo más severo que el de Mark, en aulas de educación general. Las aulas que fueron evaluadas para este informe fueron considerablemente diferentes en la forma en que abordan la situación. La ubicación actual de Mark está satisfaciendo espléndidamente sus necesidades educativas, académicas, conductuales y sociales; y lo está preparando a él y a sus pares para el futuro. Está logrando avances y yendo más allá de los objetivos en todas las áreas de su PEI. Nuestro mundo no está conformado por un tipo de persona, por el contrario, nuestras comunidades son de gran diversidad. Por ello, nuestras aulas deben reflejar nuestros vecindarios y comunidades; abarcar la diversidad.

Mark ha estado en ambientes de educación inclusiva durante toda su vida. Ha cursado con éxito programas en Lombard, Illinois y actualmente en Blacksburg, Virginia. Existen algunos distritos escolares en nuestro país que no han dado a sus docentes el conocimiento, las herramientas, el entrenamiento y la base filosófica para educar estudiantes en un modelo diverso e inclusivo. Cuando esto ocurre en un distrito escolar, el estudiante no debe ser culpado si se presentan dificultades que podrían deberse a la falta de entrenamiento y experiencia del equipo.

Si Mark fuera retirado de su aula inclusiva de cuarto grado en Blacksburg y ubicado en el aula diferenciada para estudiantes con autismo en Leesburg, en mi opinión profesional, perdería lo siguiente:

- *Un horario normalizado donde las clases comienzan y terminan*
- *Modelos pares de edad apropiada*
- *Un enfoque en destrezas en comunicación total en todo el ambiente*
- *Oportunidades para socializar—lo cual es difícil de lograr con tres personas que son no verbales*
- *Interacción recíproca con las demás personas*
- *Oportunidades para la toma de decisiones*
- *Aprendizaje de destrezas para la vida en ambientes normalizados*
- *Desarrollo de una ética de trabajo—hacer las tareas, seguir instrucciones, incrementar la cantidad de tiempo dedicada a un*

> *trabajo, calidad en el trabajo*
> - *Actividades y materiales del currículo adecuados a la edad*
> - *Modelamiento para seguimiento de rutina (por ejemplo, Mark aprendió cómo poner su mochila del almuerzo al estar con pares sin discapacidades)*
> - *Un futuro promisorio en una comunidad progresista y diversa que valore las diferencias individuales*
> - *Después de todo, <u>todas las personas tenemos diferencias individuales y estas deberían ser valoradas y celebradas</u>.*

Después de haber leído el reporte del Dr. Schwarz, nos dimos cuenta que habíamos tomado la decisión correcta al haber confiado en la recomendación que nos hicieran el Sr. Laski y la Asociación de Personas con Discapacidades Severas. Quedamos, literalmente, sin aliento, al ver que alguien más había percibido nuestras preocupaciones educativas con tanta claridad y que, por medio de sus observaciones, podría describir, válidamente, las diferencias en la filosofía educativa entre el SEPCL y nosotros. Estábamos encantados con las conclusiones del Dr. Schwarz y con la claridad que aportó a los argumentos legales respecto a la educación de Mark.

Preparándonos para la corte – otra vez

El Sr. Rugel terminó de armar el 24 de mayo de 1996, la declaración jurada que respondía a las catorce interrogaciones del SEPCL en su preparación para la corte. La Sra. Mehfoud tenía que responder las cuatro interrogaciones que habíamos solicitado para nuestra preparación. Además, esta señora solicitó tomar declaración a los testigos de la Escuela de Kipps, que habían trabajado con Mark en cuarto grado. Los testimonios fueron obtenidos en Blacksburg, con ella inquiriendo profusamente a cada testigo. Tuvimos que permanecer sentados en silencio durante las declaraciones, mientras nos parecía que su propósito era, más que enriquecer su comprensión de la verdad de sus testimonios, confundir al equipo de Kipps.

De acuerdo con su plan estratégico, el Sr. Rugel enfocó el testimonio de nuestros cuatro testigos en la siguiente forma:
- El Dr. Patrick Schwarz testificaría sobre sus observaciones y opiniones presentadas en su reporte de perito.
- La Sra. Kenna Colley testificaría sobre las observaciones y opiniones contenidas en su resumen del informe respecto al progreso de Mark en el programa de inclusión. Se basaría en su observación personal

de Mark, como especialista en inclusión, desde su primer encuentro con él en junio de 1994.
- La Sra. Beverly Strager, maestra de cuarto grado de educación general de Mark, testificaría sobre su trabajo con él en el aula. Podría referirse también a las modificaciones y adaptaciones curriculares utilizadas para involucrar a Mark en las actividades planificadas de la clase.
- El Sr. Greg Paynter testificaría sobre el actual programa educativo para Mark en la Escuela Kipps. Como asistente de docente, había desarrollado una relación de trabajo productiva y trabajaba directamente con él en las áreas académicas como ciencia, estudios sociales, lectura, actividades motoras (montar en bici) y comunicativas (uso de aparatos de comunicación aumentativa).
- A Joseph se le pidió atestiguar sobre la naturaleza contenciosa y adversa de nuestras interacciones con el SEPCL desde el tiempo en que este sistema decidió llevarnos a un debido proceso hasta las vacaciones de Navidad de 1994.

Tras la presentación de las averiguaciones de hecho y las conclusiones de derecho propuestas por ambas partes, el escenario estaba listo para el juicio en la Corte Federal. La fecha se fijó para el lunes 9 de septiembre de 1996.

CAPÍTULO 18

La decisión de brinkema

1996

Alexandria, en Virginia, es la sede de la Corte de Distrito de los Estados Unidos para el Distrito Este de Virginia. Irónicamente, la jueza señalada para nuestra apelación, la Honorable Leonie M. Brinkema, es madre de un menor diagnosticado con Síndrome de Down. A diferencia de la visión que sosteníamos para la educación de Mark, la jueza Brinkema había elegido un aula de educación especial para la educación de su propio hijo. Antes de que comenzara el proceso, la jueza se sintió obligada a hacernos conscientes de sus propias circunstancias personales y preguntarnos, en caso de cualquier conflicto de intereses, si queríamos que ella se excusara para este juicio. Le respondimos que no.

Como parte de la norma de procedimiento para la apelación de la decisión de un tribunal inferior, nos fue permitido presentar evidencia que no se hubiera presentado durante la Audiencia de Debido Proceso. El único criterio para nueva evidencia era el de relevancia. En nuestro caso, debido a que la educación no corresponde a un momento congelado en el tiempo, era correcto porfiar que el programa de Mark en la Escuela Kipps era relevante para decidir el mérito de la ubicación propuesta por el SEPCL para Mark en el programa de autismo en Leesburg. La jueza determinó que se permitiría evidencia nueva. Observó cuidadosamente los segmentos de video de Mark en la Escuela Kipps, en Blacksburg, así como el testimonio de ambas partes.

El Sr. Rugel presentó las seis horas enteras de video que mostraban a Mark en la Escuela Kipps como evidencia de apoyo a nuestro argumento legal. Después de casi dos días completos de testimonio, ambas partes hicimos una pausa. Ahora correspondía a la jueza Brinkema tomar su decisión. No tuvimos que esperar mucho.

La decisión de la Jueza Brinkema

La jueza dictó su decisión el 27 de noviembre del 96—el día anterior al de Acción de Gracias. He aquí su decisión como aparece en el expediente Hartmann contra Sistema Escolar de Educación de Loudoun, Acción Civil 95-1686 A. (U.S. D.C. Va. 1996)[17].

Para parafrasear un comercial sobre educación: "Desperdiciar una mente, es algo muy terrible". El desafío que presenta este litigio, fundamentalmente, se enfoca en esta preocupación. El asunto es si Mark Hartmann, un niño autista de once años, debería ser educado en un aula de educación regular, que lo expondría a un amplio rango de materias académicas y le permitiría interactuar con menores no discapacitados, o ser educado en un ambiente separado que daría énfasis a destrezas de vida antes que a las materias académicas y lo mantendría con otros menores discapacitados por un lapso significativo del día. Esta disputa enfrenta a sus padres, a los educadores del Condado de Montgomery, Virginia; quienes abogan por la inclusión, con la Junta de Educación del Condado de Loudoun y algunos docentes que han trabajado con él.

Habiendo revisado cuidadosamente las transcripciones de los cinco días de la Audiencia de Debido Proceso, la opinión de la Oficial de Audiencia, el testimonio presentado ante esta corte en calidad de prueba y el video que muestra dos días escolares de Mark en el sistema escolar del Condado de Montgomery, Virginia, la corte está convencida de que Mark es capaz de obtener ganancias educativas significativas cuando está incluido en un aula de educación regular, siempre que tenga la ayuda individualizada y un currículo propiamente adaptado. La corte encontró también que cuando Mark es conducido en forma adecuada, no origina más trastornos que sus compañeros de clase no discapacitados. Por último, la Corte encuentra que la Oficial de Audiencia falló en considerar la extensa evidencia que muestra que Mark puede aprender cuando está incluido en un ambiente regular. Por tanto, la decisión de la Oficial de Audiencia se modifica y la sentencia se emite a favor de los demandantes.

---

17. Nuevamente el texto siguiente no intenta ser redundante para la lectura, se ofrece para ilustrar el razonamiento que sustenta el fallo de la jueza.

I. Antecedentes del Procedimiento

Los padres de Mark Hartmann ("Mark") han presentado este litigio . . . para solicitar a la Corte que desestime el fallo de una Oficial de Audiencia de un Debido Proceso, quien concluyera que la Junta de Educación del Condado de Loudoun ("La Junta") había establecido que Mark no podría ser educado satisfactoriamente si recibe toda, o casi toda, su instrucción en un aula de educación regular, aún con el uso de ayudas y servicios suplementarios. La Oficial también concluyó que el plan de ubicación de la Junta para Mark en una aula diferenciada para autismo, en una escuela de educación regular, ofreciendo de este modo oportunidades para interactuar con pares no discapacitados, era apropiada y constituía el ambiente educativo menos restrictivo para Mark.

Desde el principio, la Junta se opuso a esta solicitud, con el argumento de que se debe considerar impugnable, debido a que en la actualidad Mark no está siendo educado en el Condado de Loudoun. En lugar de acatar la decisión del Condado de Loudoun, la Sra. Hartmann estableció su residencia en el Condado de Montgomery, en Virginia, donde Mark está actualmente matriculado en la escuela pública. El Sr. Hartmann, sin embargo, continúa residiendo en el Condado de Loudoun. Por tanto, Mark permanece como elegible para asistir a la escuela en el Condado de Loudoun. Los padres han determinado, también, que matricularían nuevamente a Mark si fuera incluido en un ambiente de aula regular. Bajo estos hechos, la Corte encontró que los asuntos sustanciales de esta acción no son impugnables, pues este es un problema que podría repetirse.

La Junta también se opuso a que la Corte realizara un juicio, arguyendo que el Tribunal basaría su decisión únicamente en una evaluación de lo apropiado del expediente administrativo de la Audiencia de Debido Proceso. Sin embargo, el Tribunal debe tomar una decisión "limitada, independiente", en este caso . . . "Limitada por el expediente administrativo y pruebas adicionales e independiente en virtud de estar basada en la preponderancia de la evidencia ante el tribunal". La evidencia presentada durante el juicio de dos días, fue extremadamente relevante para evaluar lo pertinente de la decisión de la Oficial de Audiencia; ha jugado un papel importante en la decisión de la Corte. La recepción de tal evidencia, es apropiada bajo la ley AEID, 20 USC – 1415(e) (2).

Finalmente, la Junta argumenta que la decisión de la Oficial de Audiencia estuvo totalmente fundamentada por el expediente y no debería ser refutada. Esta es, precisamente, la cuestión que deberá ser abordada en detalle en este análisis.

II. Las conclusiones de la Oficial de Audiencia

Al evaluar el programa educativo y la ubicación propuestas por la Junta, la Oficial de Audiencia consideró dos cuestiones: 1) Si la propuesta de cambiar a Mark del salón regular viola la obligación de la Junta de educarlo en la medida de lo mejor posible en relación con menores no discapacitados; y 2) Si la ubicación propuesta en una aula diferenciada es apropiada para Mark . . .

El AEID también contempla un requerimiento de que los Estados establezcan "procedimientos para asegurar que, en la mejor medida posible, los menores con discapacidades sean educados con menores que no están discapacitados; que las clases especiales, la escolarización separada u otros desplazamientos de menores con discapacidades del ambiente de educación general ocurra solamente cuando la naturaleza o severidad de la discapacidad sea tal que la educación en el aula regular, con el uso de ayudas y servicios complementarios, no pueda ser lograda en forma satisfactoria". Se desprende de la redacción de la ley, que existe un énfasis fuerte a favor de la educación de menores discapacitados en un ambiente de educación regular, con menores que no están discapacitados.

Dentro de este marco legal, la Oficial de la Audiencia concluyó, en la primera cuestión, que la Junta había cumplido con su obligación de establecer . . . que su propuesta de trasladar a Mark del aula regular no viola su obligación de educarlo . . . con menores no discapacitados . . .

La Oficial de la Audiencia determinó que Mark no puede ser educado satisfactoriamente cuando recibe toda, o casi toda, su instrucción y los servicios relacionados en el aula regular, aun contando con ayudas y servicios complementarios. Los factores considerados para establecer esta conclusión fueron: las medidas tomadas por la escuela para tratar de incluir a Mark en el aula regular, una comparación entre las ganancias educativas del aula diferenciada de educación especial y los efectos de incluir a Mark en el ambiente de aula regular. Aunque la Junta hizo esfuerzos razonables para ubicar a Mark en el aula regular, él no recibió, virtualmente, ningún beneficio educativo en el ambiente de inclusión y que los comportamientos de Mark eran perturbadores y tenían un efecto negativo en el ambiente del aula.

La Oficial de Audiencia también encontró que la propuesta de la Junta de un programa diferenciado, que permitiera la integración en todas las actividades no académicas, daba a Mark una oportunidad importante para interactuar con sus pares sin discapacidades en forma regular y cotidiana, brindándole a la vez instrucción académica y servicios relacionados en una forma en la que obtendría beneficio educativo.

III. Análisis

En el inicio de este análisis, la Corte debe subrayar aquello de lo que en este caso no se trata*. Aunque este caso es visto por algunas personas como una batalla entre quienes proponen inclusión o separación, se trata solamente de aquello que puede ser del interés superior de un menor discapacitado. La respuesta para Mark no implica, necesariamente, que sea la apropiada para todos los menores autistas. El espíritu del AEID es su tenaz enfoque en cada niño discapacitado y sus retos y necesidades únicas. Esta Corte no tiene dudas de que los centros especializados y las aulas diferenciadas pueden ser los entornos educativos menos restrictivos para algunos menores, en tanto que la inclusión puede ser la respuesta para otros. Por lo tanto, esta decisión no tiene, en absoluto, la intención de reflejar la opinión de la Corte sobre lo adecuado del aula diferenciada de autismo en la Escuela Primaria de Leesburg, o en cualquier otra escuela. La decisión, en este caso, está limitada únicamente a lo que es más adecuado para Mark Hartmann.*

A. Obligación de educar con menores no discapacitados

Aunque la Corte encuentra que la Oficial de Audiencia utilizó el marco analítico adecuado para evaluar la decisión de ubicación de parte de la Junta, la evidencia en el expediente administrativo, enriquecida con la evidencia presentada en el juicio, apoya una conclusión diferente. La propuesta de la Junta de trasladar a Mark del aula regular violó su obligación de educarlo, en la mejor medida posible, con menores no discapacitados, debido a que el mayor peso de la evidencia establece que Mark puede recibir y ha recibido beneficios educativos cuando ha estado incluido en un aula regular con el uso de ayudas y servicios complementarios.

1. Esfuerzos razonables para la ubicación

Aunque inicialmente la Junta realizó esfuerzos para disponer la ubicación de Mark en un aula regular, estos no fueron suficientes para cumplir su obligación bajo el AEID. En la primavera de 1993, los Hartmann notificaron al sistema escolar que estaban considerando trasladarse al Condado de Loudoun, en Virginia (Transcripción 26 en 276) . . . Los Hartmann enviaron los expedientes educativos de Mark a la fecha. En junio del 1993, la directora de la Escuela Primaria de Ashburn, Lynn Meadows, se acercó a una maestra de segundo grado, Debra Jarrett; le preguntó si estaría interesada en tener a Mark en su clase. Jarrett indicó que estaría interesada (Transcripción, del 26 de setiembre en 194, 232). Jarrett, una maestra de educación regular, no fue notificada sino hasta el final de agosto que Mark, efectivamente, sería incluido en su clase (Transcripción de agosto 15, 15 en 105). No obstante, se le ayudó para la acomodación de Mark, reduciendo el tamaño de su clase a un total de 21 estudiantes. También, se contrató una ayuda de tiempo completo para trabajar con Mark. (Transcripción del 26 de septiembre en 194–97). El expediente no especifica las cualidades de la asistente.

Meagan Kelly, directora de Educación Especial del Condado de Loudoun, fue nombrada para dirigir los esfuerzos de esta inclusión (Transcripción del 27 de octubre en 280–83). Kelly fue designada debido a su experiencia con el Proyecto de Cambio de los Sistemas de Virginia, un programa en el que recibió entrenamiento en inclusión (Transcripción del 27 de octubre en 278). También tenía alguna experiencia en el desarrollo de programas educativos para estudiantes que habían sido diagnosticados con autismo (Transcripción del 27 de octubre en 279). Kelly estaba a cargo del entrenamiento del personal que trabajaría con Mark. Este grupo se convirtió en el equipo para su PEI.

Inicialmente, el equipo del PEI de Mark incluyó a su maestra, Debra Jarrett, su maestra asistente, la directora de la escuela, Lynn Meadows; a una terapeuta de lenguaje y dicción, Cristina Conroy-Winters. Ninguna de ellas tenía mucha experiencia trabajando con un estudiante autista en inclusión. Su entrenamiento en inclusión se limitaba a una conferencia de un día, dada por el Consejo de Virginia para Administradores de Educación Especial. Este equipo tenía la responsabilidad de coordinar e implementar la ubicación de Mark. Aunque la Oficial de Audiencia encontró que este equipo era adecuado, la Corte rechaza esta conclusión. El autismo es una discapacidad demasiado compleja; la inclusión de menores autistas es un proyecto desafiante en alto grado como para dejarlo en manos de personas que carezcan de la experiencia y el entrenamiento adecuado. El fracaso de Mark para funcionar adecuadamente en Ashburn es una prueba contundente de la insuficiencia del entrenamiento y la experiencia de su equipo de PEI.

Durante el otoño, Kelly hizo los arreglos para que el equipo de PEI recibiera apoyo externo de las consultoras educativas Jamie Ruppmann y Gail Mayfield. Ambas consultoras tenían experiencia en las áreas de autismo e inclusión. De acuerdo con el testimonio de Ruppmann, a Kelly le preocupaba que las integrantes del equipo del PEI de Mark no tuvieran suficiente experiencia en el reto de incluir a un estudiante discapacitado como Mark. Kelly pidió a Ruppmann que observara a Mark en el aula de educación regular, que participara en las reuniones del PEI y ofreciera sugerencias al equipo. Ruppmann trabajó con el equipo de PEI del 2 de noviembre al 8 de diciembre de 1993. Aparentemente, les aconsejó respecto al programa de inclusión de Mark, pero no realizó ningún informe oficial. Debido a que Mayfield no testificó en la Audiencia del Debido Proceso y a que ninguna de las partes ofreció evidencia relativa a ella, el valor de sus apreciaciones no está disponible. Sólo el testimonio de Ruppmann consta en el expediente.

Kelly también involucró a Fred Jernigan, Supervisor de Educación Especial del Condado de Loudoun. Aunque Jernigan tenía alguna experiencia trabajando con menores autistas en los años 70, carecía de experiencia trabajando con un niño autista en un ambiente de aula regular. Jernigan estuvo informalmente involucrado en la ubicación de Mark durante la primera mitad del año. Aunque Jernigan no asistió a las reuniones del equipo del PEI ni observó a Mark durante este tiempo, se ofreció por teléfono para asesorar sobre cómo desarrollar estrategias para lidiar con el comportamiento de Mark.

El registro presentado a la Oficial de Audiencia muestra que Kelly estaba preocupada respecto a la ausencia de experiencia del equipo del PEI de Mark y que trató de ofrecer ayudas y servicios complementarios. Sus esfuerzos cesaron, no obstante, cuando fue retirada de su papel como supervisora en el equipo del PEI de Mark, a principio de diciembre de 1993. La decisión fue anunciada en la reunión del PEI del 8 de diciembre de 1993. Esta reunión fue un evento crucial en este caso. Hay algo de secreto respecto a lo que realmente pasó durante esta reunión. Está claro, sin embargo, que Neil Winters, Director de Servicios de Alumnado, asistió a la reunión y que, después de ella, Meagan Kelly no estuvo más en su papel de supervisora en el equipo del PEI y que Jamie Ruppmann dejó de ser convocada por la Junta para participar en estas reuniones.

Los cambios en el equipo del PEI continuaron en 1994. Fred Jernigan tomó un rol más oficial en enero. Comenzó a asistir a las reuniones semanales y desarrolló un plan de modificación de conducta para Mark.

Valerie Mason, una maestra de educación especial, fue integrada al equipo al final de febrero, cuando quedaba algo más de tres meses para finalizar el año escolar. Mason tenía experiencia en implementar ubicaciones de inclusión para programas de preescolar y proveer servicios de educación especial individualizados en el aula regular. Aparentemente, no tenía experiencia en incluir menores de la edad de Mark. Mason testificó que cuando ella comenzó a trabajar con Mark, estaba también entrenando a la maestra de la clase y su asistente en métodos para trabajar con él. Con solo tres meses más del año escolar, era evidente que las personas que trabajaban con Mark no tenían aún suficiente entrenamiento para dar a su ubicación una oportunidad justa.

Los Hartmann señalan que los cambios hechos en el equipo del PEI eran una clara evidencia de que la Junta no estaba sólidamente comprometida con la inclusión. La Junta argumenta, por su parte, que, entre otra evidencia, se contaba con el testimonio de Jernigan de que en aquel momento él había incluido más gente al equipo del PEI: "gente de todo el país estaba involucrada en trabajar con Mark, al punto de que las maestras sentían que estaban con sobrecarga". Aunque la Corte encuentra estos esfuerzos plausibles, fueron insuficientes.

La Corte concluye que los cambios en la apariencia del equipo de PEI de Mark son evidencia de lo improcedente de los esfuerzos de la Junta para colocar a Mark en un ambiente inclusivo. Meagan Kelly ha testificado que antes y después las reuniones del PEI de diciembre, estaba comprometida con la inclusión para Mark. Hizo esfuerzos para ofrecer servicios adecuados para hacer de la ubicación de Mark un éxito. Jamie Ruppmann testificó que las necesidades de Mark pueden ser satisfechas en forma más adecuada en un contexto inclusivo, debido entre otras consideraciones, a que él se beneficiaría de estar rodeado de menores con competencias verbales normales. Ruppmann estaba a favor de la inclusión para Mark. Trabajó estrechamente con el equipo del PEI durante la primera mitad del año escolar; continuó dando apoyo después, cuando los Hartmann la contrataron como su defensora educativa. Incluso a la Corte le parece que Jernigan está filosóficamente opuesto a la inclusión. Él ha testificado respecto al progreso académico de Mark que: "Considero que no ha habido progreso académico en el ambiente inclusivo. No veo evidencia en el expediente de que exista ningún tipo de progreso, en absoluto".

Resulta obvio que a mediados del año escolar, la Junta había disminuido sus esfuerzos para hacer exitoso el programa de inclusión de

Mark. El expediente presentado a la Oficial de Audiencia demuestra cómo el comportamiento de Mark se volvió perturbador y cómo iba en aumento, con muchos berrinches y arrebatos físicos. Los Hartmann argumentan que estos problemas fueron el resultado de la frustración de Mark. Aunque el comportamiento de Mark decayó durante el año escolar, la Junta quitó a Meagan Kelly su rol de supervisora y suspendió el uso de los servicios de los asesores externos hasta después de que el PEI de Mark fuera cambiado al programa de aula diferenciada. Los cambios en el personal y el cese en los servicios de asesoría suplementaria por personas expertas en inclusión son factores centrales que convencen a la Corte de que la Junta no se comprometió más con la inclusión de Mark. Ningún estudiante autista ha estado totalmente incluido en la escuela primaria de Ashburn antes que Mark. Mark fue, en esencia, un caso de prueba para el Condado de Loudoun. No obstante, debido a que hay evidencia contundente abundante de que otros sistemas escolares han sido capaces de educar a Mark en el ambiente inclusivo, la única conclusión es que la Junta, simplemente, no emprendió los pasos necesarios para tratar de incluir a Mark en un aula regular.

2. Comparación de beneficios educativos

La Oficial de Audiencia encontró, también, que el expediente no indicaba que Mark recibiera algún beneficio educativo en un ambiente de inclusión y que aprendía mejor cuando era educado en un contexto individual.

Es poco claro para la Corte cómo la Oficial de Audiencia llegó a su conclusión de que Mark no aprendía nada mientras permanecía en un ambiente inclusivo. La discapacidad de Mark le afecta significativamente su habilidad para comunicarse. El expediente muestra que él no puede ser valorado bajo condiciones estándar y que la Oficial de Audiencia parece haber desestimado cualquiera de las evaluaciones basadas en pruebas adaptadas. Este enfoque condena a Mark a fallar constantemente.

La Oficial de Audiencia aprecia que en el abordaje del beneficio educativo en el aula regular, la corte en el Caso Daniels R. R., enfocó "la habilidad del estudiante para comprender los elementos esenciales del currículo de educación regular". En el nivel de segundo grado, los elementos esenciales son matemática básica, lectura y habilidades de escritura. La maestra de Mark en la escuela primaria de Ashburn, Debra Jarrett, testificó que ella no creía que Mark estuviera aprendiendo en su clase, pues dudaba que poseyera la habilidad para matemáticas o lectura.

Sin embargo, Cathy Thornton, una tutora contratada por los Hartmann, quien trabajó con Mark después de clases durante el año escolar de 1993–94, testificó lo contrario. Mientras fue tutora de Mark, Thornton fue también contratada por el sistema escolar del Condado de Fairfax como maestra de educación especial para estudiantes autistas en un ámbito diferenciado. Thornton hizo adaptaciones a las pruebas estandarizadas y fue capaz de administrar parte de estas a Mark. Concluyó, de esta evaluación, que Mark no está retardado mentalmente y que es capaz de lograr progreso educativo. Testificó también que Mark posee habilidad para matemática y para iniciar interacciones sociales. Observó que su rango de atención cuando estaba comprometido en alguna actividad académica, duraba de diez a cuarenta y cinco minutos.

Dado que Thornton parece no tener prejuicios educativos, la Corte encuentra que su evidencia es especialmente creíble y está perpleja por la falla de la Oficial de Audiencia en dar el peso debido a esta evidencia. (Nota: La Oficial de Audiencia falló al no otorgar peso a la educación previa de Mark en ambiente inclusivo en Illinois.) Ella podría ser considerada más bien, como la testigo con mayor experiencia directa en educar menores autistas. Declaró haber tenido once años de experiencia en educación especial con, al menos, un menor autista en su clase cada año. Durante los últimos cinco años, ha enseñado en el programa autismo del Condado de Fairfax en un aula diferenciada. Por ejemplo, declaró que ella cree que un estudiante de su clase se podría beneficiar de un programa de inclusión, mientras que el resto de sus estudiantes debería pertenecer al ámbito diferenciado (Id. en 178).

Kenna Colley, maestra especialista en inclusión, quien ha estado trabajando con Mark en la escuela primaria de Kipps, en el Condado de Montgomery, Virginia, corroboró la evaluación de Thornton sobre el potencial de Mark. Declaró que para el final del cuarto grado, Mark podría desempeñar destrezas en forma independiente para sumar y que estaba trabajando en restar. Colley declaró también que Mark se comprometía en interacciones sociales con sus compañeros de clase, que les llevaba cosas a la clase, bailaba con ellos en la clase de música y que, también, al terminar las clases, se tiraba con ellos en el tobogán. Colley consideraba que Mark conocía a sus compañeros por sus nombres, tal y como se evidenciaba cuando señalaba sus fotografías acertadamente cuando se le decía un nombre y se le preguntaba quién era. Patrick Schwarz, un experto en autismo contratado por los

Hartmann para observar a Mark en su aula, declaró que, con base en sus observaciones, determinaba que Mark tenía un margen de atención de aproximadamente quince minutos. Beverly Strager, maestra de cuarto grado de Mark en la escuela primaria de Kipps, declaró que Mark tenía progreso educativo durante el año en su clase regular. De igual forma, Greg Paynter, asistente de Mark en cuarto grado en la primaria de Kipps, declaró que Mark presentaba progreso educativo durante el año y que era capaz de trabajar en forma independiente en lecciones académicas adaptadas . . . por ejemplo, respondiendo preguntas sobre una materia por medio de selección múltiple.

Además de los testimonios de varios educadores del Condado de Montgomery, Virginia, respecto al éxito de la inclusión de Mark en su programa, la Corte ha observado un video que lo muestra durante un periodo de dos días. La cinta contiene la mejor evidencia de los logros educativos de Mark, porque lo presenta a él mismo. Por ejemplo, la Corte vio a Mark señalar correctamente una imagen de Monticello, dentro de una serie de opciones, cuando se le pidió que nombrara el hogar de Thomas Jefferson. También fue capaz de señalar correctamente imágenes de monedas cuando se le pedía que diera a su asistente 35 centavos. En lo referente a su comportamiento, fuera de algunos ruidos de arrullo y movimientos de sus miembros, Mark no mostró más comportamientos perturbadores de los que mostraran sus compañeros. No había evidencia de conductas incontrolables. Mark aprendió a tolerar mejor el cambio. Por ejemplo;a no temía ir al comedor y era capaz de enfrentar los cambios de horario. Interactuaba mejor con sus pares y parecía imitar sus sonrisas. Rotuló en forma correcta imágenes correspondientes al gimnasio y el patio escolar.

Los testigos de la Junta trataron de minimizar el valor de estos logros, fundamentalmente, declarando que Mark no mostraba realizar todo aquello apropiado a su edad; aunque ningún testigo declaró que Mark estuviera trabajando a este nivel de edad. Como los demandantes argumentan, correctamente, Mark está aprendiendo en un contexto inclusivo y tiene más oportunidad de explotar su potencial, aún desconocido, en dicho contexto que en el menos enriquecedor del aula diferenciada.

Si Mark fuese colocado en el aula diferenciada de autismo en Leesburg, estaría compitiendo con otros cinco estudiantes autistas por la atención, tanto de la maestra en educación especial, como de la asistente. Tampoco mostraría gran parte de los comportamientos propios de los estudiantes normalmente sociales que podrían darle pautas para ello ni lograría cumplir con el contenido académico que recibe actualmente.

3. Efecto en el ambiente de aula regular

La Oficial de Audiencia consideró que Mark presenta conductas muy perturbadoras, que tienen un efecto negativo en el aula. Advirtió que si este fuera el único factor, no sería justificación suficiente para trasladar a Mark del aula, pero aunado con otros factores, la llevó a su determinación de que lo adecuado era sacarlo del contexto inclusivo.

El expediente demuestra que Mark tiene algunos problemas de comportamiento en la escuela primaria de Ashburn. Por ejemplo, Fred Jernigan estuvo en contacto por teléfono para sugerir estrategias de modificación de conducta. No obstante, Jernigan no posee ninguna experiencia significativa en la enseñanza a menores autistas. Cuando se comparan sus credenciales con las de Thornton, Ruppmann y Kelly, resulta obvio que carece de la capacidad para lograr estrategias exitosas. A pesar de que los problemas continuaron, no se desarrolló un plan de modificación de conducta, sino hasta febrero de 1994. Cathy Thornton declaró que, durante ese año, ella no había tenido problemas con el comportamiento de Mark en sus sesiones de tutoría después de clase. Inclusive, después de que Mark dejó la primaria de Ashburn, su comportamiento mejoró en forma significativa. Su maestra de cuarto grado en el Condado de Montgomery, Virginia, Beverly Strager, declaró que Mark tenía cierto nivel leve de distracción, pero que este nunca interfirió con su enseñanza. Informó que, cuando Mark hacía ruidos, seguía sus instrucciones o las de sus compañeros para mantenerse en silencio. Su asistente, Greg Paynter, declaró que el comportamiento de Mark mejoró durante ese año, excepto en el período en que su madre estuvo enferma.

Considerando el claro enfoque del AEID, el comportamiento perturbador no debería ser un factor significativo para determinar la ubicación educativa apropiada para un menor discapacitado. En el caso de Mark, se cuenta con evidencia contundente de que sus conductas no tienen un impacto negativo en su ambiente actual. El video mostró a Mark desarrollando apropiadamente muchas actividades diferentes: prepararse para el día quitando las sillas de los escritorios, compartir el almuerzo con sus compañeros, mirar un libro con otro menor, trabajar en la computadora, alzar su mano en respuesta a una pregunta de su maestra y trabajar individualmente con su maestra de lenguaje y dicción. En ningún momento, el comportamiento de Mark mostró ser perturbador *en el aula. Él muestra el funcionamiento de un miembro integrado a la clase. Asimismo, muestra muy bien cómo sigue instrucciones. En una ocasión, Mark estaba fatigado y se tomó un descanso recostándose en el piso mientras trabajaba con su maestra de lenguaje. Tan pronto como la maestra le indicó que el descanso había terminado, Mark volvió a su asiento y volvió a trabajar. Esto, además de la evidencia de que Mark ha logrado progreso educativo en un ambiente inclusivo, favorece una ubicación educativa inclusiva para Mark.*

Considerando que los esfuerzos realizados por la Junta para disponer exitosamente la ubicación de Mark disminuyeron durante el año escolar 1993–94, esta Corte encuentra que el Sistema de Escuela Públicas del Condado de Loudoun violó su obligación, de acuerdo con el AEID, para educar a Mark de la mejor manera posible, con menores no discapacitados.

B. Pertinencia de la Ubicación Propuesta

La Oficial de Audiencia abordó la segunda cuestión, referente a la pertinencia de la ubicación propuesta, con base en su determinación de que el Condado de Loudoun no había faltado a su deber con respecto al AEID. Habiendo encontrado esta Corte una violación del AEID, no necesita abordar esta cuestión, pero lo hará brevemente en aras de mayor exhaustividad.

La ubicación de Mark propuesta por la Junta en un aula diferenciada para autismo podría no ser apropiada. La evidencia demuestra que la mayor necesidad de Mark es mejorar sus habilidades comunicativas. El mejor ambiente para desarrollar estas habilidades es con menores que se comunican en forma normal. Más aún, las oportunidades de integración ofrecidas durante las clases "especiales", como educación física, música, arte y biblioteca, no serían las más apropiadas para Mark. Como el Dr. Schwarz declaró, estas clases están menos estructuradas que las básicas. Debido a que Mark necesita estructura, no avanzaría igual en sus habilidades comunicativas si las únicas oportunidades de integración fueran ofrecidas durante clases no estructuradas y frecuentemente caóticas.

Schwarz declaró también que sacar a Mark de su ambiente de inclusión normal y colocarlo en el aula diferenciada podría ser inadecuado y significar, además, un retroceso. Esto en función de que en el aula diferenciada hay menos rutinas, muchos menos estudiantes y muy limitadas interacciones con pares de edad apropiada. Kenna Colley declaró que la inclusión es muy importante para Mark, si ha de aprender las habilidades necesarias para su futuro. Tales destrezas incluyen cómo permanecer en la realización de una tarea y tener interacción social, así como ciertas habilidades académicas. Colley considera que la inclusión ha sido beneficiosa para Mark porque sus habilidades sociales han mejorado y su autoestima se ha visto aumentada.

Hubo mucha discusión en el juicio acerca de las habilidades significativas para el futuro de Mark. Los testigos de la Junta declararon que él necesita enfocarse en las habilidades para la vida, incluyendo las que involucran interacción en la comunidad, tales como ir a la tienda o utilizar el transporte público. Existe evidencia irrefutable de que Mark está teniendo dichas oportunidades en casa. Joseph Hartmann declaró que él y su esposa pasan mucho tiempo enseñando a Mark aspectos relacionados con la comunidad. Mark es llevado con frecuencia a la biblioteca, la tienda de abarrotes, la librería y lugares similares. Se le ha instruido sobre cómo tomar el autobús. Incluso, se le ha enseñado a realizar tareas en casa, como lavar los platos y sacar la basura. Debido a que Mark tiene entrenamiento profuso en casa sobre las habilidades para la vida, este no debería ser el enfoque de su currículo académico.

Conclusión

Por las razones expuestas anteriormente, la Corte REVOCA el fallo de la Oficial de Audiencia relacionada al programa y ubicación adecuados para Mark Hartmann. La Corte considera que si la Junta pone en marcha su plan de ubicación, estaría violando su deber bajo el AEID para educar a Mark, en la mejor manera posible, con menores que no están discapacitados. La Corte considera, también, que los esfuerzos de la Junta para incluir a Mark fueron inadecuados, debido a que la Junta falló al no seguir el consejo de las expertas propiamente calificadas como Ruppmann y Kelly y en lugar de ello, conformó un equipo para el PEI con personal con entrenamiento y experiencia inconvenientes, condenando así los esfuerzos de inclusión al fracaso. Por lo tanto, se dicta sentencia a favor de los demandantes y una Orden adecuada se publicará señalando violaciones adicionales tanto al AEID como Acta de Rehabilitación. Se otorgan, a los demandantes, honorarios razonables de abogados y costos de conformidad a 20 U.S.C. – 1415(4) (b), por tanto para esta materia como para los procedimientos administrativos.

Al secretario se le manda remitir copias de este Memorando de Opinión para su registro.

– Emitida este 27 de noviembre, 1996.

En un comunicado de prensa, el Sr. Rugel escribió: *"La decisión de la Jueza Brinkema representó una victoria completa para los Hartmann".* De momento, nos sentimos revindicados y victoriosos, ¡nuestra voz fue al fin escuchada? La Jueza Brinkema consideró, de manera mucho más justa, la historia completa de Mark, de Illinois a Kipps, justo en lo que la Oficial de Audiencia en el Debido Proceso se equivocó . . . considerar la magnitud total del éxito de Mark en el contexto inclusivo de preescolar y del primer grado en Illinois. Fue por ello que la Jueza Brinkema pudo discernir la claridad de la evidencia que la llevó a tomar su decisión. Al revocar la primera opinión de la Oficial del Debido Proceso, la jueza Brinkema, *¡le dio a nuestro caso la justicia que ameritaba!*

Aunque queríamos celebrar y vivir esta alegría, nos quedamos tranquilos. Estábamos agotados, nuestra energía estaba por extinguirse. Celebramos al día siguiente, compartiendo una oración de gracias cuando nos sentamos para celebrar la cena del Día de Acción de Gracias.

No obstante, nuestra alegría duró muy poco tiempo. El 10 de diciembre de 1996, la Sra. Mehfoud presentó en la Corte del Distrito Federal en Alexandria un memorando en Apoyo para la suspensión temporal del caso. Justo cuando habíamos pensado que, finalmente, ganábamos el derecho de Mark a una educación inclusiva en el SEPCL, la batalla legal comenzaba ahora en el nivel federal de la corte de apelación.

CAPÍTULO 19

El Juzgado de Apelaciones del Cuarto Circuito

1997

Los esfuerzos continuos del SEPCL para acabar con nosotros legalmente llamaron la atención de un amplio espectro de personas interesadas en las comunidades de discapacidad y educación. En vista que el SEPCL apeló la decisión de la Jueza Brinkema en el Juzgado de Apelaciones del Cuarto Circuito en Richmond, Virginia, pronto se nos presentó una gran cantidad de apoyo que no habíamos solicitado, en forma de sumarios de amicus curiae[18] o "amigos de la corte". El Departamento de Educación, el Departamento de Justicia y otras dieciséis organizaciones que representaban intereses diversos de personas con discapacidades, se unieron en la preparación de sumarios convincentes en apoyo de la decisión de la Jueza Brinkema y a nuestro caso en la lucha por los derechos educativos de Mark.

A pesar de todo, el 9 de mayo de 1997, al tribunal de tres jueces del Juzgado del Cuarto Circuito de Apelaciones, le tomó sólo cerca de una hora escuchar los argumentos legales, tanto de parte de la Sra. Mehfoud como del Sr. Rugel, además de cuestionarles sobre la jurisprudencia aplicable. A diferencia de la sala de la corte de la Jueza Brinkema, en este nivel, no se llamó a ningún testigo, ni se permitió más evidencia. Básicamente, el Juzgado de Apelaciones del Cuarto Circuito toma sus decisiones basadas únicamente en el expediente escrito de la Audiencia de Debido Proceso y del cuerpo de pruebas de la Corte del Distrito Federal. Fueron designados los jueces

---

18. El amicus curiae (amigo de la corte o amigo del tribunal) es una expresión latina utilizada para referirse a presentaciones realizadas por terceros, ajenos a un litigio, que ofrecen voluntariamente su opinión, frente a algún punto de derecho u otro aspecto relacionado, para colaborar con el tribunal en la resolución de la materia objeto del proceso.

J. Havie Wilkinson III, como Juez Principal, Michael J. Luttig, por el Circuito; John Thomas Copenhaver Jr. por el Distrito, para ver la apelación. El Juez Principal escribió la sentencia decisiva a la que los Jueces Luttig y Copenhaver se unieron en *Hartmann vs. Loudoun County Board of Education,* 118F.3d (4º Cir. Appeals 1997)

Al inicio, uno de los jueces hizo un comentario que nos hirió profundamente. Básicamente, se refirió a la Jueza Brinkema como una "trabajadora social", dada la forma en la que escribió su sentencia. Nos pareció un comentario sarcástico, no profesional; perturbador. Temimos que fuera el anticipo del punto de vista predominante del Cuarto Circuito en lo referente a la apelación del SEPCL.

En ese momento, resultó también muy interesante advertir la composición política de la judicatura del Cuarto Circuito. La mayoría era conservadora, nombrada por el presidente Ronald Reagan o George H. Bush. La Jueza Brinkema era una jueza federal de nombramiento relativamente reciente por el Presidente William J. Clinton. Desde nuestro punto de vista, era palpable el desdén con que los jueces del Cuarto Circuito se referían a ella.

Al final; para nuestra absoluta desolación, el 8 de julio de 1997, el Juzgado de Apelaciones del Cuarto Circuito vetó el fallo de la Jueza Brinkema y confirmó la posición del SEPCL sobre la ubicación de Mark en un ambiente de aula diferenciada para educación especial.

La mesa de jueces escribió: *"La corte del nivel anterior (Jueza Brinkema) sustituyó sus propias nociones de la política educativa sólida por las de las autoridades locales de la escuela y pasó por alto las conclusiones de procedimientos administrativos del Estado. El AEID no requiere que se equipe cada servicio especial en la forma necesaria para maximizar el potencial de cada menor discapacitado".*

De acuerdo con la Corte del Cuarto Circuito, la evidencia mostraba que cuando Mark logró progreso en Illinois o en Montgomery fue en un contexto individualizado. Resolvió que el énfasis debía haberse puesto respecto a dónde logró Mark el mayor progreso académico y que esto hizo más difícil su progreso en las interacciones sociales.

Su fallo se basó también en la perspectiva de la corte de que el entrenamiento del equipo de Loudoun no fue tan malo como indicó la Jueza Brinkema: *"Pedir más de esto al personal de educación regular, les requeriría convertirse en docentes de educación especial entrenadas en todo el rango de discapacidades que sus estudiantes podrían tener. La ley de Virginia no solicita esto, ni el AEID . . . Podemos pensar en algunas medidas que podrían hacer más para usurpar las normas y políticas educativas estatales, que la reformulación de los requisitos estatales de certificación de enseñanza por parte de los tribunales federales, como una aparente aplicación del AEID".*

El Juzgado del Cuarto Circuito concluyó también que el comportamiento perturbador de Mark fue ignorado por la corte anterior y era de gran relevancia. Más aún, consideró que Nancy McBride, la Oficial de Auditoría local, trabajó reuniendo los hechos del caso, lo que fue ignorado por la corte anterior.

¿Continuar o no con la Batalla Legal?

Siguiendo a nuestra gran decepción con la decisión del Juzgado de Apelaciones del Cuarto Circuito, la Sra. Judith Heumann, Secretaria Asistente de Educación Especial del Departamento de Educación de los Estados Unidos, invitó a Roxana, al Sr. Rugel y a la Sra. Ruppmann a su oficina para discutir las estrategias legales que se presentaban en esta coyuntura. Asistieron también a esta mesa redonda de discusión abogados del Departamento de Educación así como del Departamento de Justicia. Después de casi dos horas de deliberación, el consenso fue que debíamos llevar a la Corte Suprema con nuestro caso. Había mucho por ganar y nada que perder.

Entonces, bosquejamos un Auto de Avocación a la Corte Suprema de Estados Unidos, en Washington, D.C. Esto consiste en una solicitud formal a la Corte Suprema para que revise un caso. Pocos casos cumplen con los criterios establecidos por la Corte para revisar argumentos legales; sin embargo, el Sr. Rugel esperó que nuestro caso, centrado en la educación de menores con discapacidades con implicaciones para todo el país, fuera aceptado. Esta era nuestra última esperanza de justicia. El SEPCL también presentó una solicitud condicional para un Auto de Avocación en caso de que la Corte Suprema aceptara.

Dentro de las semanas en que recibieron nuestra solicitud, la Corte Suprema ejerció su prerrogativa de no aceptar el caso. La batalla legal había concluido. Habíamos agotado cualquier opción posible dentro del sistema judicial.

Aunque no tuvimos éxito en la batalla legal con el SEPCL, nuestra lucha por la educación inclusiva de Mark logró la atención de la nación, por un período de cinco años, sobre la difícil situación de los menores con discapacidades, las prácticas de educación especial y el Acta de Educación para Personas con Discapacidades. A lo largo del proceso legal, tomamos medidas para mantener a Mark en inclusión total y en manos seguras, en Blacksburg, Virginia. Durante este tiempo, permanecimos convencidos de la evidencia indiscutible que mostraba que nuestro hijo se beneficiaba de una educación pública de inclusión completa y que se agravaba cuando se le retiraba de un ambiente realmente eficaz para el aprendizaje. Entonces, a consecuencia del fracaso legal en el Condado de Loudoun, elegimos, definitivamente, mantener a Mark matriculado en las Escuelas Públicas del Condado de Montgomery, en Blacksburg, Virginia, por el resto de sus años escolares.

EPÍLOGO

El juzgado año de Mark en Preparatoria

2004 y después

Algo andaba mal. Roxana notó que Mark no saboreaba su cena como lo hacía normalmente un joven de dieciocho años y estaba más bien apagado. Ya no mostraba su habitual interés en mirar videos, más bien, prefería quedarse en cama leyendo revistas sobre felinos de la selva. En aquella noche fría y sombría de febrero, en 2004, Mark Hartmann salió de su cama y se acercó a su madre pidiéndole que se sentara frente a la computadora en el cuarto de al lado. Suavemente corrió a Roxana para sentarse a su lado, ella se corrió entonces para cederle el espacio.

"No me siento bien, duele", escribió Mark en la computadora. Roxana le preguntó verbalmente si le dolía el estómago. Agitado, Mark tecleó, *"No, no. Mi estómago está bien".* Roxana lo miró directamente en los ojos y le imploró: *"Mark, dime, ¿dónde te duele?"* Al momento él se volvió al teclado y escribió: *"Sí, el oído".* Roxana entonces, le repitió lo que había entendido de lo que él había escrito, que su oído le dolía. El respondió: *"Sí, sí".* Ella le preguntó *"¿Cuál oído, Mark?"* y él inmediatamente puso su mano en su oído derecho. ¿Estará padeciendo del oído por la natación?, pensó Roxana. La rutina de Mark incluía una hora de natación en el centro de recreación, después de clases, cada día.

Inmediatamente Roxana lo llevó a emergencias. El doctor lo examinó y confirmó que, efectivamente, tenía infectado su oído derecho. Después de detenerse para comprar el antibiótico recetado, Roxana lo llevó de nuevo a casa;a más aliviada. Lo elogió por haber tenido la iniciativa de decirle lo que le pasaba. Roxana estaba más que feliz de que Mark le había tecleado sus pensamientos, ¡en forma totalmente independiente!

Los Años de Secundaria

Durante el año escolar del 2003–04, Mark era un estudiante avanzado de Preparatoria en la Secundaria de Blacksburg. A lo largo de su vida como estudiante, el autismo de Mark había impactado el desarrollo normal de sus habilidades sociales y de comunicación. Siendo una persona totalmente no verbal, Mark dependía del lenguaje corporal y de su computadora para dar a conocer sus pensamientos a los demás. En la escuela, se comunicaba utilizando en forma independiente una pizarra de comunicación, además de la comunicación facilitada (CF) en su computadora portátil, para lo que recibía el apoyo de facilitación de un equipo entrenado cercano a él. Puesto que la meta principal para la educación de Mark había sido siempre el lograr una comunicación independiente, logró utilizar muchos métodos diferentes de comunicación aumentativa a lo largo de los años, incluyendo CF. Todos estos métodos contribuyeron al desarrollo de habilidades de comunicación y aumentaron su confianza en el uso de estas herramientas.

Durante su segundo año, Mark se puso impaciente con la comunicación facilitada y comenzó a teclear palabras y frases familiares por sí mismo, incluso algunas veces en forma repetitiva. Reconociendo que estaba probando su propia habilidad y volviéndose más independiente con el tecleo, las maestras de Mark comenzaron a disminuir su nivel de apoyo en CF.

Ya en su último año, disfrutamos cuando Mark llegó un nivel de comunicación crucial—¡ya no requería un facilitador para ayudarse a expresarse por escrito? Mark, finalmente, era capaz de teclear oraciones en forma independiente en su ambiente escolar, especialmente en respuesta a preguntas en sus clases académicas. Incluso, podía hacer una composición sobre algún tema específico, aunque debía poner mucha atención, lo que le demandaba más empeño y requería mucho más tiempo para terminarla, en comparación con un alumno promedio de último año. No obstante, con el tiempo nos resultó evidente que le era más fácil comunicar información sobre lo que aprendía en sus tareas, que utilizar sus destrezas de comunicación independiente para socializar. Tales limitaciones de comunicación son típicas en las personas con autismo y hacen más evidente el efecto devastador que el autismo tiene en las habilidades de una persona para la interacción social espontánea.

En términos de comportamiento, Mark había aprendido, en su relativamente corta vida, a controlar gran cantidad de conductas no deseadas asociadas con su autismo. A lo largo del camino, se había convertido en un joven encantador que era capaz de enfrentar la vida dentro de las normas sociales promedio que se esperan en adolescentes mayores. Sin embargo, siempre existe una leve probabilidad de que un evento inesperado, como por ejemplo una alarma de fuego, pueda ocasionarle mucho estrés. Si él considera que no puede manejar las circunstancias, ahora;a puede hacérnoslo saber. Tratamos de ayudarle a enfrentar el evento, si no existe una salida fácil a disposición. De igual forma, en la clase sus maestras estaban totalmente conscientes de cuáles eran los signos indicadores de que estaba comenzando a perder control. Durante esas raras ocasiones, él reaccionaba de acuerdo con el Plan de Apoyo para Comportamiento Positivo propio para esa situación y, simplemente lo trasladaban a un lugar tranquilo donde pudiera relajarse y serenarse.

A pesar de estos progresos, el autismo continúa negando a Mark las habilidades de razonamiento necesario para enfrentar algún daño potencial en ciertas circunstancias o para analizar cómo evitar accidentes. Durante su experiencia educativa, requirió una asistente para guiarle en la escuela y en la comunidad, sobre todo para mantenerlo seguro frente a posibles daños. De igual manera, aun cuando se le ha orientado durante años sobre cómo ser cuidadoso cuando cruza las calles, todavía caminamos cerca de él a fin de tomarlo por su hombro, pues podría olvidar "mirar a ambos lados, antes de cruzar".

La actividad física regular sigue ayudándole a estar concentrado, evitar conductas repetitivas y estimulantes y a lograr un buen sueño. Creemos que estas actividades físicas han sido de gran utilidad para mantenerlo sin medicamentos a lo largo de su vida. Sus actividades regulares incluyen natación, baloncesto, caminatas, andar en bicicleta y visitar grandes tiendas que tengan sección de libros o videos. Casi a diario, él nada por una hora aproximadamente, para luego meterse en el jacuzzi. Después de una ducha caliente, Mark queda totalmente relajado, de un humor excelente y listo para lo que siga en su agenda vespertina. Durante los fines de semana, además de nadar, caminar, jugar baloncesto e ir a misa en la iglesia católica Santa María, disfruta ir al cine. Le gustan sobre todo las películas animadas de aventuras y le interesan también películas de acción para personas menores de edad.

Durante el año escolar, Mark tuvo dos trabajos que le consiguieron en el equipo de Instrucción Comunitaria en la escuela secundaria de Blacksburg. Esta aproximación laboral fue diseñada para exponerlo al mundo del comercio y enseñarle la disciplina necesaria para completar tareas asignadas en un ambiente laboral. Los miércoles, después de clases, trabajaba durante dos horas en el complejo de oficinas del Presidente del Tecnológico de Virginia. Ahí, distribuía el correo interno, recogía y destruía en la trituradora los documentos delicados y fotocopiaba avisos oficiales para las secretarias, según se requerían. Mark estaba orgulloso de haber tenido su propia oficina y que su nombre apareciera en el directorio del edificio. Además, en las tardes de sábado, trabajaba en una tienda local acomodando los productos en los estantes. Dependiendo de los productos que requirieran ser abastecidos, trabajaba hasta tres horas cada vez, con descansos de quince minutos cada media hora.

Durante los meses del verano, además de continuar su trabajo en el Tecnológico de Virginia, tenía un trabajo diario en una tienda de abarrotes grande. Era el responsable de regresar los carritos de compras del estacionamiento, limpiar los pasillos, reabastecer los estantes (mayormente de productos de gran tamaño, dadas sus necesidades propioceptivas) y activar la máquina trituradora de cajas. Este trabajo raramente excedía las dos horas programadas para tales actividades, lo que demostró que Mark era capaz de completar exitosamente exigencias laborales dentro de los plazos asignados.

Para ponerlo en forma simple, ¡Mark amaba sus trabajos? A pesar de que el proceso de inducción a su lugar de trabajo fuera deliberadamente lento, una vez que entendía lo que se esperaba de él, no tenía problema en cumplir con las tareas asignadas. Siempre tenía ganas de ir a trabajar y caminaba con orgullo, sobre todo al usar la camisa del uniforme de empleado en la tienda. Incluso, todas las personas que trabajaban con él mostraban apoyo en la meta importante: darle una experiencia de trabajo positiva que enriqueciera su autoconfianza.

A pesar de que Mark iba a clase con el mismo grupo de menores desde tercer grado, sólo tenía unos pocos amigos cercanos que le facilitaban oportunidades de socialización regular durante el día y en los eventos escolares. Estos muchachos y muchachas tenían corazones de oro y comprendían que su amistad con él era una calle de un solo sentido por su autismo, Mark simplemente no podía expresar sus pensamientos o responder en forma normal durante las interacciones sociales. Por lo mismo, no era capaz de reconocerles, ni siquiera de decirles "gracias", excepto en formas muy sutiles tocando suavemente sus mejillas o saludándoles fugazmente con la mano. "Chocar los cinco" servía a Mark y sus compañeros para felicitarse y saludarse durante el día escolar. Por medio de estos signos sutiles, era claro para los docentes y para nosotros que Mark realmente disfrutaba de estar incluido y de ser tratado como uno más de su grupo.

Otros compañeros de la secundaria fueron también sensibles a las peculiaridades de Mark y sus necesidades. Gracias al entrenamiento de pares, con el paso de los años, aprendieron a integrar a Mark en el aula y a tenerle paciencia. Asimilaron también cómo evaluar la disposición de Mark y determinar si se estaba poniendo ansioso o no. Algunos incluso, se ofrecieron para aprender técnicas de comunicación facilitada con el fin de ayudarle a expresarse. Nos complacía su iniciativa, a pesar de que para desarrollar el tacto y conocimiento necesarios, para ser un facilitador eficaz de comunicación facilitada se requiere de un tiempo considerable de entrenamiento y práctica. Por ello; a pesar de su voluntad de aprender, sus compañeros nunca lograron superar las etapas rudimentarias de aprendizaje de estas técnicas.

Fuera de la escuela, Mark había comenzado a abogar por otros menores con discapacidades. Hoy, es un defensor que tiene un gran sentido del humor y disfruta compartir su éxito en educación en conferencias sobre autismo e inclusión. Junto con otros jóvenes con autismo, fue invitado a servir como presentador en una conferencia sobre Desórdenes del Espectro de Autismo en Roanoke, Virginia, en donde abordaron el tema de Comunicación Facilitada. Si bien Mark estaba inquieto al inicio, en minutos logró permanecer serio y enfocado. Por cuarenta y cinco minutos escuchó las preguntas de padres y educadores, ofreciendo sus repuestas digitadas que eran proyectadas en una gran pantalla en la sala.

En un momento de la presentación, los otros jóvenes con autismo comenzaron a perder su compostura y no pudieron continuar. Surgió una leve conmoción, no obstante Mark, sin que nadie se lo indicara, escribió: *"Sí, Matt, tu sólo tienes que relajarte y divertirte"*. Esta respuesta realmente llevó a Mark a resolver este estrés del momento.

Durante la conferencia, el facilitador de Mark ayudó a apagar el incendio de dudas sobre la Comunicación Facilitada mediante la demostración de técnicas de resolución que pueden ser utilizadas para ayudar a que la persona facilitada alcance total independencia. De hecho, Mark se fue sintiendo más y más cómodo con el uso independiente del teclado de la computadora. Aunque su necesidad de apoyo de un facilitador iba disminuyendo drásticamente; aun siendo capaz de comunicarse totalmente por sí mismo usando su portátil, su comunicación independiente se ve limitada a breves conversaciones. Gran parte de su habilidad comunicativa depende de su nivel de ansiedad, la urgencia del mensaje a compartir y su humor. En general, se comunica especialmente bien cuando está relajado y con buena disposición. Aunque ha llegado muy lejos, no ha podido atravesar el techo invisible que le distancia de ser independiente, en forma consistente, en sus intentos de comunicarse.

Elementos de Inclusión Exitosa

La inclusión exitosa de Mark en la Escuela Secundaria de Blacksburg tenía su base en los elementos que previamente se habían establecido durante su educación, incluso ya en el preescolar. Los sistemas de comunicación utilizados en la escuela, si bien no eran perfectos, sirvieron adecuadamente al equipo de inclusión y aseguraron que Mark aprendiera el material que le enseñaban. Mark se demostró a sí mismo que era un pensador activo, que disfrutaba con el material que le daban en clase. Siendo una persona casi perfeccionista a causa de su autismo, no le gustaba fallar una respuesta en un examen, pero aprendió a vivir con ello. Con los años, aprendió también a sentirse cómodo con la estructura y rutina de la escuela. Gradualmente, asimiló las destrezas que le ayudaban a superar la ansiedad que sentía al tener a alguien muy cerca de él trabajando en clase.

Creemos que la pieza clave de su éxito, sin embargo, fue la transición entre la enseñanza básica y la media. Nos unimos con las personas encargadas de la administración, la docencia y las terapias para conformar un grupo fuerte, comprometido con el buen funcionamiento del programa de inclusión de secundaria. El equipo formulaba planes excelentes, así como las mejores estrategias para desarrollar estructuras de apoyo para Mark y su adecuada disposición[19] en la escuela. (Nota: Al principio de su educación, usamos 35 formas diferentes de disponer de su acomodo para asegurar su inclusión. Ya para su último año de secundaria, se redujeron a cinco solamente. Estas estrategias son claves para el éxito de un programa de inclusión).

El Plan Educativo de Mark estuvo caracterizado por seis elementos fundamentales: consistencia en la escuela, una estructura positiva efectiva, planeamiento de transición conveniente, entrenamiento a pares y docentes, un plan de apoyo conductual positivo eficaz y un equipo de profesionales educativos comprometido y con voluntad. Creemos que estos elementos fueron tan valiosos para el éxito de la inclusión de Mark, que merecen ser comentados en este libro.

Consistencia. El SEPCM contrató al Sr. Daniel Ferrell, asistente de octavo año de Mark, como maestro de educación especial para secundaria. El Sr. Ferrell contaba con una maestría en Educación Especial y estaba deseoso de trabajar en nivel secundario. Había acompañado a Mark desde el octavo de primaria y continuó como su profesor de enseñanza especial durante la secundaria. Como lo conocía especialmente bien y comprendía la importancia

---

19. Ver siguiente nota al pie.

de la estructura en su vida, el Sr. Ferrell también fue clave para capacitar al equipo y que se dieran implementaciones consistentes del PEI de Mark.

Además, el profesor Ferrell junto con la terapeuta de dicción, la Sra. Terry Robinson, destacaron en el uso de las técnicas de Comunicación Facilitada para ayudar a Mark a comunicarse en la clase y completar sus tareas asignadas. Gracias al entrenamiento ofrecido por el SEPCM, se volvieron expertos en el proceso de Comunicación Facilitada diseñado para ayudar a Mark a lograr una comunicación totalmente independiente. Después de años de facilitación, Mark ha alcanzado un alto nivel de fluidez expresiva y se ha acercado cada vez más a la independencia.

Aunque las asistentes en docencia de la escuela no fueran tan avezadas en comunicación facilitada como la Sra. Robinson y el Sr. Ferrell, fueron intermediarios efectivos para Mark. Le ayudaban a seguir el curso de sus estudios, estaban atentos a sus indicadores de inquietud y monitoreaban sus respuestas, tanto en los exámenes de sí/no, como de respuestas múltiples.

En su papel de responsable general de la educación secundaria de Mark, el Sr. Ferrell con mucho cuidado, se abocaba a diseñar, entrenar, monitorear y asesorar a las asistentes contratadas para acompañar a Mark a lo largo de su día escolar. En forma entusiasta, observaba la forma de comportarse de Mark, en busca de cualquier señal que indicara que un problema estaba por surgir. En muchas ocasiones, la ansiedad de Mark se relacionaba con un evento que se aproximaba, tal como el día de la familia, un baile escolar o un día festivo. Junto con Mark, discutía sus preocupaciones y las resolvía, tan pronto como fuera posible, por medio de adaptación y acomodación[20]. Si hubiera tenido un maestro de educación especial nuevo, le hubiera tomado muchos meses de cada año aprender las debilidades propias de Mark y desarrollar formas para abordarlas. Por ello, la supervisión y el manejo consistentes ofrecido por el SEPCM por medio de la supervisión del Sr. Ferrell demostró ser invaluable para el éxito total de Mark.

---

20. Modificación-acomodación, adaptación, y adecuaciones. Aunque son similares, estos términos difieren en el tipo de cambio que se hace y lo que logra. Una modificación permite a la persona compensar la discapacidad intelectual, conductual o física, así como fomentar el desarrollo, adquisición o mejora de nuevas habilidades. Las modificaciones están diseñadas para ayudar a que el estudiante sea capaz de realizar un trabajo escolar similar, pero lo que el estudiante debe aprender es diferente de sus pares. Una acomodación es un cambio de la entrega de instrucción o el método de rendimiento de los estudiantes que no cambia el contenido curricular o dificultad conceptual en un esfuerzo para ayudar al niño a ser capaz de hacer el mismo trabajo que sus compañeros. Una adaptación cambia la forma en que se entrega la instrucción o la dificultad conceptual y el contenido del plan de estudios sin dejar de ayudar al individuo en el aprendizaje en el ambiente menos restrictivo.

Estructura. Después de algunas semanas problemáticas ajustándose al cambio de rutina de la escuela primaria a la secundaria, el Sr. Ferrell y el equipo de educación especial se dieron cuenta de que Mark necesitaba más tiempo a fin de prepararse mentalmente para el trabajo escolar en la clase formal. Mark parecía estresarse por pasar tantas horas en clase. El equipo, por tanto, recomendó que su carga académica se redujera de cinco materias básicas a cuatro. Pocos días después del cambio, Mark reveló mejoras notables en su nivel de ansiedad y en su habilidad para asistir a clases.

El arreglo de tener las cuatro clases, además de la de educación física y dos de sala de estudio, resultó adecuado para Mark durante sus primeros años en secundaria. Este horario le permitía tener tiempo para completar las tareas en la escuela y flexibilidad suficiente para que se relajara entre clases, si es que necesitaba un descanso. Mark obtuvo un promedio de calificación de B- durante estos primeros años. Para sus últimos años, tenía también cuatro materias, pero no necesitaba ya tomar educación física, por lo que contaba con mayor tiempo. Cerca del final de su educación secundaria, Mark logró contar con un promedio de calificación A para el año.

Como llevaba una carga reducida de cursos cada año, sabíamos que obtener su título de secundaria le tomaría al menos cinco o tal vez seis años de trabajo escolar. No obstante, el tiempo extra en clase no fue una carga para él, pues disfrutaba la rutina de la secundaria. (Nota: En los EE.UU los servicios de educación especial terminan a la edad de 22-años.) Además, se matriculó en un curso de Composición Inglesa, en la Universidad Tecnológica de Virginia, en Blacksburg, para ganar algunos créditos. Este arreglo, establecido por el SEPCM y los funcionarios ejecutivos del Tecnológica de Virginia, resultaron en la creación del Programa de Transición en el Campus, que ahora atiende a siete jóvenes con disabilidades en dicha comunidad. Como parte de este programa estructurado, Mark pasaba cerca de cuatro horas al día en el Tecnológica de Virginia, en clases, estudiando en la biblioteca, tomando su almuerzo en el campus, o bien, utilizando las instalaciones deportivas. Le daba mucho gusto, particularmente, el encuentro ocasional con sus compañeros de secundaria, que ya en ese entonces eran estudiantes de la universidad.

Planeamiento de transición. Durante el 7º año participamos inicialmente en un proceso conocido como CPA "Construyendo un Plan de Acción", en forma conjunta con Mark, algunos docentes seleccionados para ello, pares, miembros de la familia y amigos. El espíritu de CPA apunta a Mark como persona, busca definir quién es, cuáles son sus sueños y pesadillas, sus talentos, así como sus fortalezas. El CPA despliega un plan de acción general para

Epílogo

ayudarle a evitar esas pesadillas y volver realidad sus sueños. Como joven con ideas propias, siempre participaba en las discusiones de CPA, expresando sus ilusiones, temores, gustos y molestias.

Este grupo se reunió para planificar los pasos que habría de seguir Mark en su jornada de vida durante el invierno de su último año de secundaria. Utilizando el esquema propio del proceso de CPA, se definió la estrategia denominada Planeando Alternativas, un Mañana con Esperanza (PAME)[21]. Una vez más, Mark participó en las discusiones. El PAME hizo que surgiera un collage de ideas y metas para él, que conformarían un plan de estrategias y acción para que realizara todos sus sueños, tanto los más próximos como los más lejanos. Este plan incluía una visión concreta y un calendario para lograr metas hasta el final de su último año de secundaria. Una meta de su PAME, por ejemplo, era *"viajar en avión para vacaciones"*. Se nos asignó la tarea de ayudar a Mark en su logro de forma que a finales de enero—para un fin de semana de cuatro días. Hicimos los arreglos de sus vacaciones en las Bahamas, para que disfrutara del sol, la playa, nadara en el mar, se relajara y bebiera su refresco de soda preferido. Efectivamente, Mark se fue de vacaciones. No sólo le encantó esta experiencia sino que, al parecer, aumentó su confianza en sí mismo respecto a su habilidad para hacerse cargo de la confusión de las medidas de seguridad y las largas esperas, propias de los aeropuertos. Y más importante aún, Mark ahora se siente más cómodo en los viajes por avión y con los cambios de entornos y personas que acompañan esta experiencia. El hacer planes para su futuro y las transiciones relacionadas con este nos han proporcionado una perspectiva para visualizar la siguiente fase de su vida.

Formación de los profesores y compañeros. Mientras que los programas de inclusión pueden variar, todos los educadores están de acuerdo que la inclusión debe ser planeada basado en las necesidades de cada niño como un individuo. Para Mark, el personal de educación especial en Blacksburg High School, así como los administradores de Montgomery County Public Schools, realizaron excepcionalmente bien en el manejo de programa de inclusión de Mark. Estos profesionales de educación estaban bien capacitados y dedicados a un compromiso incondicional para crear y llegar al éxito de Mark, entendiendo que es un éxito de día a día.

Queda claro que se requiere de una paciencia considerable y de un esfuerzo concertado, de parte de los distritos escolares, para educar a los docentes

---

21. En inglés las siglas son PATH, palabra que significa sendero o camino. Surge de las iniciales del "Planning Alternative—Tomorrow with Hope." Coincidencia que desafortunadamente, no se da en el español. NT

respecto a la educación inclusiva.

Lograr un programa de inclusión efectivo conlleva mucho más de lo que salta a la vista; los estudios y las acreditaciones logradas por los docentes para la obtención de sus títulos son sólo el principio de su educación en lo que se refiere a la inclusión. Es por ello que deben tomarse las medidas necesarias para que los docentes asistan a conferencias y capacitaciones en cursos que les provean estrategias para implementar adecuadamente un programa de inclusión para menores con discapacidades. Más aun, estos esfuerzos deberán ser permanentes, año con año, a fin de desarrollar tanto equipos como docentes capaces de encontrar soluciones y superar con éxito los desafíos relativos a la inclusión. Sus éxitos, al final, benefician no solamente a los menores con discapacidades, sino a todos los menores del aula.

Desde el principio de cuarto grado; cada año posterior, Roxana se unía al equipo de educación especial de la escuela durante las primeras semanas de clase para dirigir el entrenamiento de pares para los compañeros de Mark. Debido a la ansiedad que experimentaba, cuando la discusión se centraba en él, Mark no estaba presente en estas sesiones de entrenamiento de sus pares. Durante su clase regular, Mark era presentado a la clase como *una persona*. Roxana y el equipo les informaban sobre su discapacidad y les describían qué sí y qué no podían hacer para tener interacciones favorables con él.

Durante el período de comentarios que seguía a la exposición, los docentes, junto con Roxana, respondían las preguntas y preocupaciones de los menores. Quienes habían sido compañeros de Mark en años anteriores, les encantaban compartir sus experiencias. Por todo esto, dichas sesiones mejoraban mucho las habilidades de sus compañeros para darle la bienvenida a Mark como un miembro más de la clase a lo largo del año.

Apoyo conductual positivo. Desde el inicio de sus años escolares, los diferentes equipos educativos que trabajaron con Mark, proporcionaban a las docentes una guía que explicaba la forma de abordar mejor sus comportamientos no deseados. Cabe apreciar, como algo positivo, que estas guías informales de apoyo conductual nunca propusieron el tipo de aproximaciones comúnmente utilizadas en programas de educación en aula diferenciada, tales como restricciones físicas aversivas o técnicas de modificación de conducta. Aunque estas guías informales funcionaron bien para el equipo y los docentes y se fueron transmitiendo año con año, nos resultaron tan efectivas en el manejo de sus conductas.

A principio de sexto grado, se utilizó una estrategia más estructurada, llamada Plan de Apoyo Conductual Positivo (PACP). Con el paso del tiempo; utilizando los datos recabados sobre las circunstancias en que se presentaban las propias conductas, fue diseñado este PACP. Habiendo descubierto que las destrezas sociales atípicas y los retos comunicativos (ambos característicos del autismo) estaban en la raíz de las conductas indeseables de Mark, el PACP fundamentalmente, lo que ofrecía era una fórmula para mitigarlas. De acuerdo con este plan, se definía claramente el problema, se presentaba una hipótesis sobre este, se identificaban las destrezas sociales, comunicativas o de otro tipo que requerían ser enseñadas o reforzadas para reducir el problema conductual y se bosquejaban estrategias precedentes que se habían requerido para evitar dicho problema. Además, el PACP incluía una jerarquía de secuencia de estrategias para utilizarse cuando se diera tal comportamiento.

Reconociendo que en algunas circunstancias, el problema de comportamiento identificado podría llegar hasta una situación de crisis, se estableció con claridad un plan específico para crisis como parte del PACP. El plan de intervención en crisis aseguraba que, incluso el peor escenario, podría ser tratado logrando una respuesta efectiva y calculada.

El PACP utilizado en la secundaria de Blacksburg proveía de guías al equipo en lo relativo a los datos sobre el comportamiento de Mark y establecía un horario para revisar y evaluar estos datos. En resumen, el PACP de Blacksburg era un documento vivo y formaba parte del PEI; se iba modificando según fuera necesario para acomodar las necesidades particulares de Mark. El uso de este plan, coherente, estructurado y bien intencionado fue la clave para que el comportamiento de Mark estuviera casi libre de problemas durante su secundaria.

Un equipo de profesionales en educación comprometido. El maestro de educación especial y la terapeuta de lenguaje ya habían sido avalados por su trabajo con Mark en la Secundaria de Blacksburg, pero se necesitaba además uno o dos docentes para establecer un programa de inclusión efectivo. Gracias a la excelencia de los funcionarios de educación especial de la oficina central y de la Secundaria de Blacksburg, al liderazgo del director y a la constancia del equipo entero, el programa de inclusión de Mark avanzó rápidamente durante cuatro años con apenas uno que otro problema. Un auténtico espíritu cooperativo y sensible prevaleció en casi todos los docentes y la mayor parte de los estudiantes de la secundaria, incidiendo en forma positiva la manera en que se relacionaban las personas con los menores con discapacidades. Es justo señalar que la inclusión tuvo un impacto directo en la secundaria, para la mejoría de cada menor. De esta forma, ¡resultó una situación de ganancia para todas las personas involucradas!

Planes para el futuro

En vista de que nosotros tenemos una visión para el futuro de Mark, conocemos la importancia de mantener la flexibilidad en el centro de nuestros pensamientos, para considerar su vida más allá de la escuela secundaria, cuando él ya no esté bajo el cuidado de sus padres. Existe una variedad de opciones para él, basadas en la comunidad.

Gracias al proceso de PAME, se establecieron algunas metas para el futuro próximo y para el de más de largo plazo de Mark. Respecto a sus estudios universitarios, todos los que trabajamos con él en casa y en la escuela comprendemos claramente que tiene que lograr una comunicación consistente e independiente a fin de continuar con su educación superior. Sin esto, sus días académicos como estudiante se verían truncados. Al mismo tiempo, sin embargo, consideramos importante matricular a Mark en cursos cuidadosamente elegidos y tal vez vía internet, específicamente para estimular su crecimiento intelectual durante el programa de actividades estructuradas que formarán parte de su futura rutina diaria.

Idealmente, Mark llegará a vivir en forma independiente con un grupo de dos o tres compañeros de universidad, pero necesariamente tendrá ahí una estructura de apoyo específica para protegerle y guiarle durante su rutina cotidiana. Creemos que con el apoyo de un asistente laboral, Mark podría tener un trabajo de tiempo parcial que le permita un salario mensual. Así permanecería físicamente activo, sobre todo continuando con su diaria rutina de natación. Mark podrá viajar para visitar a su familia y amigos, así como irse de vacaciones. Además, dada la importancia de la fe católica en su vida, suponemos que Mark querrá continuar yendo a la misa, tanto para su renovación espiritual como para conseguir los beneficios asociados a pertenecer a la familia cristiana de la iglesia. En suma, nos esforzaremos para apoyar a Mark en el logro de un estilo de vida adecuado y definido, que incluya una variedad de actividades significativas, que sean personalmente gratificantes para él y que las pueda disfrutar. Como padres, sólo queremos que Mark pueda relajarse y gozar algo de esparcimiento para disfrutar la vida y satisfacer sus necesidades y lograr sus aspiraciones.

La percepción de Mark

Para concluir, nos gustaría compartir una mirada del autismo, a partir de la perspectiva del mismo Mark. Cumpliendo con una tarea de composición, Mark escribió el 19 de abril del 2001 lo siguiente:

> *"El autismo ha sido un aspecto (de mi vida) que ha hecho mi travesía muy difícil. El autismo me ha significado tener que enfrentar muchas dificultades. Ha moldeado la forma en que actúo, la forma en que veo al mundo y comienzo cada día. Esta travesía de mi vida será una con muchos desafíos que deberán ser superados en muchos niveles, debido a que están demasiado arraigados en lo que yo soy y en las formas en que me comporto.*
>
> *El camino que estoy recorriendo fue hecho especialmente para mí por Dios; por tanto, debo hacer lo mejor de lo mejor que yo pueda. Este camino es largo y difícil, por ello, quienes me están ayudando a lo largo de él, son muy amados y respetados por mí. Yo sé que todos juntos podemos resolver los problemas que yo enfrente; esforzarnos para superarlos todos".*

A pesar de los problemas que emergen de su autismo, los retos impuestos por el SEPCL y la pérdida de nuestra batalla legal, con los años Mark ha logrado un triunfo notable. Conquistó su diploma del PEI de educación especial en el 2004, pero no paró ahí. En vista que su propio trabajo tenaz y la constante perseverancia de la familia y del grupo de fervientes educadores profesionales, Mark continuó para completar todos los requisitos para su título de educación secundaria *regular*, ganando además dos créditos mientras estuvo en el Programa de Transición de la Universidad Tecnológica de Virginia. Al graduarse de secundaria en el 2007 con un título académico, ¡Mark Hartmann permaneció *totalmente incluido* con sus pares sin discapacidad, victorioso hasta el final!

Otras personas también se han unido a nosotros en el reconocimiento de que nuestro hijo ha crecido para convertirse en un joven extraordinario, considerándolo no simplemente como "una persona con autismo", sino como una persona brillante, capaz, exitosa, que además tiene autismo . . . pues existe en Mark mucho más que sólo su discapacidad. Con la ayuda adecuada, confiamos en que continuará logrando grandes progresos en el curso de los próximos años.

Como bien lo demuestra esta historia, los docentes dedicados, los profesionales en educación, los miembros de familia incondicionales y las amistades pueden ayudar a la gente joven como Mark a realizar sus aspiraciones, a pesar de los inmensos desafíos asociados con el autismo. De hecho, Mark lo expresó correctamente: *"Juntos todos, podemos resolver los problemas que yo enfrente; esforzarnos para superarlos".* Y como dijera Roxana una vez, *"No se trata de perdedores o ganadores, se trata de escuelas familias y comunidades haciendo lo correcto por sus menores".* Ya sea que usted sea el padre o la madre de alguna persona menor con autismo o bien alguien que trabajó o está en el ámbito de la educación, las leyes, la familia, compañero de clase, profesional en salud o vecino . . . ¡le invitamos a que ciertamente, haga lo correcto y marque una diferencia!

APÉNDICE

Análisis de noticias

En la edición de la revista People del 17 de octubre de 1994, apareció un artículo sobre Mark y el tema de la educación inclusiva. Dos periódicos del Condado de Loudoun[22], mantuvieron cobertura del caso de Mark por cerca de cinco años. El Washington Post, el Washington Hispanic, el New York Times y USA Today también cubrieron la historia, en la medida que ocurrían desarrollos significativos. También aparecimos en los programa This Morning, el Today Show y News Hour para discutir el caso y la inclusión de Mark en un aula regular.

En 2001, el Sr. Bruce Dorries, del Departamento de Comunicaciones de la Universidad Baldwin College en Staunton, Virginia, así como la Sra. Beth Haller del Departamento de Medios de Comunicación en la Universidad Towson en Towson, Maryland, reunieron artículos, videos de televisión y grabaciones de radio de la cobertura extensiva que los medios hicieran de nuestra batalla legal. Ambos analizaron los temas narrativos que cada postura, con respecto al tema de inclusión, utilizara para apoyar sus argumentos. Publicaron sus análisis en la revista Discapacidad y Sociedad 16, No. 6(2001): 871:891. Los siguientes son extractos tomados de este artículo:

> "*La educación inclusiva para menores discapacitados ha sido un aspecto importante para las personas activistas en discapacidad y para los padres de menores discapacitados desde que el Acta de Educación para Individuos con Discapacidades (AEID) surgiera como ley en 1975. No obstante ser un tópico prominente en las mentes de los estadounidenses con menores en edad escolar, el asunto sólo recientemente ha comenzado a atraer la atención de los medios. Las noticias que cubren temas educativos*

---

22. El Loudoun Times Mirror y el Leesburg Today.

en general han mejorado con los años y con ello, se ha dado más atención a los casos de educación inclusiva con mayor relevancia.

Una explicación para el interés actual de los medios de noticias sobre la educación inclusiva es que 20 años después de que se aprobó originalmente, el AEID fue revisada y nuevamente aprobada en 1997. El resultado del AEID ha sido que los menores discapacitados se removieron de los contextos educativos e instituciones segregadas para integrarlos en las aulas regulares y las actividades escolares. El Departamento de Educación de los Estados Unidos reporta que, antes del AEID, el 90% de los menores con discapacidades de desarrollo recibió educación en instituciones estatales (US Department of Education, 2000). El Departamento de Educación afirma que debido a los programas de inclusión, actualmente tres veces más personas con discapacidades, asisten a estudios universitarios y el doble de menores discapacitados de 20 años está trabajando en comparación con las cifras anteriores al AEID.

No obstante, la educación inclusiva es controversial. Cuando sólo se aceptaba para menores con discapacidades de aprendizaje menores, tales como impedimentos de audición leves, el tema era menos controversial. A pesar de todo, los padres de menores no discapacitados hace tiempo han estado preocupados por que los menores con discapacidades más severas, tales como autismo, puedan ser perturbadores para la educación de sus hijos. Otros se preocupan por los recursos educativos que son finitos, en caso de que sean necesarias grandes cantidades para los menores con discapacidad severa. Los estudios muestran que, aunque aproximadamente un tercio de los menores con necesidades educativas especiales en los Estados Unidos reciben una educación en aulas promedio, pocos de ellos tienen discapacidades severas (Pae, 1994). La controversia ha crecido en la medida en que, tanto los menores severamente discapacitados como sus familias, luchan por obtener una educación inclusiva.

Un caso con un perfil muy alto impulsó el tema de la educación inclusiva en la atención de los medios nacionales a mediados de los 90. Comenzando en el 1995, el caso de Hartmann versus la Junta de Educación del Condado de Loudoun examinó si las escuelas debían o no incluir menores severamente discapacitados en las aulas regulares. A causa de la larga batalla legal en el Norte de Virginia, los Hartmann y el movimiento de inclusión casi se convirtieron en sinónimo. Mark Hartmann, quien es autista, se convirtió en un símbolo en el debate nacional sobre la posibilidad y la frecuencia en que los jóvenes discapacitados deberían ser educados junto con sus pares no discapacitados" (Wilgoren & Pae, 1994).

Después de presentar un resumen de los eventos que llevaron a la disputa sobre la educación de Mark, el Sr. Dorries y la Sra. Haller analizaron la cobertura de los medios respecto a los asuntos legales pertinentes al caso:

Dentro de la visión ritual de la comunicación (Carey, 1989), las noticias son consideradas como narrativas culturalmente construidas. Dentro de este marco de referencia, las noticias tienen también el poder de informar, pero Bird & Dardenne (1988) explican que la información que reciben las audiencias, no son solo hechos y números, sino un gran sistema simbólico de narrativas de noticias. Como método para la comunicación, las noticias pueden adquirir cualidades como las del mito. Las nuevas noticias, como los mitos, no "dicen las cosas como son", sino que "dicen lo que estas significan". En este estudio, las noticias ilustran narrativas culturales acerca de la educación inclusiva. Los temas estaban articulados en las historias contadas por los protagonistas de este drama social. El proceso de identificar temas narrativos comienza después de que fueron recopiladas y analizadas más de 90 historias nuevas, editoriales, comentarios, cartas al editor y tres transcripciones de radio acerca del caso.

Los temas se dividieron entre aquellos que apoyaban a los Hartmann o a la inclusión y aquellos que apoyaban al SEPCL o se mostraban contrarias a la inclusión. Esta división simplifica demasiado la naturaleza de la discusión pública respecto a la inclusión pues existen más de dos partes en este tema tan complejo. No obstante, ofrece un recurso más concreto y lineal para discutir las narrativas y los temas.

Los temas encontrados en los argumentos esgrimidos por los Hartmann y quienes apoyan la inclusión incluyen los siguientes:

Tema 1: Todos salen ganando con la educación inclusiva

Este tema se conecta con un tema más general alojado en la legislación del AEID: el de que la educación inclusiva beneficia en el corto plazo a los menores discapacitados con un aprendizaje mejor y en el largo plazo, con más empleos y oportunidades educativas posteriores a la secundaria. La ventaja de la educación inclusiva para los menores no discapacitados es la habilidad para comprender y hacer frente a una sociedad más diversa y a las personas que son diferentes. Por ejemplo, un fragmento del análisis del New York Times sobre educación inclusiva, adopta la posición del AEID de que esta beneficia a todos los menores, no sólo a aquellos con discapacidades. Muchas personas que trabajan en educación; padres de familia, consideran que es nocivo, tanto educativa como moralmente, segregar a los menores con discapacidades. Aseguran que tal política atenta contra el avance de ambos tipos de menores, negándoles la oportunidad de desarrollar las destrezas y relaciones que les serán necesarias como personas adultas, al impedir el contacto favorecedor con un amplio rango de personas en sus comunidades (Lewin, 1997, p. 20).

Roxana, la madre de Mark Hartmann, es quien en forma más frecuente aporta esta narrativa "todos ganan", tanto en sus declaraciones a los medios como en su comentario sobre el caso de su hijo al Roanoke Times. En la siguiente narrativa de su comentario, ella explica los beneficios de la educación inclusiva para todos los menores: *"(Mark) ha demostrado que no existen efectos dañinos de larga duración en los compañeros de un menor discapacitado. De hecho, la inclusión completa les da una oportunidad para acoger la diversidad y aumentar su compasión y comprensión, metas honorables que servirán bastante a nuestros niños a lo largo de sus vidas. En suma, por medio de la inclusión, podemos hacer de nuestras comunidades un mejor lugar para personas con discapacidades . . . un menor y una familia a la vez, si trabajamos juntos. Es lo mejor que podemos hacer para nuestro futuro juntos* (Hartmann, 1998, A7).

Las noticias de los medios se basaron también en fuentes prominentes pro inclusión que hacían irresistible esta forma de presentar los hechos. En los artículos acerca del tema más amplio de la inclusión educativa, como el siguiente artículo del New York Times, Judith Heumann, secretaria asistente de la Oficina de Educación Especial y Servicios de Rehabilitación del Departamento de Educación de los EU, una persona que utiliza silla de ruedas, explica el argumento "todos ganan" en un contexto de comunidad nacional:

"La educación es académica, pero también social, aprender cómo vivir en una comunidad, aprender acerca de las diferencias. Yo les digo a los padres que temen mandar a un menor con discapacidades a un contexto regular que la sobreprotección no funciona cuando ese menor discapacitado se vuelve un adulto. Si su niño está fuera de vista, fuera de mente, eso no cambia. Las personas que deberían haber sido sus amigos en la escuela, no lo conocerán". Señaló que, académicamente, también todos los menores pueden beneficiarse de la inclusión. *"Los métodos que las maestras aprenden para trabajar en la instrucción individual para discapacidad les son útiles también para con otros estudiantes. De alguna manera, ustedes pueden ver a cada menor como alguien que tiene necesidades especiales. Entonces, el ideal es un sistema en el cual cada menor obtenga una educación individual"* (Lewin, 1997, p. 20).

Este argumento adquiere aún mayor fuerza cuando los adultos con discapacidades que se incorporan al discurso son producto de la educación inclusiva.

Tema 2: La inclusión es más barata

Este tema aparece de dos formas. Un tema implícito es que la sociedad se beneficia, en general, de la educación inclusiva debido a que los menores discapacitados educados representan futuros contribuyentes, integrantes de la sociedad que pagarán impuestos; no cargas para los contribuyentes. No obstante, habitualmente, el discurso más evidente es que la educación inclusiva cuesta menos que la institucionalización de menores severamente discapacitados.

Roxana Hartmann sostiene el argumento de que la institucionalización es cara y tiene costos de largo plazo para la sociedad. *"Pero el estado mantiene instituciones grandes. Una gran rebanada de tus dólares de impuestos son gastados en instituciones. Cuesta más de $80,000 por año mantener a una persona en una institución y se va volviendo más caro con el tiempo. Para el año 2000 el promedio nacional alcanzará $113,000 por persona en una institución. Existen 189 ciudadanos de Virginia con retardo mental, cuya gran mayoría está en instituciones. Pero, ¿por qué esto es relevante para la educación de un menor discapacitado? Sabemos por las experiencias de nuestros estados hermanos, que todo comienza con las decisiones que atañen a la educación del menor discapacitado. Las estrategias de intervención tempranas y una postura de educación inclusiva han probado ser un abordaje efectivo para integrar a nuestros ciudadanos discapacitados a la comunidad, con trabajos para los que pueden ser entrenados y en contextos de hogar normales para vivir. El trabajo en asistencia y la residencia en la comunidad funciona mejor que las instituciones y cuesta mucho menos"* (Hartmann, 1998, A7).

El mensaje del Departamento de Educación de EU sobre el AEID es similar. Estima que educar a los estudiantes que antes habían estado institucionalizados, en sus propios barrios, ahorra $10,000 por menor (Departamento de Educación de EU, 2000). En forma consistente con las nociones del pragmatismo estadounidense, esta narrativa se vincula con la noción capitalista de "la línea de fondo", en la cual los ciudadanos incorporan las políticas que reducen impuestos o dan mayor beneficio por el mínimo de dólares de impuestos.

Tema 3: Los Derechos Humanos deberían aplicarse a todos en una sociedad civilizada

Generalmente, este argumento está ligado al derecho de todo estadounidense a tener una educación pública gratuita. El derecho a una educación es presentado como un derecho humano aplicable igualmente a toda persona.

Roxana Hartmann lo apunta sucintamente: *"Después de contemplar esta respuesta, he decidido revisar algunos aspectos que pudieran haber sido ensombrecidos por acusaciones (reales o imaginadas) y que pudieran no ser obvias a un observador casual. Primero que nada, la educación pública es un derecho de todo menor. El AEID garantiza el acceso para los estudiantes discapacitados dentro del ambiente menos restrictivo posible. La única opción para la escuela es que demuestre que el menor discapacitado es capaz de aprender en el ambiente menos restrictivo posible, con servicios, acomodación y apoyo adecuados . . . En todo nuestro debate deberíamos recordar que todos y cada uno de los menores en nuestra comunidad, incluyendo a los discapacitados, son seres humanos valiosos que tienen el derecho básico a la oportunidad;a sea estemos hablando de trabajo, educación, vivienda o acceso a edificios públicos. Considerarlo de otra manera, nos llevaría de vuelta a los años de 1860"* (Hartmann, 1998, p. A7).

Algunos integrantes de la comunidad local del suroeste de Virginia continuaron con el tema de la educación pública libre en una serie de cartas al periódico The Roanoke Times: *"¿Cómo justifica el Profesor Holladay decir que su hija tiene más derecho a la educación que mi hermano? A Holladay le preocupa si los estudiantes pueden aprender álgebra y español, estudiantes para los cuales las escuelas fueron diseñadas y cuyos futuros dependerán de lo que aprendan ahora. Todos los futuros de los menores están determinados por lo que aprenden. Este es un sistema escolar y toda persona tiene el derecho a una educación"* (Geenberg, 1998, p. A7). *"Nuestra comunidad ha elegido (la inclusión) por más de 10 años, con todos sus escollos, desafíos y magia, debido a que nos preocupamos por nuestros niños. Todos los niños tienen un futuro;, en EEUU. Las escuelas están destinadas para todos ellos"* (Bickley & Bickley, 1998, p. A7). *"Las escuelas públicas no son para la elite de estudiantes. Son escuelas públicas y por ley, deben proporcionar una educación apropiada en el ambiente menos restrictivo posible para todos los niños. No existe tal cosa por separado, pero igual"* (Eaton, 1998, A7).

Aunque no se hace el vínculo explícito, el tema en estas declaraciones es reminiscencia de las reformas a la educación por las que pelearon lo africanos estadounidenses durante los años de 1950 y 1960 para lograr educación pública integrada para los niños blancos y negros. El movimiento de inclusión propone la misma noción, "separado pero igual" que no se ajusta a los ideales estadounidenses.

Tema 4: La educación inclusiva se ha probado a sí misma

Específicamente, este punto de vista sobre los hechos está ligado a los logros de Mark en un ambiente de educación inclusiva, previamente a que se mudara a Virginia y en forma más amplia, el éxito de tales programas en el ámbito nacional y en Blacksburg, Virginia, en donde Mark Hartmann fue ubicado al inicio del caso. Por ejemplo, Jamie Ruppmann, consultora educativa que trabaja con menores discapacitados, presenció el éxito de Mark previo en Illinois y su testimonio ayudó a minar el caso del Condado de Loudoun. Los educadores de Illinois atestiguaron que Mark fue exitoso en su programa de inclusión, antes de que la familia se mudara a Virginia (DeVaughn, 1995a). Tal y como Roxana Hartmann lo explicó: *"Todo lo que tienen que saber de este caso es que Mark estuvo incluido exitosamente en Illinois y en el Condado de Montgomery. El único lugar en que no pudo ser satisfactoriamente incluido fue en el Condado de Loudoun; esto resulta claro debido a que el sistema escolar no asumió el compromiso para hacerlo"* (Benning, 1997b).

Hartmann continuó este argumento explicando por qué eligió mudarse al Condado de Montgomery: *"(Ese condado) es uno de los pocos distritos escolares en Virginia que honran y acatan la ley establecida en el AEID. Virginia, entre otros estados, está considerado como el número cuarenta y seis en su apoyo a las personas con discapacidades y sus familias"* (Hartmann, 1998, p. A7).

Otras personas presentaron argumentos similares: *"No he escuchado nada negativo porque este joven permanezca aquí"*, dijo el Presidente del Consejo del Condado de Montgomery, respecto a la Asociación de Padres y Maestros. *"Lo que he escuchado, es: ¿En primer lugar, por qué el sistema escolar toma una posición negativa en contra de este menor? Desde el punto de vista de un padre de familia, esta mujer hizo todo lo que pudo por su niño (en el Condado de Loudoun), entonces tenía que ver qué podía hacer por él en otro lugar"* . . . *"Necesitamos demostrar que esto funciona, para que otros sistemas escolares puedan tratar de hacer lo mismo"* (DeVaughn, 1995b, p. A1).

Los argumentos del éxito del programa inclusivo de educación están también conectados, específicamente al crecimiento educativo de Mark. Roxana Hartmann dice: *"Él ha florecido aquí en un ambiente nutricioso, con personas que son dedicadas y que le comprenden a él y a su discapacidad. Permanecerá aquí hasta que termine su escuela"* (Lu, 1998, p. A1).

El caso de Timmy Clemens refuerza también esta argumentación de que la educación inclusiva "se prueba a sí misma". Hace cuatro años, Timmy Clemens no podía caminar cerca de una clase sin ponerse tan asustado que no podía entrar. Su autismo requería de asistencia a tiempo completa y de mucha guía paciente para que pudiera terminar su día. Para su último año de secundaria, Timmy podía caminar a sus clases en la Secundaria de Blacksburg por sí mismo. Con la ayuda de su asistente, Marc Eaton; de un tablero especial con el alfabeto y palabras cortas como "si" y "no", hacía su tarea y respondía a los exámenes en cursos tales como álgebra e historia. Ahora que ya se ha graduado, trabaja como un asistente en un empleo en el Edificio Municipal de Blacksburg. *"Algunas personas creen realmente en esto. Otras piensan que es una pérdida de tiempo",* afirmó Judy Clemens, madre de Timmy. *"Pero las opiniones de las otras personas, no importan",* dijo . . . pues ella podía ver las mejoras en su hijo. *"No pienso que la inclusión sea perfecta. Pero pienso que cada vez mejora y estoy orgullosa del Condado de Montgomery"* (Applegate & Lu, 1998, p. A1).

Aunque estos temas, presentes en los relatos del caso Hartmann, aportaron a la causa de la educación inclusiva, muchas de las personas que se opusieron a los argumentos de Hartmann o a la inclusión fueron incluidas en la cobertura de los medios o en los comentarios escritos en contra del tema. Sus argumentos de oposición sugirieron los siguientes temas:

Tema 1: No en la escuela de mi hijo

Este argumento presupone que la educación inclusiva tendrá siempre un efecto nocivo en los menores no discapacitados presentes en el salón y por lo tanto, no debería ser permitida. Se basa en algunos reportes anecdóticos sobre ciertos menores severamente discapacitados, tales como aquellos con autismo, que han sido muy perturbadores. Sin embargo, existe también mucha evidencia anecdótica de niños sin discapacidades muy perturbadora, la cual raramente se menciona en los argumentos anti-inclusión.

Un padre de familia, Steve Holladay, profesor universitario en Blacksburg, escribió esta narrativa en su comentario en el periódico The Roanoke Times. Holladay declaraba estar citando a su hija, cuyas palabras fueron "impactantes": *"Muchos de estos menores (estudiantes de inclusión) son incontrolables. Irrumpen en el aula en la mitad de una clase y toma quince minutos a su asistente regresarlos al aula que tiene asignada. Llegan pegando gritos o presentando incidentes regulares de ruidos, en momentos inesperados y sin causa aparente, interrumpiendo la enseñanza hasta que se restablece el control. Merodean por la clase mientras la maestra está tratando de enseñar, algunas veces eligen a un estudiante para sentarse con él y comprometerlo en una batalla de miradas cara a cara. En forma inesperada te pueden dar un manotazo en la frente cuando caminas a su lado por el pasillo . . . No puede negarse que muchos de estos menores son extremadamente perturbadores. En otros distritos se les ha considerado ser demasiado perturbadores para un aula normal. ¿Por qué los ponemos en nuestros aula, donde nuestros niños tienen su única oportunidad para aprender muchos conceptos fundamentales? ¿Se comportarán mágicamente mejor sólo por estar ahí? . . . El Condado Montgomery se ha convertido en un islote que va a aceptar menores tremendamente perturbadores en nuestras escuelas, niños discapacitados al punto de ser totalmente inconscientes del proceso educativo que se desarrolla a su alrededor. Estos niños son incapaces de aprender de alguna manera marginal en relación con la intención original de los programas de la escuela o de las expectativas propias para los demás niños en el aula"* (Holladay, 1998, p. A7).

Otros padres apoyan también estos argumentos del efecto perturbador de la educación inclusiva. Incluso la madre de un menor autista escribió: *"Yo soy madre de un menor autista y estoy de acuerdo con Steve Holladay . . . Creo en la integración, cuando el menor es ubicado en un aula regular por breves períodos de tiempo, que se van incrementando gradualmente para un periodo total. Con esta inclusión, los niños normales obtienen la educación que merecen y requieren, sin el trastorno de nuestros niños con 'dificultades de aprendizaje'"* (Kingery, 1998, p. A7).

Tema 2: Proteger los estudiantes "normales" sensibles

Las personas que cuestionan la inclusión también argumentan que estar en la presencia de menores muy discapacitados puede ser traumático para los menores no discapacitados además de pérdida en educación. ¿Qué efecto puede tener esto en un menor sensible que no está todavía preparado para experimentar este tipo de conducta e inestabilidad?

"Yo comprendo sinceramente a la Sra. Hartmann y su situación; estoy muy agradecida de que mis propios hijos estén saludables. Incluso admiro su indiscutible determinación para ofrecer lo que ella cree que es el mejor ambiente de crecimiento y aprendizaje para su hijo. No obstante, ella y otras personas que se mudan acá para aprovecharse de nuestra política de inclusión, parecen preocuparse muy poco sobre el efecto que sus niños pueden tener en los demás menores de las aulas" . . .

"¿Se preocupa la Sra. Hartmann por el niño o la niña que se sienta en frente del menor en inclusión durante el ataque de gritos incontrolable? ¿Qué puede pasar con el menor cuyo espacio personal es invadido por miradas o contactos inapropiados? ¿O por mi propia hija, que de repente, recibe un manotazo en su frente? He preguntado a otros adultos acerca de sus opiniones sobre nuestra política de inclusión. Nadie respondió positivamente. Una persona contó de una niña cuyo arete fue arrancado por un menor en inclusión y que, por ello, quedó aterrada de ir a la escuela. Otra persona dijo que su hijo se salió de los Scouts debido a que un menor en inclusión lo escogió para perseguirlo y tocarlo" (Holladay, 1998, p. A7).

Tema 3: La escuela es lo académico

En contraste con los argumentos de que la educación inclusiva beneficia a los menores en muchas maneras además de la académica, quienes se oponen a su práctica argumentan que para lo que las escuelas están destinadas es a proporcionar una educación en lectura, escritura, aritmética, etc. La abogada del Condado de Loudoun, Kathleen Mehfoud, ilustra este punto de vista en sus comentarios: *"La socialización es parte de eso, pero la instrucción académica y educativa es obviamente la primera responsabilidad. Por ello, Loudoun debería hacer una revisión total de los requisitos educativos a favor de una meta menor"* (Abramson & Chadwick, 1997b).

Holladay liga la idea de un ambiente de educación adecuado con estos criterios y argumenta que la educación inclusiva es la antítesis. *"¿No resulta obvio que la pérdida del tiempo de enseñanza debido a un comportamiento perturbador y distractivo, es improcedente para el aprendizaje? Al igual que la Sra. Hartmann, nosotros (los demás padres) estamos determinados también, a ofrecer a nuestros menores el mejor ambiente de aprendizaje posible. A mí mismo como educador, no me gusta nuestra política de inclusión. Yo nunca toleraría tal tipo de interrupción en mis aulas, a menos que como ha sido el caso en el Condado de Montgomery, me vea obligado a hacerlo por ley. Realmente me intereso por Mark. Sin embargo, me intereso más por sus compañeros para que puedan aprender álgebra y español . . . niños para quienes las escuelas fueron destinadas y cuyos futuros dependerán finalmente, de lo que aprendan ahora"* (Holladay, 1998, p. A7).

Tema 4: Concurrencia no es lo mismo que integración

Esta argumentación interpela las definiciones de educación inclusiva. También reinterpreta varios de sus aspectos en el sentido de si tienen un efecto negativo. Por ejemplo, Richard Schattman, director en Vermont, quien cree en la inclusión, explica cómo, cuando se aplica mal da a quienes se le oponen, los argumentos para instar a su desmantelamiento. *"Un estudiante puede estar más segregado y aislado en una clase normal que en una de educación especial,"* señaló el Sr. Schattman. *"La inclusión no se trata de ubicar un menor, sino de lograr una ubicación exitosa tanto para éste, como para el resto de la clase. Y no es algo fácil. Se necesitan clases pequeñas, cantidad de tiempo de planeamiento y de un equipo que crea en ella".* A algunas personas expertas en educación especial, les preocupa que el movimiento de inclusión lleve solamente a descargar a los menores con necesidades especiales en clases donde serán ignorados y se mofarán de ellos y a eliminar los servicios y apoyos especiales que reciben en ambientes destinados exclusivamente para ellos (Educación Inclusiva 887).

"No se ha demostrado, aún, que las aulas regulares, incluso reforzadas con las mejores prácticas, puedan acomodar a todos los menores todo el tiempo", dijo Douglas Fuchs, profesor de educación especial de la Universidad Vanderbilt. *"Los defensores de la inclusión total creen sinceramente, que crear una situación en la cual los maestros individualicen la enseñanza para cada estudiante es una meta fabulosa a la que todos deberíamos dedicar nuestras vidas y que entonces, deberíamos arrojar la muleta de la educación especial. Pero este es un juego en el que se apuesta mucho; no estoy seguro de que sea realista".* No todos los padres y partidarios de los menores con discapacidades están convencidos de que esta sea le meta correcta (Lewin, 1997, p. 20).

Estos argumentos apoyan a quienes se oponen a la inclusión, indicando que tal vez no sea el mejor acomodo para todos los niños discapacitados. Este tipo de tema se vuelve en contra de la misma en la educación inclusiva; es decir, como puede no ser la apropiada para todos los menores discapacitados . . . tal vez no debería utilizarse del todo.

La anterior historia, del New York Times, continúa la argumentación explicando que debido a niños perturbadores, abusivos y violentos, Vermont, el primer estado de la educación inclusiva satisfactoria, está colocándolos en ambientes separados (Lewin, 1997).

Conclusiones y discusión

Como se aprecia en este análisis, los temas de los argumentos se dividieron entre los que apoyan a los Hartmann y la educación inclusiva y los que no. Esto refleja un problema que está dentro del mismo debate, creando una división que sobre simplifica la naturaleza de la educación inclusiva. La discusión pública de este caso refleja la cobertura de noticias promedio de un tema controversial, en una dicotomía "esto o lo otro", lo que constituye un debate más que una discusión (Tannen, 1998). Cuando las narrativas de noticias siguen líneas de "sí" o "no" sobre la educación inclusiva, malgastan una oportunidad para valorar críticamente el asunto de todos los menores en los sistemas de escuelas públicas de EEUU. Cuando el foco se da solo en un debate de dos partes, más que en una discusión multifacética, las noticias en los medios tienen mayor probabilidad de disminuir la cobertura de un tema cuando una parte del debate se cansa de presentar sus argumentos.

Los comentarios e historias aparecidas en los medios, así como los temas que ilustran sobre la educación inclusiva, ayudan a comprender las creencias de las personas participantes, sus acciones y puntos de vista, así como sus conflictos de opinión y de percepción en relación con el escenario (Hollihan & Riley, 1987).

Aunque este trabajo se refirió sólo a algunos de los temas destacados sobre la educación inclusiva en las noticias, consideramos que estos dominan la discusión. Concluimos que aunque algunos padres de menores no discapacitados están opuestos en forma vehemente a la educación inclusiva, fueron muy numerosos y se hicieron escuchar más que los padres de menores discapacitados, educadores y simpatizantes del AEID quienes establecieron el tono del debate y enmarcaron la inclusión como una opción factible para educar a los menores discapacitados.

Concluimos también, que aunque los Hartmann perdieron su caso contra el Condado de Loudoun, sus argumentos en efecto, ganaron ante el tribunal de la opinión pública.

Ha sido necesario que pasaran veinticinco años para que se afianzaran los argumentos a favor de la inclusión. Como los programas en Montgomery y Vermont lo demuestran, para triunfar los distritos escolares requieren no sólo de profesorado bien entrenado y programas con suficiente apoyo financiero, sino también, con apoyo del público. Por ejemplo . . . cuando Steve Holladay escribió para criticar la educación inclusiva en Montgomery, su análisis se enfrentó a siete cartas al editor que apoyaban dicha educación positivamente.

En el ambiente de pro inclusión de Montgomery, el periódico local, The Roanoke Times, parecía presentar los argumentos de los proponentes con gran entusiasmo. Aunque los Hartmann perdieron su caso, el periódico publicó una foto a color de Mark Hartmann en su portada (Lu, 1998). En la foto, Mark, de camiseta y pantalones cortos, sonríe ampliamente como en una foto de un chico "promedio". La sola imagen ofrece una "buena razón" para que Mark estuviera en un aula regular, pues es presentado visualmente como un niño "regular". Un poco de tiempo antes, el periódico había publicado una nota extensa de dos páginas sobre la educación inclusiva en el condado, ofreciendo espacio para el debate serio respecto al tema y sobre todo, "buenas razones" para ello.

Algunas personas opuestas a la educación inclusiva temen que el público y los políticos puedan ser influidos por un mensaje subyacente de compasión por los "pobres pequeños niños discapacitados". La publicación conservadora National Journal, temía durante la reautorización del AEID en 1997, que la revisión de la Ley de Educación de las Personas con Discapacidad se hiciera de forma tal que diera cabida a que la adopción de políticas se diera con bases en argumentos anecdóticos. Los hechos y las cifras son escasos y contradictorios, así como las historias de horror son espantosas y realistas. Además, los grupos de interés están bien organizados, disciplinados y armados con discursos conmovedores o espeluznantes, dependiendo de su meta legal. En el pasado, las organizaciones que representaban a las personas con discapacidad podían contar con considerable influencia política en el Congreso. *"Los políticos les temen, no sea que vayan a sacar a relucir a personas en sillas de ruedas"*, señaló con envidia un miembro de un grupo de presión de una organización educativa. *"Es muy fácil para un integrante del Congreso sentirse virtuoso cuando vota por sus problemas"* (Stanfield, 1995).

Los hallazgos de este análisis de los argumentos ilustran que quienes proponen la educación inclusiva ya no tienen la necesidad de sacar a relucir las tan trilladas imágenes de lástima de menores discapacitados. Más bien se basan en argumentos mucho más fuertes y destacados: la inclusión es una situación de ganar o ganar para todas las personas; la educación pública es el derecho de todo menor; la inclusión es más barata que la institucionalización; y la inclusión ha probado por sí misma ser efectiva nacionalmente. Estas "buenas razones" contienen el poder más persuasivo, pues apelan a la comprensión general de la audiencia de la equidad y la humanidad, a las que se adhiere la mayoría de los ciudadanos estadounidenses.

Una mujer con parálisis cerebral y un impedimento auditivo explicó las buenas razones de su propia experiencia de inclusión: *"Los menores discapacitados tienen mayor probabilidad de aprender el comportamiento apropiado si están incluidos en un aula regular. Los menores sanos aprenden respecto a la aceptación, la tolerancia y la compasión hacia quienes son diferentes y tal vez, algo sobre 'el poder del espíritu humano'. No toda la educación se obtiene de libros y datos"* (Vass-Gal, 1998, p. A7).

Estos temas e historias en apoyo de la inclusión son coherentes con los valores estadounidenses de igualdad. El país ha determinado que las escuelas no pueden mantener separaciones y al mismo tiempo, tener igualdad. Incluso, los efectos de la inclusión, aunque tal vez sean perjudiciales para unos pocos estudiantes, en gran medida tienen consecuencias promisorias tanto para estudiantes con discapacidades como para quienes no las tienen. La inclusión representa la noción de una argumentación poderosa, que representa una base ideal para el comportamiento.

Aunque muchas de las historias en contra de la inclusión sugieren bases pragmáticas o tradicionales para una política de educación, quienes lean los argumentos pueden encontrar la racionalidad de estos en relación con la pro inclusión, más cercanos a la historia y a la cultura de EEUU. Por ejemplo, el movimiento de derechos civiles de los años 60, que logró desmantelar los sistemas educativos 'separados pero iguales' para negros y blancos, sugiere el tipo de conducta ideal a la que se refiere Fisher. El movimiento de los derechos civiles forzó a los EEUU, una vez más, a reconocer la argumentación central de sus fundadores—que todos los ciudadanos son creados iguales y merecen iguales oportunidades en todos los aspectos de la sociedad de EEUU, incluyendo la educación.

Aunque los argumentos evaluados en este estudio se relacionaron únicamente con la cobertura de los medios sobre educación inclusiva, consideramos que otra área de investigación podría comprender la comparación de la cobertura de este movimiento para menores discapacitados, con los argumentos de los que informaban los medios acerca de la reunificación de las escuelas de EEUU en los años 60 y 70. ¿Apoyarían los mismos temas los argumentos de ambos movimientos?

La historia de EEUU nos muestra que algunos de estos mismos argumentos y valores culturales fueron empleados durante ese período de cambio en la política educativa del país. Por ejemplo, algunas de las personas que estaban contra la integración de los niños negros en las escuelas en las que predominaba gente blanca, utilizaron argumentos muy similares a los de quienes se oponen a la inclusión: que la integración podría perturbar tanto a los niños negros como a los blancos; que podría alterar el proceso académico; que las escuelas eran para enseñanza académica, no para socializar; y que algunos estudiantes no se veían beneficiados por la integración. Nuestra conclusión es que, así como estos argumentos opuestos a la integración probaron ser menos persuasivas en los 60, los argumentos contra la inclusión se están volviendo menos efectivos ahora.

Después de perder el caso de su hijo, Roxana Hartmann dijo que ella continuaría llevando un discurso nacional sobre la educación inclusiva: *"Este es el fin, pero no voy a parar de hablar sobre la inclusión. No, me ha hecho ser más creyente que nunca . . . No se trata de ganadores y perdedores, sino de escuelas haciendo lo correcto por los menores"* (Lu, 1998, p. 1A).

Lista de Siglas

Acta de Americanos con Discapacidades (AAD)

Acta de Educación para Individuos con Discapacidades (AEID)

Acta de Rehabilitación (AR-504)

Asociación de Padres y Maestros (APM)

Asociación para Minusvalías Severas (AMS)

Comunicación Facilitada (CF)

Construyendo un Plan de Acción (CPA)

Departamento para los Derechos de los Habitantes con Discapacidades (DDHD)

DSMV – Libro de Siquiatría de Diagnósticos – 2014

Educación Física (EF)

Educación Pública, Gratuita y Apropiada (EPGA)

Oficinas del Centro de Asistencia Técnica (CAT)

Organización de Autismo América (Autism Society of America – ASA)

Padres por Comunidades Inclusivas (PCI)

Planeando Alternativas, un Mañana con Esperanza (PAME)

Plan de Apoyo Conductual Positivo (PACP)

Plan de Educación Individualizado (PEI)

Programa para Autismo y Problemas Emocionales (A-EP)

Programa para Retraso Mental (RM)

Programa para Retraso Mental Severo (RMS)

Prueba de Inteligencia No Verbal (PINV-2)

Puntaje Estándar (PE)

Recursos de Desarrollo para el Niño (RDN)

Sistema de Escuelas Públicas de Condado de Fairfax (SEPCF)

Sistema de Escuelas Públicas del Condado de Loudoun (SEPCL)

Sistema Escuelas Públicas del Condado de Montgomery (SEPCM)

Terapia Ocupacional con Integración Sensorial (TOIS)

Terapia Ocupacional (TO)

www.ingramcontent.com/pod-product-compliance
Lightning Source LLC
Chambersburg PA
CBHW071701090426
42738CB00009B/1613